Children

应用型学前教育专业系列教材

丛书主编　蔡迎旗

本书是国家卓越幼儿园教师培养计划改革项目“中澳合作办学——国际性卓越幼儿园教师培养模式探索”的研究成果

比较学前教育

主编　王莹

WUHAN UNIVERSITY PRESS
武汉大学出版社

编写委员会名单

（按姓名音序排列）

丛书主编

蔡迎旗

编委会成员

蔡　艳　江汉艺术职业学院
陈　虹　开明出版社与心理分社
段晓娅　郧阳师范高等专科学校
邓霁岚　江汉艺术职业学院
胡福贞　西南大学
黄胜梅　淮南师范学院
姜　华　荆州教育学院
姜　勇　华东师范大学
金晓梅　湖北省幼儿师范高等专科学校
李炳顺　襄阳职业技术学院
李玉鸽　襄阳职业技术学院
刘明华　广西幼儿师范高等专科学校
刘晓红　河南师范大学
龙明慧　长沙师范学院
秦振飙　湖北师范学院
王小英　东北师范大学
王　雯　华中师范大学
王　莹　华中师范大学
汪媛媛　信阳师范学院
肖全民　广西幼儿师范高等专科学校
邢莉莉　沧州师范学院
杨　进　武汉城市职业学院
杨　宁　华南师范大学
张玉娥　江汉艺术职业学院
郑晓边　华中师范大学
赵红霞　荆楚理工学院
周立峰　仙桃职业技术学院
周端云　湖南民族职业学院
朱　楠　华中师范大学教育学院
卓　萍　武汉城市职业学院

总　序

幼儿教师是幼儿学习与发展的支持者、促进者与引导者。幼儿教师的素质直接决定着我国幼教机构的办学水平，也是保障我国适龄儿童接受基本而有质量的学前教育的关键性因素。而高质量的幼教师资来源于高水平的学前教师教育。为顺应我国学前教育事业发展的迫切需求，2011 年至 2012 年，我国先后颁布了《教师教育课程标准（试行）》和《幼儿园教师专业标准（试行）》，幼儿园教师资格制度和聘任制度也随之进行了一系列急剧变革与转型。

我国教师职前教育倡导育人为本，要求准教师们树立正确的儿童观、学生观、教师观与教育观；奉行实践取向，引导未来教师主动建构教育知识，掌握必备的专业知识与技能，发展实践能力，学会发现和解决实际问题，形成个人的教学风格和实践智慧；要求他们终身学习，树立正确的专业理想，养成独立思考和自主学习的习惯，加深专业理解，形成终身学习和应对挑战的能力。

我国学前教师教育课程改革既具有一般教师教育所具有的共性，也具有鲜明的学前教育特色，这彰显了学前儿童的年龄特征和我国独树一帜的学前教师教育的传统与积淀。当前，我国学前教师教育课程已呈现如下五种趋势。

第一，生动多样的师德与理念教育。除必要的公共政治课程以外，国家要求各级各类幼师院校突出师德修养教育，采取多种生动活泼的教育教学方式，提升准幼儿教师的师德修养。如开设幼儿园教师专业特点与道德规范、中国名师风采录、幼儿教师生涯讲座、学前教育政策法规、现代幼儿园教师职业风范与专长成长等课程。

第二，保教相融的课程体系。依据幼儿园教师专业标准，遵循教师培养和发展规律，以加强专业理想、专业基础、实践能力、反思与研究能力为核心，构建保育与教育相融合、幼儿园与家庭和社区教育相结合、幼儿生活与游戏和学习于一体的课程体系，用以培养准幼儿教师的保教一体化的能力。

第三，全面平衡的课程结构。我国正通过幼儿园教师资格制度、聘任制度、评优评先制度等的改革，倒逼各级各类幼师院校与专业，促使其纠正以往过分偏重艺术技能而相对忽视人文科学类课程、教育素养类课程的倾向，注意课程结构中的师德理念、人文素养、科学素养、信息素养、教育素养、艺体素养、科研素养等的协调与平衡。

第四，实践取向的课程内容。为培养准幼儿教师的教育教学能力，许多幼师院校与专业开设了大量务实的实践取向课程。如幼儿园五大领域的活动设计和案例分析类课程、幼儿园环境布置与玩教具制作、动漫画设计技术、音乐、美术、戏剧等方面的课程。

第五，模块式的课程设计。我国各类幼师院校与专业正竭力打破学前教育学、学前心理学、幼儿园各科教学法“老三门”的课程结构体系，开设模块化的、开放的、专题性的学前教育课程。基于学前教育专业各类人才培养目标，合理配置各课程模块，如音乐教育模块、美术教育模块、健康教育模块、特殊教育模块等。通过设先行课，将学生导入不同模块课程，引导学生多样化、有个性地发展。

以上学前教师教育课程改革已对我国原有的传统意义上的大中专学校的教材和教辅资料提出了严峻挑战，要求学前教育同仁务必更新教学资源观、教师教育观和学前教师观，依据我国幼儿园教师专业标准和教师教育课程标准，遴选课程并合理设计教材。

本套基于《教师教育课程标准（试行）》的应用型学前教育专业系列教材，正是应我国学前教师教育改革的时势而生，充分体现了以上提及的学前教师教育课程改革的五种发展趋势。适用于大中专学校的课程与教学，也可作为学前教育爱好者、相关工作人员的专业拓展学习。本丛书涵盖了学前教育大中专学校绝大多数专业课程；内容具有一定的理论性，更具有实践应用的特征；编写规范与设计务实活泼，知识点和案例穿插其中；丛书的编委遍及全国；作者主要来自华中和华南地区的本、专科院校，他们均具有丰富的教学经验和较好的研究基础。

在丛书的编写过程中，我们参阅、借鉴和引用了国内外许多同行的观点与成果。各位同仁的研究奠定了本丛书的学术基础，在此一并感谢。另外，受水平和时间所限，书中难免有疏漏和不当之处，敬请读者批评指正。

最后，我谨代表丛书的所有编委和作者，衷心感谢本丛书的策划者谢群英编辑和武汉大学出版社有关领导。他们对学前教育满腔热情，对丛书的未来充满信心，极度地敬业与审慎。出版丛书虽是一项浩大而艰苦的工作，但有谢群英编辑和武汉大学出版社相伴而行，相信梦想终会成真。

蔡迎旗

2015 年 5 月

武汉桂子山 · 华中师范大学教育学院

前　言

学前教育是研究学前年龄阶段儿童教育规律，以揭示幼儿教育中最普遍、最基本的规律的科学。与其他教育学分支学科相比，这门学科既古老又年轻。在西方，最古老的学前教育思想可追溯至古希腊罗马时期。我国当今学前教育发展方兴未艾。“他山之石，可以攻玉。”为了能够借鉴世界其他国家和地区学前教育发展的经验，规避错误，少走弯路，有必要学习和研究其他国家的学前教育，在比较中取其精华，弃其糟粕，取长补短，更好地为我国的学前教育事业服务。

本书是武汉大学出版社“应用型学前教育专业系列教材”中的一本，适用对象为三年制或五年一贯制高职高专学前教育专业的学生，本书将理论梳理与国外实践相结合，可供学前教育专业教师、学生作为课堂教材使用，也可供一线幼儿园教师、保育员、学前教育管理人员、家长、师范学校学生、学前教育的科研工作者以及对学前教育感兴趣的广大读者参考。

对于比较学前教育的学科性质，不同的学者从不同的视角出发，大致上分成两种倾向：一种是侧重学科属性上的“比较”层面，另一种则侧重于学科属性上的“学前”层面。但无论两种观点如何各执己见，都反映出学前教育是一门方兴未艾的年轻学科，比较学前教育具有跨学科的学科属性，正因为如此，我们才需要以开放的心态和视野，放眼世界，关注不同国家的学前教育。比较学前教育的研究目的是比较我国与其他国家学前教育的异同，吸取别国成败得失的经验，更好地反思我国的学前教育，侧重点是“比较”，主要包括宏观和微观两个层面。本书在运用辩证唯物主义和历史唯物主义的思维的基础上，采用比较法、调查法、文献法和分析法进行区域研究和问题研究。

本书在整体架构上着眼世界发达国家学前教育的历史与现状、理论与实践。除绪论外，全书共分为十一章。绪论介绍了比较学前教育的外延与内涵、比较学前教育的研究对象以及比较学前教育的目的、意义与方法。第一章梳理了从古希腊到 20 世纪西方儿童观的演变过程，以介绍各个历史时期具有代表性的教育家为主线，使读者对西方学前教育思想的流变有一个总体的把握，有利于理解后面章节中每个国家和地区学前教育的特点。第二章到第十一章分别介绍欧洲、美洲、亚洲和大洋洲的学前教育，以各个大洲具有代表性的国家为切入口。第二章介绍英国的学前教育，第三章介绍法国的学前教育，第四章介绍德国的学前教育，第五章介绍俄罗斯的学前教育，第六章介绍北欧三国的学前教育，第七章介绍美国的学前教育，第八章介绍加拿大的学前教育，第九章介绍日本的学前教育，第十章介绍韩国的学前教育，第十一章介绍澳大利亚的学前教育。

每章均先对该国家或地区的学前教育历史做一个总纲性的梳理，以期读者能够在历史背景之下更好地理解该国家或地区学前教育的特点。然后介绍该国家或地区学前教育的现状，最后对该国家或地区学前教育面临的挑战和发展趋势做一归纳。每章的结尾都有推荐阅读书目和资源链接，广大读者可以更进一步进行阅读，深化理解。“比较与思考”是对本章的主要内容提出的问题，可供课后复习使用。“下章预习重点”简要归纳了下一章的主要内容，可供课前预习使用。

作者希望本书能起到抛砖引玉的作用，书中纰漏之处在所难免，请广大读者不吝赐教。

王莹

2016 年 5 月于武汉

目　　录

绪论　比较学前教育概述

学习目标

1. 教学重难点：比较学前教育的学科性质，研究对象，研究的目的、意义和方法。

2. 学习要求：了解比较学前教育的学科性质、概念、发展过程和研究对象，知道学前比较教育的研究目的和意义，掌握学前比较教育的学习方法。

内容提要

比较学前教育既与比较教育学息息相关，又与学前教育紧密相联。它以比较法为主要科研方法，研究不同国家学前教育的特点和路径，探索学前教育的发展规律和未来趋势，揭示别国的经验和教训对于本国学前教育发展的意义。

第一节　什么是比较学前教育

一、比较学前教育的学科性质

对于比较学前教育的学科性质，不同的学者从不同的视角出发，提出了自己的见解，大致上分成两种倾向，一种是侧重学科属性上的“比较”层面，另一种则侧重学科属性上的“学前”层面。持有第一种观点的学者们认为，比较学前教育是比较教育学的一个分支学科，以比较法为主要科研方法，研究不同国家学前教育的特点和路径，探索学前教育的发展规律和未来趋势，揭示别国的经验和教训对于本国学前教育发展的意义。持有第二种观点的学者们认为，比较学前教育是学前教育学的一个分支学科，它的首要关注对象是学前教育，辅之以比较教育学的研究的方法，研究学前教育的特点和规律。但无论两种观点如何各执己见，都反映出比较学前教育具有跨学科的学科属性，正是因为如此，我们才需要以开放的心态和视野，放眼世界，关注不同国家的学前教育，取长补短，更好地为我国的学前教育事业服务。

二、比较学前教育的一般概念

学习教育学的同学们都知道，目前学界普遍认为，从 1632 年夸美纽斯的《大教学论》问世以来，教育学便作为一门独立的学科登上了人类历史舞台。也是从这时开始，它不断地细化，许多二级学科逐渐成为独立的分支学科。例如，根据中华人民共和国教育部颁发的学科门类目录，在一级学科“教育学”的分类下，还设置有 10 个二级学科，分别是：教育学原理、课程与教学论、教育史、比较教育学、学前教育学、高等教育学、成人教育学、职业技术教育学、特殊教育学和教育技术学。值得注意的是，当今的一些一级学科，如“心理学”和“体育学”最初也是从“教育学”当中产生并逐渐发展完善而分离出去的。所以，一直到今天，教育学门类的细化从未间断，可以预见，在未来还将有更多的教育学二级学科产生，甚至上升为一级学科。

由此可见，给一门学科下定义或定概念并非一件易事，必然需要经过长期的学术争鸣和学科发展才能形成一个较为统一的意见。事实上，在当今业已形成的学科门类中，学者们的意见也并不是完全一致，仍然存在争议。例如，“教育学”究竟是否能称之为一门科学，就曾受到了广泛关注和争论。再例如，与本书息息相关的“比较教育学”脱胎于“教育史”学科，也是一门较为年轻的学科，学者们对其学科属性仍然存在不同的看法。但这并不是说，研究教育学的学者们在做无用功，概念尚不明确，事实上，在这个动态过程中，才真正体现了夸美纽斯的教育学思想——“把一切事物教给一切人的普遍的艺术”。

从目前的状况来看，若想给“比较学前教育”下一个明晰而准确的定义，尚不具备充分的学科条件和理论氛围。但是，作为学前教育专业的学生，这些学术争鸣除了能促进学科发展外，并不会给同学们的学习带来困扰，尤其是本书作为应用型学前教育专业系列教材之一，我们的关注点应是如何用比较的方法学好学前教育，如何在比较与思考中将他国的经验应用于专业学习和实践，因此，我们只需了解并知晓比较教育学和学前教育学的一般概念即可，而比较学前教育则是二者的深度融合。

(一) 比较教育学概述

1. 比较教育学的历史沿革

比较教育的学科发展大致可以分为四个阶段，分别是学科初创阶段、学科形成阶段、学科成熟阶段和学科扩展阶段。

第一个阶段是学科初创阶段，时间跨度为 19 世纪初至 1848 年欧洲革命时期，代表人物是法国教育学者朱利安(Marc-Antonie Julienen，1775—1848年)。1817年，朱利安出版了《比较教育的研究计划与初步意见》，在这本小册子中，他首次明确使用了“比较教育”这一术语，成为比较教育的开山之作。该书一共56页，主要分为两个部分：前一部分主要阐述建立和研究比较教育的必要性和关于比较教育研究的一些设想，后一部分主要是比较教育研究的调查表格(问卷)。朱利安的一生著述颇丰，正是由于他在比较教育上的开创性贡献，因此被后人誉为“比较教育之父”和“比较教育创始人”。此外，这一时期著名的比较教学学者还有法国学者维克多·库森(Victor Cousin，1792—1867年)。1831年，他受法国教育部委派，对普鲁士教育进行考察，提交了《关于德意志各邦，特别是普鲁士公共教育状况的报告》，成为1833年法国初等教育基本法《基佐法案》的基础。此外还有被誉为“美国公共教育之父”的美国教育学家贺拉斯·曼(Horace Mann，1796—1859年)和坚持美国的“民族性”的教育学家亨利·巴纳德(Henry Barnard，1811—1900年)，两人都主张借鉴外国教育特长促进美国公共教育发展。另外，英国教育家约瑟夫·凯(Joseph Kay，1821—1878年)对德国、法国、瑞士等国家进行了历时八年的考察，为改善英国贫民教育积累了大量经验。这些比较教育思想家提出了关于比较教育的初步的观点和理论，但思想尚不系统，采取的方法主要是直接的考察和访问。

第二个阶段是学科形成阶段，时间跨度为1900年至20世纪50年代，代表人物首推英国学者迈克尔·萨德勒(Michael Sadler，1861—1943年)。他于1900年10月20日在英国“吉尔福德教育大会”上发表演说《我国从对别国教育制度的研究中究竟能学到什么有价值的东西》，成为世纪之交比较教育发展史上划时代的事件。萨德勒的历史贡献在于，他更加明确了比较教育的目的，即通过研究别国教育，认识和改进本国教育。此外，比较教育不能照搬照抄，要适应本国国情。萨德勒在比较教育的学科发展进程中起到了承上启下的“桥梁”作用。

此外，这一时期的代表人物还有英国学者康德尔(Isaac Kandel，1881—1965年)、俄国学者汉斯(Nicholas Hans，1888—1969年)和德国学者弗里德里希·施奈德(Friedriech Schneider，1881—1974年)。20世纪初，比较教育的开山人朱利安与裴斯泰洛齐关系破裂，加上时局动荡，所以他的理论在当时很快被人们遗忘，直到20世纪40年代，康德尔、罗塞洛和施奈德等著名教育家开始关注朱利安长期受冷落的观点。1943年罗塞洛出版《国际教育研究所的先驱》一书，书中称朱利安为国际教育研究所的先驱，也是“比较教育之父”。康德尔继承了萨德勒的观点，并进一步深化和拓展，其著作《比较教育》是比较教育思想发展史上的重要里程碑。该书系统阐述了比较教育的基本理论和基本方法，提出了“因素分析法”，后来汉斯又将因素分析法推向了顶峰。与此同时，施耐德基于德国的辩证思维传统，提出了在重视外部因素分析的同时要关注教育和学校内部因素分析的观点，倡导内部和外部因素并重的辩证因素分析方法。

第三个阶段是学科成熟阶段，时间跨度从20世纪60年代至80年代。这一时期，比较教育蓬勃发展，涌现出大量的学者和丰富的著述。这一阶段的主要代表人物有美国的莫尔曼(Arthur Henry Moehlman，1907—1978年)、安德森(Charles Arnold Anderson，1907—1990年)、贝雷迪(George Z. F. Bereday，1920—1983年)、诺亚(Harold J. Noah)、埃克斯坦(Max Eckstein)、卡扎米亚斯(Andreas Kazamias)、马西亚拉斯(Byron G. Massialas)和卡诺伊(Martin Carnoy)，英国的霍姆斯(Brian Holmes，1920—1993年)、埃德蒙·金(Edmond King，1914—2002年)和霍尔斯(W. Halls)，苏联的索科洛娃(M. A. Соколова)等。在这一阶段，比较教育思想更加多元化，形成了众多比较教育流派和理论。这一阶段的发展呈现出两个趋向：一是探寻新的比较教育方法论，试图引进其他社会科学的方法来突破现有的分析框架。1960年以后，学者们一方面不断利用各社会科学的理论和概念探讨比较教育方法论，有些比较教育学者还独创了比较教育研究方法，较重要的有美国比较教育学者贝雷迪的"比较四步法"、诺亚和艾克斯坦的"假设验证法"和霍尔姆斯的"问题(解决)法"。二是对比较教育进行回顾和总结，慢慢形成了比较教育研究、外国教育、国际教育与发展教育四大领域。

此外，比较教育国际组织也蓬勃发展。1970年，在各国成立的比较教育学会的基础上形成了世界比较教育联合会(World Council of Comparative Education Societies，WCCES)，研究成果大量涌现。1957年美国的《比较教育评论》(*Comparative Education Review*)创刊，1964年英国的《比较教育》(*Comparative Education*)创刊，1971年联合国教科文组织国际教育局的《教育展望》(*Prospect*)创刊，成为WCCES的会刊。这些国际性的组织和期刊的创办为比较教育的学科发展提供了交流的平台和合作的契机。

第四个阶段是学科扩展阶段，时间跨度为20世纪80年代至今。在这一阶段，比较教育的学科分层更加鲜明。主要的代表人物有美国学者阿特巴赫(Philip G. Altbach)、加拿大学者梅斯曼(Vandra Masemann)、德国学者施瑞尔(Jürgen Schriewe)，中国学者王承绪、顾明远等。经过上一个阶段的多元探索和纷繁争论，到了这一时期，比较教育学开始出现了整合和统构的趋势。例如，施瑞尔提出了系统功能主义理论分析框架，试图建构容纳不同观点和流派的理论框架和体系。此外，后现代主义也试图以自己的方式重构比较教育理论体系，试图建构一个能够包容所有的不同观点和争议的整合性的系统分析框架。与此同时，比较教育的研究队伍日渐壮大，研究领域不断扩展，新的学术争鸣和思想也在不断涌现。

2. 比较教育学的特点

从上述比较教育历史发展的演进中，可以清晰地看出比较教育研究以下一些基本特征：

(1)开放性。进行教育比较必须具有广阔的胸怀和敏锐的视野，妄自尊大、目无他人只能导致故步自封。从比较教育学的不同发展阶段中，我们可以看出，比较教育学家不固守于自己国家的教育研究，而是"走出去、请进来"，以开放的心态研究并采纳他国值得学习的教育经验。

(2)实践性。教育科学是一门具有实践性的学科和理论，比较教育属于教育学科的特性也决定了比较教育是一门具有实践性的学科。毫无争议，比较教育研究实践活动是形成比较教育思想的基础，每一位比较教育思想家思想的形成都与其丰富的教育研究实践密不可分。例如，朱利安的思想来源于其对瑞士伊佛东学校的长期考察和研究，库森的认识是建立在其对普鲁士和荷兰教育的考察基础之上，萨德勒在第一次世界大战结束时担任印度加尔各答大学事务调查委员会主席，在这期间他编写和发表了总共28卷的《教育问题特别报告书》，报告资料翔实，深刻反映了欧美亚等地区的教育情况。

(3)指导性。思想来源于实践，也反作用于实践。对本国和他国的教育进行比较的最重要的目的就是对本国教育进行指导，失去了这一特性，比较教育就失去了其根本。

以上这些特性也是我们在学习和运用比较学前教育方法时应熟知的原则。

3. 比较教育学的研究对象

比较教育学研究哪些问题和教育现象呢？这就涉及比较教育学的研究对象。一直以来，这都是引起学界热议的问题。由于可“比较”的教育问题和教育现象的多元化，人们各自有着不同的理解。不过，从比较教育最初的发轫来看，它是从比较不同的教育制度产生的。20世纪60年代以后，比较教育朝着宏观和微观两个方向发展。宏观研究侧重研究各国教育制度的差异以及教育发展的整体性问题，可以分为国别研究、区域研究和国际教育研究。微观研究则侧重具体的学校内部教育改革，如学校管理、课程设置、教学内容、教学方法、考试制度、师资培养等内容。宏观和微观两个层面也可以互通互融，坚持多元文化主义的研究方法，既有国际教育的整体性发展趋势研究，也有交叉微观层面的教育事实比较研究。

(二)学前教育概述

学前教育是研究学前年龄阶段儿童教育规律，以揭示幼儿教育中最普遍、最基本的规律的科学。与其他教育学分支学科相比，这门学科既古老又年轻。最古老的学前教育思想可追溯至古希腊罗马时期，但获得学术界认可成为一个独立学科门类则是到了19世纪。

1. 学前教育的历史沿革

在西方，最早的学前教育思想是古希腊哲学家柏拉图提出来的，他是第一个论及幼儿教育重要性的人，也是第一个提出幼儿社会教育主张的人。在《理想国》中，他构建了一个从优生、优育到成人教育的教育体系。“凡事开头最重要。特别是生物，在幼小柔嫩的阶段，最容易接受陶冶，你要把它塑成什么形式，就能塑成什么形式。”①他的这种思想直接影响了卢梭对儿童教育的看法。

到了欧洲封建时代，即中世纪时期，由于教会专权，基督教垄断了整个政治、思想和文化领域的控制权，教育思想也自然被打上了深深的神学烙印，教育理论把儿童视为大人的“复制品”，认为儿童与成人只有身材大小的不同，没有思想上的区别，采用的教材也是死记硬背式的神学理论，没有逻辑性。

---

① [古希腊]柏拉图：《理想国》，郭斌和、张竹明译，商务印书馆1986年版，第71页。

从16世纪的宗教改革和地理大发现开始，笼罩欧洲的天主教铁板才被逐渐打破。到了17世纪，捷克的著名教育家夸美纽斯于1633年出版了世界上第一部学前教育著作——《母育学校》，详细论述了学前教育的重要性、胎教原则，教育要适应人的自然性等内容。夸美纽斯也被称为“教育史上的哥白尼”。

18世纪，随着启蒙运动的展开，儿童教育观也发生了深刻的转变。法国著名的思想家卢梭受柏拉图和夸美纽斯的影响，于1762年出版了名著《爱弥儿——论教育》。卢梭更加强调“教育要培养自然人”，他在《爱弥儿》开卷即写道:"出自造物主的东西都是好的，而一到了人的手里，就全变坏了”①。这一思想也影响了后来的教育大师裴斯泰洛齐、福禄培尔、蒙台梭利和杜威等人。

19世纪以后，随着机器大工业时代的来临，幼儿教育逐步走上了社会化的轨道，幼儿教育机构首先在英国诞生。空想社会主义罗伯特·欧文创办的幼儿学校是欧洲最早的幼儿教育机构。到了1837年，德国的教育家福禄培尔创办了世界上第一所幼儿园，他也被人们誉为“幼儿园之父”。《人的教育》(1826年)是福禄培尔的代表作，他把人的教育视为一个连续不断地发展和完善的过程。此外，福禄培尔还提倡幼儿的自由游戏，发明了许多教具，谱写了许多歌谣收录在《母亲：游戏与儿歌》(1843年)中。后期他还开办幼儿教师培训学校，在好友的帮助下，幼儿园运动在世界范围内开展起来。

20世纪后，许多教育大师涌现出来。生物学、生理学、心理学和儿童心理学的发展，为揭示学前教育的规律提供了有利条件，从而促进了学前教育学的发展。欧洲的“新教育”运动中，意大利著名学前教育家玛丽亚·蒙台梭利脱颖而出。她通过对学前教育的研究和实验，创办了“儿童之家”，提出了自己的学前教育思想和理论：儿童在成长的过程中会经历各种敏感期，在敏感期内易于学习某些知识和技能，教育主要在于提供“有准备的环境”，通过儿童的自由活动促进自我发展。她强调感官教育，并设计了一套游戏和教学材料。美国“进步主义教育运动”的集大成者杜威是20世纪首屈一指的教育家，他反对赫尔巴特提出的传统的以“教师、书本和课堂”为中心的教育模式，提出要以“儿童、作业和活动”取而代之，他将教育视为一个动态的过程，提出了两个中心论，即“儿童中心论”和“社会中心论”，“教育即生长，教育即生活，教育即经验的改造”。

有关学前教育的历史演进，本书将在第一章“儿童观的转变”中详细叙述。

2. 学前教育的特点

(1)保教结合

学龄前儿童生长发育十分迅速而旺盛，但无论从生理上还是心理上，他们都还处于十分初级的阶段，因此，对儿童的教育要特别强调保育与教育相结合，一切教育活动都是在保育的前提下进行的。

(2)启蒙性

---

① [法]卢梭：《爱弥儿》，李平沤译，商务印书馆1978年版，第5页。

学前时期，是人生发展的早期，是人的生理发育、心智发展、个性萌芽的初级阶段。对学前儿童的教育要启于未发、适时而教、循序渐进。既不可揠苗助长，也不可溺爱放纵。按维果茨基的理论来说，就是要找准每个孩子的“最近发展区”。

(3)直观性

由于学前儿童思维的具体形象性和第一信号系统占优势，因此他们只有在获得丰富的感性经验的基础上，才能理解事物。学前儿童主要是通过各种感官来认识周围世界的，因而最适宜的教育方式莫过于直观性教学。

(4)儿童主体性

儿童是学习的主体，发挥儿童主体性原则，要尊重儿童人格，尊重儿童需要，激发儿童的主动性。在学前教育中，教师要充分扮演好环境的创设者、儿童学习的观察者、引导者的角色，让孩子真正成为活动的主人。

3. 学前教育的研究对象

对于学前教育的研究对象，学者们也存在不同的看法，一种认为学前教育是指0~6岁的儿童教育；另一种观点则认为0~3岁是保育阶段，3~6岁才能称为教育阶段。

此外，学前教育这一概念也有广义和狭义之分。广义的学前教育包括专门的幼儿教育机构、家庭幼儿教育和社会幼儿教育，而狭义的学前教育则指专门的幼儿教育机构。

从研究内容上划分，学前教育研究的层面包括：幼儿教育理论、幼儿各科教学法、幼儿教师培训及专业发展、幼儿教育与家庭和社会的关系等方面。

综上所述，比较学前教育既与比较教育学息息相关，又与学前教育学密不可分。但是，比较学前教育并非是两门学科的简单叠加，而是两门学科的深度融合，是目标、路径和方法的相互影响和渗透，并需要在实践中因材施教，因地制宜。因此，教好、学好并用好比较学前教育的理论与方法对教师和学习者都提出了更高的要求，需要同时熟知和掌握比较教育学和学前教育学的特点和方法。

第二节　比较学前教育的研究对象

了解了比较教育学和学前教育学的学科概念以及发展过程之后，还需明确比较学前教育学的研究对象，这样可以更好地凸显比较学前教育的学科特点，使我们在学习和应用中具有更明确的目标。

本书的主要目的是比较我国与世界其他国家学前教育的异同，吸取别国的成败得失的经验，更好地反思我国学前教育，因此，侧重点主要在“比较”上，从研究对象和研究方法上更偏向于比较教育学的科研方法。

从具体的研究领域上划分，比较学前教育的研究对象主要包括宏观和微观两个层面：

(1)学前教育制度。即从宏观层面研究当今世界各个国家和地区的现行学前教育制度。例如，实行的学制、学前教育的领导权、受教育的对象、机构设置、学前教育政策、法律与法规等方面。

(2)学前教育事实。即从微观层面探索各个国家和地区的学前教育具体内容，如课程内容、师资培训、家庭与社区教育、幼儿心理研究等。

此外，在学习这门课程的时候，还应注意研究的时间深度和研究的空间广度。从时间上而言，比较学前教育的研究以当代各国学前教育为核心，横向考察当代不同国家的学前教育问题，同时要分析形成此种学前教育模式的条件，还要兼顾各国的政治、经济、文化等因素对学前教育的影响。从空间上而言，各个国家、各个地区都可以成为研究的对象，并且，从教育国际化的视野上也可以同时某一问题进行对比。

第三节　比较学前教育的目的、意义与方法

一、比较学前教育的目的

首先，研究和学习比较学前教育，是为了获取世界各国和地区的教育理论和实践经验，提供教育事实，以促进知识和经验的传递和交流，发展教育理念。

其次，研究和学习比较学前教育，是为了借鉴别国的教育经验得失，改善本国的教育状况，以期未来获得更好的教育。

再次，研究和学习比较学前教育，是为了培养一种世界观，以小见大，见微知著，将本国的经验推广至全世界，改善世界整体的教育状况。要从人类教育的发生、发展和演变的过程中，来总结、揭示教育本身所固有的客观规律。

二、学习比较学前教育的意义

首先，掌握必要的基本知识，了解当今世界学前教育发展的现状。巩固专业思想，热爱学前教育事业，达到对幼儿教育事业的深度认同。不同的国家和地区由于不同的历史发展道路和不同的现行政治制度，从而形成了不同的学前教育模式，通过对比学习，学习者可加强对世界各个国家和地区学前教育的了解，探讨学前教育的一般规律和特殊规律，从而加深对我国学前教育的认识，更加肯定自己的专业选择，对未来从事学前教育事业增添一份信心。

其次，在知晓的基础上，进而对别国的经验教训认真细致地考察、分析、鉴别，判断精华与糟粕，以便去粗取精，以供借鉴，古为今用，洋为中用。比较不同国家和地区的学前教育不是为了单纯地比较，而是为了为我所用。当今世界早已是一个“地球村”，每个国家和个体都不可能再“两耳不闻窗外事”地生存下去，势必要学习别人的经验，

规避别国发展过程中的错误和弯路，才能在未来的世界局势中立于领先地位。

再次，培养具有跨学科素养和分析解决问题能力的人才。如前文所述，比较学前教育既需要比较教育学的专业知识和素养，又需要学前教育学的专业知识和素养，这实际上是对学习者提出了更高的要求。在学习的过程中，同学们既要用宏观的视野去看待问题，又需要用微观的视野去分析问题；既需要用教育学的学科知识去构建自己的知识体系，又需要综合其他人文社会科学的研究方法去展开研究。所以，学习比较学前教育适应了当今社会对人才的新标准，即跨专业、宽口径，并且从这门课程的学习中，学习者的科研能力也可以得到进一步提升，为今后开拓更宽广的人生道路添砖加瓦。

最后，研究和学习比较学前教育可以促进国际间的文化交流合作，有利于增进不同国家和民族之间的情感与和平。教育软实力已成为当今世界各国竞争于世界的一大利器，教育输出和教育外援也早已成为一些发达国家敲开国际大门、提升国际地位的有效手段。因此，在现代化和国际化的全球背景下，在激烈的国际教育变革和竞争中，我们必须具备开放性的全球性视野，宣传我国的教育理念和模式，以争取更广泛的国际认同。但如果对别国的经验和做法一无所知，就不具备相互沟通和交流的基础，这也是学习比较学前教育的意义所在。

三、比较学前教育的方法

(一)方法论原则

任何学科的研究都是有其系统的方法论作为指导的，比较学前教育也不例外，萨德勒曾指出，在研究外国教育制度时，“最好首先从总体上去探究外国教育制度所蕴含的精神，接着再去从他国对待所熟悉的教育问题的完全不同的解决方法的研讨、思索中获得间接启发，而不是期待着从外国教育制度中直接发现有多少可实际模仿的东西”。在运用辩证唯物主义和历史唯物主义的思维的基础上，还要遵循以下一些基本原则：

(1)开放性原则。学习比较学前教育，要有开放的、兼容并包的心态，不能仅停留在对本国学前教育制度的理解和实践上，否定其他国家尤其是经济较不发达国家的经验。

(2)跨学科性原则。比较学前教育本身就涵盖了比较教育学和学前教育学的科研方法，此外，在学习与研究的同时，还会涉及其他学科的研究方法，如历史学、社会学、政治学、经济学、心理学等。只有因地制宜地、合理地、综合地运用各学科的方法，才能追根溯源，揭示规律。

(3)求是性原则。比较各国和地区的学前教育模式，不能凭空想象，而是要从实际出发，考察教育事实，用数据和实例来说明问题，不以主观想象来判断对错和分析问题。

(4)实践性原则。在实事求是的基础上，通过实践检验真理，发展理论，理论联系实际，指导现实的学前教育实践才是比较法的根本目的。

(5)系统性原则。注意不同学前教育系统的整体性、结构性和层次性。

(6)过程性原则。即动态性原则，任何事物都是处于不断地发展和变化之中的，不能以僵化的眼光看待问题，既要知道现存问题来自于哪里，又要预见其未来的发展趋势，注意来龙去脉，质量结合，继承创新。

(7)全面性原则。分析学前教育现象内外部的各种矛盾，教育问题本身就与社会发展的方方面面紧密相连，因此不可孤立地看待问题。

(8)可比性原则。统一比较的标准，不可偏私，注意概念、抽样、量度的统一。

(二)研究门类

使用比较法研究学前教育，从类别上可分为两种，即区域研究和问题研究。

1. 区域研究

区域研究是指以国家或者地区为单位，对其学前教育制度和事实进行研究。区域研究还可细分为整体研究和局部研究。

整体研究是指对某个国家或地区的学前教育的各个方面进行立体式的综合性的研究。局部研究是指对某个国家或地区的学前教育进行个案式的深入研究。

2. 问题研究

问题研究指的是对两个或两个以上的国家和地区的学前教育进行比较研究。根据比较的内容，又可以划分为专题比较和综合比较。

专题比较指的是把不同国家的同一类学前教育问题并列在一起进行对比。例如，对比两国的学前教育机构、师资培训、课程设置等内容。

综合比较指的是对国际学前教育的历史、现状和为了发展趋势进行综合的对比，说明其趋势和内在联系。

(三)研究程序

(1)确定主题：确立要研究的问题与方向，这需要演讲者具备很好的问题意识，不要贪图宏大，而是真正可以进行对比研究的具体问题。

(2)提出假说：通过研究者的直觉和推理，对研究的内容有一个自己的先期假设，有的放矢，但注意不要按图索骥。

(3)搜集资料：查阅大量文献，进行各种调查，统计数据。

(4)分析资料：资料收集过程中难免泥沙俱下，这就需要有敏锐的学术嗅觉，对这些资料去伪存真、去粗取精，以便于得出正确结论。

(5)得出结论：在分析资料的基础上得出对研究问题的定性论点。结论与最初的研究假设可能是一致的，也可能是背道而驰的。

(6)验证结论：假设和结论的正确与否都需要通过实践才能判定其正误。

（四）研究方法

1．比较法

比较法是个概称，种类繁多，就研究对象的不同特性为依据，可划分以下几种基本类型：

（1）根据对象的时空特性，纵向与横向比较；

（2）根据对象的质量特性，定性与定量比较；

（3）根据对象的类别特征，同类与异类比较；

（4）根据对象的结构特征，整体与局部比较。

2．调查法

调查法又可以分为参观访问法、现场研究法、问卷法和访谈法。

参观访问法是指实地考察研究对象，获得第一手资料，例如库森对普鲁士教育进行的考察。

现场研究法是指深入调查的机构，进行长期的观察研究，例如约瑟夫·凯对德国、法国、瑞士等国家进行历时八年的考察。

问卷法是指用书面形式间接搜集研究材料的一种调查手段。是通过向调查者发出简明扼要的征询单（表），请示填写对有关问题的意见和建议来间接获得材料和信息的一种方法。

访谈法是研究者通过与研究对象交谈，来搜集研究对象某些心理特征和行为数据资料的一种方法。

3．文献法

文献法就是搜集和分析研究各种现存的有关文献资料，从中选取信息，以达到某种调查研究目的的方法。它是最基础和用途最广泛的搜集资料的方法。

4．分析法

分析法是指演讲者通过统计、分析现有的资料，对比较研究的结果进行解释、说明、概括、总结的方法。分析法包括定性分析和定量分析两种。

四、对学习者的要求

（1）学习之前，对本学科的内容梗概要有一个大致的了解。

（2）在听课之余，对学科的主要教材进行全面系统的阅读和学习。

（3）把每一教育问题或教育现象与当时当地的具体历史条件、政治经济情况乃至科技文化发展水平等有机地联系、结合起来进行考察。

（4）注意教育制度与教育思想的联系。

（5）善于运用比较研究法。

本章小结

比较学前教育，既与比较教育学息息相关，又与学前教育学密不可分。但是，比较学前教育并非是两门学科的简单叠加，而是两门学科的深度融合，是目标、路径和方法的相互影响和渗透。

比较学前教育的研究目的是比较我国与世界其他国家学前教育的异同，吸取别国的成败得失的经验，更好地反思我国学前教育，侧重点是"比较"，主要包括宏观和微观两个层面。

研究和学习比较学前教育，是为了获取世界各国和地区的教育理论和实践经验，改善本国的教育状况，总结和揭示教育本身所固有的客观规律，以期未来获得更好的教育。

在运用辩证唯物主义和历史唯物主义的思维的基础上，采用比较法、调查法、文献法和分析法进行区域研究和问题研究。

比较与思考

1. 比较学前教育的研究对象包括哪些？
2. 比较学前教育的科研方法有哪几种？
3. 如何学习和研究比较学前教育？

推荐阅读

1. [西班牙]何塞·加多里：《比较教育概论》，万秀兰译，人民教育出版社2001年版。
2. 吴文侃、杨汉清：《比较教育学》，人民教育出版社1999年版。
3. 虞永平、王春燕：《学前教育学》，高等教育出版社2012年版。
4. 刘晓东、卢乐珍：《学前教育学》（第三版），江苏教育出版社2009年版。
5. 杨汉麟：《外国幼儿教育史》，人民教育出版社2011年版。

下章预习重点

1. 西方从古至今儿童观的转变脉络。
2. 古希腊的幼儿教育思想；欧洲中世纪的幼儿教育思想；夸美纽斯的幼儿教育思想；卢梭的幼儿教育思想；福禄培尔的幼儿教育思想；裴斯泰洛齐的幼儿教育思想；蒙台梭利的幼儿教育思想。

第一章 西方儿童观的演变

学习目标

1. 教学重难点：不同时期西方教育观的演变脉络、特点

2. 学习要求：了解西方儿童观的发展脉络，熟知不同时期西方幼儿教育思想的代表人物及主张，比较各个历史时期不同儿童观的异同。

内容提要

西方文明发源于古希腊，一直到当代，儿童观也几经转变。古希腊实行的是以国家为本位和家庭为本位的幼儿教育思想；到了中世纪，神本主义的幼儿教育思想占据主导地位；文艺复兴之后，近代以来的人本主义的幼儿教育思想成为主流；19 世纪末至 20 世纪以后，现代的儿童本位的幼儿教育思想成为世界儿童教育的主导思想。在西欧儿童观的转变中，涌现出许多儿童教育大师，如夸美纽斯、洛克、卢梭、裴斯泰洛齐、福禄培尔和蒙台梭利等。

儿童观指的是人们对儿童的根本看法、态度。在学前教育理论中，儿童观是最基本、最核心的观念，儿童观的发展主宰了人类不同的历史发展阶段的教育思想、教育制度和教育方法。西方文明发源于古希腊，一直到当代，儿童观也几经转变，本章将着重从历史演变的进程梳理西方儿童观的转变过程，揭示未来幼儿教育理念的发展趋势。

第一节 古希腊的幼儿教育

一、雅典与斯巴达的幼儿教育

古代希腊以斯巴达和雅典为中心城邦。在儿童观上，无论是尚武的斯巴达还是较民主的雅典，都将儿童视为国家的财产，儿童生下来就是为了城邦的利益而存在的，因此，古希腊时代的儿童观是完全的国家本位主义的儿童观。在古希腊时期，产生了西方最早的胎教和幼儿教育理论。

(一)斯巴达

斯巴达是位于希腊西南部伯罗奔尼撒的一个较大的城邦，以农业为主，尚武。斯巴达的教育是为了培养军人服务的，斯巴达人把教育视为国家的职责，实行严格的体格检查制度。实行这一制度的目的是要保证种族在体质上的“优越性”，培养体格强壮的战士。婴儿从一生下来就属于国家，父母必须把初生婴儿交给长老检查。凡身体虚弱或畸形的，就被抛至荒野，或扔给希洛人。身体强壮的才交给父母，由父母替国家抚养至7岁。7岁以后，儿童要离开父母到国家教育场所过半军营式的生活。

因此，斯巴达的幼儿主要是由家庭完成早期教育的。斯巴达的父母实际上成了国家的保姆，非常注重培养幼儿坚毅的品格。新生儿便要用酒洗浴，他们相信这样能够去除软弱。母亲也不用厚衣物包裹幼儿，以使幼儿能够自由活动。幼儿从小就必须过艰苦的生活，锻炼吃苦耐劳的性格。

(二)雅典

雅典位于希腊的东南部，有优良的港口，同外界的贸易和文化交流十分频繁，工商业发达，实行奴隶制民主制。雅典的教育在目的、内容和方法上，都与斯巴达有很大差别。雅典人认为，一个好公民不仅要能为祖国英勇作战，而且应该有健美的身体、高度的文化修养、多方面的兴趣、发达的智力、高尚的审美情趣和从事艺术活动的能力，即雅典的公民应该是身心和谐发展的人。

在雅典，幼儿出生后由父亲负责进行体格检查。7岁以前，儿童在家庭受教育。幼儿由母亲和奶妈照顾，有很多玩具可以玩耍，能够享受到充分的母爱。稍大一点后，有钱人家会为孩子请保姆或家庭教师，或者由有文化的奴隶(教仆)担负教育工作。家庭教育以游戏为主，也给孩子讲故事，教孩子唱歌，并注意培养孩子的礼貌行为及其他良好习惯。

二、柏拉图的幼儿教育思想

柏拉图(Plato，约公元前427年—前347年)，是古希腊著名的哲学家，师从苏格拉底，培养了高徒亚里士多德。他记录恩师苏格拉底言行的《理想国》也反映了他的教育理念。在这本著作中，柏拉图构建了一个从学前到研究院的教育体系。首次提出了优生、胎教、计划生育及公共学前教育的思想，并论述了学前教育的内容及方法。但是，柏拉图所提出一系列教育主张和原则只是他的一种设想，在古希腊时期，甚至在后世的相当长的一段时期内，并没有真正地被运用于教育实践。

（一）教育观

柏拉图是西方客观唯心主义的奠基人。根据他的理念论，他认为存在着两个对立的世界，一个是可见的物象世界，一个是可知的理念世界。他从“理念世界先于物象世界”的哲学观点出发，认为教育起源于天神与赋予人类歌舞中和谐与节奏的快感，教育的源泉在于对和谐的感觉，所以教育也应由引导人类走向理念世界开始。“善”是柏拉图理念世界的顶点，要实现“理想国”的目的，要用教育来实现“善”。“他们一定要有正确的教育（不管它是什么）。”①

他还提出了“灵魂回忆说”，即“善”与“恶”的观念从出生就已经存在于人的头脑中，教育就是把固有的知识从人的大脑中重新启发的过程。柏拉图十分重视“善”的教育的重要性，他说：“任何种子或胚芽（无论植物的还是动物的）如果得不到合适的养分、季节、地点，那么，它愈是强壮，离达到应有的发育成长程度就愈远……如果得到的是不适合的培养，那么最好的天赋就会比差的天赋所得到的结果更坏。”②

教育的主要任务是激发幼儿的理智，控制人非理性的激情。“人们在小孩身上也可以看到：他们差不多一出世就充满了激情，但是有些孩子我们从未看到他们使用理智，而大多数孩子他们能使用理智则都是很迟很迟以后的事情。”③

柏拉图的教育体系是有阶级性的，在《理想国》里，他把社会分为三个阶层：哲学家、军人、手工业者和农民，前两个是特权阶级，手工业者和农民是受奴役和剥削的，他们没有受教育的权利，当然他们的子女也没有享受教育的权利。

（二）优生优育与胎教

柏拉图是西方历史上最早提出优生优育的思想家。他在《理想国》中构建了一个理想的公有制国家，所有的事务，包括家庭事务都由城邦来统一管理，这其中就包括由国家来主导婚配、生育和集体抚养幼儿。“一个安排得非常理想的国家，必须妇女共有、儿童共有，全部教育共有。”④

他认为，无论男女，都要在身体精力最旺盛的时候生儿育女：“女人应该从二十岁到四十岁为国家抚养儿女，男人应当从过了跑步速度最快的年龄到五十五岁。”⑤“在不是生育的好时节里让新郎新娘结了婚，生育的子女就不会是优秀的或幸运的。”⑥孩子生下来后，由国家建立托儿所统一抚养，聘请奶妈和保姆来喂奶和照顾婴儿。

---

① ［古希腊］柏拉图：《理想国》，郭斌和、张竹明译，商务印书馆1986年版，第130页。
② ［古希腊］柏拉图：《理想国》，郭斌和、张竹明译，商务印书馆1986年版，第240页。
③ ［古希腊］柏拉图：《理想国》，郭斌和、张竹明译，商务印书馆1986年版，第168页。
④ ［古希腊］柏拉图：《理想国》，郭斌和、张竹明译，商务印书馆1986年版，第312页。
⑤ ［古希腊］柏拉图：《理想国》，郭斌和、张竹明译，商务印书馆1986年版，第195页。
⑥ ［古希腊］柏拉图：《理想国》，郭斌和、张竹明译，商务印书馆1986年版，第316页。

（三）学前教育

柏拉图十分重视早期教育的重要性，他说："一个人从小所受的教育把他往哪里引导，就能决定他后来往哪里走。"①他充分研究了斯巴达和雅典的教育经验，他提倡斯巴达式的国家包办教育的理念，对儿童实行性格训练等做法；同时，他也赞扬雅典的人文博雅教育和完善的教育体系。

1. 教育阶段划分

柏拉图的教学体系是金字塔形。为了发展理性，他设立了全面而丰富的课程体系，他以儿童的心理特点为依据，划分了几个年龄阶段，并分别授以不同的教学科目。0~3岁的幼儿在育儿所里受到照顾，儿童出生后，交给国家特设的养育院，由乳母养育，这时主要对幼儿用摇篮曲、儿歌施以教育影响。3~6岁的儿童在游乐场内进行故事、游戏、唱歌等活动，由保姆监护。这时，儿童的本性需要游戏，性格任性，对于孩子的顽固执拗的性情，既不能放纵，也不能惩罚，以免损伤自尊心，要掌握适宜的分寸，要使孩子们的行为符合适当的规范并且有秩序。6岁以后，儿童进入初等学校接受初级课程。这时男女就要分开教育，男孩和男孩在一起，女孩和女孩在一起。男孩应向骑师学习怎样用弓箭、标枪和掷弹，女孩也应该学习这些，这样可锻炼她们的手臂。柏拉图强调体育锻炼，使儿童的身体得到和谐平衡的发展。

2. 教育内容

在教学内容上，柏拉图接受了雅典以体操锻炼身体，以音乐陶冶心灵的和谐发展的教育思想，为儿童安排了简单的读、写、算、唱歌，同时还十分重视体操等体育训练项目。"音乐和体育偕同作用将使理智和激情得到协调，它们用优雅的言词和良好的教训培养和加强理智，又用和谐与韵律使激情变得温和平稳而文明。"②

他特别重视故事对人心灵的启迪作用，通过讲故事发展儿童的想象力，对教材的选择也很慎重。因为，"先入为主，早年接受的见解总是根深蒂固不容易更改的。因此我们要特别注意，为了培养美德，儿童们最初听到的应该是最优美高尚的故事。"③为了达到这个目标，"我们首先要审查故事的编者，接受他们编的好的故事，而拒绝那些编的坏的故事。我们鼓励母亲和保姆给孩子讲那些已经审定的故事，用这些故事铸造他们的心灵，比用手法去塑造他们的身体还要仔细。"④值得注意的是，这里的"手法"指的是当时托儿所里采用的一种推拿按摩之类的保育方法。可见，古希腊时期，人们已经掌握了一套幼儿抚触法。

故事的来源是诗歌、神话等文学作品，当时的英雄史诗主要有荷马所作《伊利亚

---

① ［古希腊］柏拉图：《理想国》，郭斌和、张竹明译，商务印书馆1986年版，第140页。
② ［古希腊］柏拉图：《理想国》，郭斌和、张竹明译，商务印书馆1986年版，第169页。
③ ［古希腊］柏拉图：《理想国》，郭斌和、张竹明译，商务印书馆1986年版，第73页。
④ ［古希腊］柏拉图：《理想国》，郭斌和、张竹明译，商务印书馆1986年版，第71页。

特》和《奥德赛》，此外古希腊还盛产诗人和剧作家，这些文学家的作品都为古希腊的儿童提供了良好的教材。柏拉图主张给儿童讲的故事中神的形象应是完美、公正的，而不应有残忍、阴险等人类的弱点。在如何甄别和选择教育内容上，他认为，不能盲目地全盘吸收，而是要有选择，要适应儿童的接受能力："当他们年少时，他们的学习和哲学功课应该适合儿童的接受能力。"①这些文学作品难免有夸张的成分，柏拉图认为也要去粗取精，如果内容是虚妄的、暴力的、无理性的，反而不如不教给孩子，给儿童讲述的很多故事都是必须删去的，因为这些故事都是谎话，比如希腊神话中，马拉诺斯、克罗诺斯和宙斯这些天神彼此阴谋陷害的故事，就不宜讲给孩子们听，最好是悄悄埋葬了它们。即使故事有损于统治阶级内部的团结，对于孩子们，这些未来的邦国监护者，应当让他们知道最羞耻的莫过于内部的自相残杀；况且这些深入孩子们心灵的最初印象是最不容易磨灭、最不容易改变的。

虽然是唯心主义思想家，但柏拉图还非常看重外部的环境对人的塑造："除非天分极高的人，不从小就在一个好的环境里游戏、学习，受到好的教养，是不能成长为一个善人的。"②对于儿童模仿性强这点，柏拉图认为儿童只应模仿对于他们来说是一些合宜的东西，比如勇敢、虔诚和自由的人物，凡不配自由人所应做的他们就不应该去做，也不宜模仿，此外也不应模仿其他一切羞耻的事。柏拉图认为儿童从模仿里就会弄假成真，久而久之成为习惯或第二天性，并且会在他们的身体、语言和思想上表现出来。

3. 游戏

柏拉图非常重视游戏在教育中的作用，他认为，游戏与政治、法律是有关系的。如果幼儿开展合适的游戏，用同样的游戏方法，爱好相同的玩具，那么邦国的庄严的制度就会稳固并且保持下去，不致被破坏。可是，如果游戏时常被破坏，时常有新的变化，他们就会追求新奇，厌旧喜新，那么一个国家里最大的危机莫过于此。因为改变游戏实际上是在暗中改变他们的生活方式，就会在孩子的心思与心灵上种下以为事物秩序是可以改变的观念，以后还会发展成不尊重古道和否定现存政治的危险思想。"我们的孩子们必须参加符合法律精神的正当游戏。因为，如果游戏是不符合法律的游戏，孩子们也会成为违反法律的孩子，他们就不可能成为品行端正的守法公民了。"③

什么样的游戏才是适合的游戏呢？柏拉图认为，"如果孩子们从一开始做游戏就能借助于音乐养成遵守法律的精神，而这种守法精神又反过来反对不法的娱乐，那么这种守法精神就会处处支配着孩子们的行为，使他们健康成长，一旦国家发生什么变革，他们就会起而恢复固有的秩序"④。

---

① ［古希腊］柏拉图：《理想国》，郭斌和、张竹明译，商务印书馆 1986 年版，第 250 页。
② ［古希腊］柏拉图：《理想国》，郭斌和、张竹明译，商务印书馆 1986 年版，第 333 页。
③ ［古希腊］柏拉图：《理想国》，郭斌和、张竹明译，商务印书馆 1986 年版，第 140 页。
④ ［古希腊］柏拉图：《理想国》，郭斌和、张竹明译，商务印书馆 1986 年版，第 140 页。

小 结

古希腊时期是西方幼儿教育思想的发轫时期，以斯巴达和雅典为典型代表，幼儿教育以国家和家庭为本位，在奴隶制民主制下，儿童被视为国家的财产，注重军事训练，优胜劣汰。在古希腊时期，产生了西方最早的胎教和幼儿教育理论。

第二节 西欧中世纪的幼儿教育

从公元476年西罗马帝国灭亡到1500年左右的欧洲历史，被西方史学家称为“中世纪”。它是古代希腊罗马文明消亡与近代资本主义社会之间的一段历史，中国历史学家习惯上称之为西欧封建社会。

“中世纪”是一个颇有争议的概念，原因在于，历史上并不曾真正有过一个叫做“中世纪”的朝代。“中世纪”一词最早诞生于欧洲文艺复兴时代，认为在罗马帝国衰亡直至文艺复兴之间存在着一个“中间世纪”。当西方文艺复兴时代的启蒙思想家创造“中世纪”一词的时候，他们意念中所指的并不是整个世界，也不是整个欧洲，而仅仅限于指天主教所统治的地区，即中欧和西欧。从感情上说，他们对亚洲文化（中国文化、印度文化等）、阿拉伯文化和拜占庭文化是十分向往的，对古代的希腊、罗马文化更是崇拜得五体投地；而对6~16世纪“蛮族”的入侵而造成的古典文化的衰落极为不满，对教会垄断文化事业也大不以为然，遂将这段历史斥之为“野蛮”、“未开化”、“专制”，称这段时期为“黑暗时代”。中世纪前期指的是5~11世纪，后期指的是12~14世纪。

在中世纪，没有“儿童”的概念。这里所谓“儿童”的概念是指人们是否能够意识到儿童具有某种特殊的本质，这种特殊的本质把孩子与成人，甚至把孩子与少年区别开来，即把儿童看做是儿童。当时的人并不认为有“小孩”的存在，过了7岁的小孩才被视为“缩小的成人”，而非一个有不同需求的个体。到了16世纪，成人才开始注意到儿童，溺爱起儿童。17世纪时，人们逐渐明白小孩不同于成人，不是缩小尺寸的成人，而是独特的群体，有自己的穿着打扮及休闲娱乐。到了18世纪，现代童年概念正式出现，儿童成为家中重要成员。儿童必须接受训练，被纠正行为，且需要保护与改造。

一、“原罪论”的儿童观

在基督教中，人一出生便是有“原罪”的，《圣经·诗篇》第51章第5节：“我是在罪孽里生的。在我母亲怀胎的时候，就有了罪。”婴儿也是如此。并且，在人性善恶上，圣经也认为，儿童从出生之日就有恶念，具有破坏性。《圣经·创世纪》第 8 章第 21 节：“人从小就心怀恶念。”在教会统治的中世纪，这样的观念被宣传和扩大，幼儿从小就要接受洗礼，皈依教会，否则便无法洗脱罪恶，死后不能入天堂。对于那些还未成年就夭折的幼儿，教会为他们建立了“灵狱簿”，中世纪后期的教会甚至大肆兜售“赎罪卷”，家长要为这些儿童出资赎罪。在对待幼儿的教育上，教会宣扬，必须无条件地听从教会的指引，以使灵魂得救，《圣经·箴言》第 23 章第 13 节：“不可不管教孩童，你要用杖打他，就可以救他的灵魂免下阴间。”

二、“预成论”的儿童观

“童年”这一概念并不是从人类历史一开始就有的，不是我们现在所认为的一个理所当然的概念。

在古希腊时代，人们以现实主义的风格表现儿童，或将儿童理想化，表现儿童的优雅和丰满，小爱神厄洛斯的形象在希腊化时代非常盛行。从希腊化时代开始，儿童的形象渐渐模糊。到了中世纪，“儿童”这个概念已不存在。幼儿从一断奶开始，就被当作“小大人”，是缩小版的大人，混在成人中间，和他们一起劳动、竞争、社交、玩耍。直到中世纪末期，儿童开始与成人分离，此后，“童年”才开始成为现代世界认同的观念。

法国著名的家庭史学家菲力浦·阿利埃斯考察了 4 个世纪的绘画和日记，以及游戏、学校、礼仪和课程，通过研究发现，直到 12 世纪前后，中世纪的艺术还未涉及儿童。这表明，在中世纪的观念中，儿童是没有地位的。一幅 11 世纪奥托风格的细密画用我们现代观感难以接受的方式曲解了儿童的身体。画的题材是《圣经》的场景，耶稣要求人们允许小孩到他身边去。然而，细密画家却在耶稣周围画了 8 个真正的成年人，没有任何儿童的特征，只在个子上画小了一点，身材与成年人有所区别。在一幅 11 世纪晚期法国的细密画上，被圣尼古拉复活的 3 个孩子也被处理为仅在身材上比成年人矮小，丝毫没有儿童的外形和特征。画家如果画儿童裸体(裸体暴露当时非常罕见)，他会毫不犹豫地给儿童画上成年人的肌肉。13 世纪，尽管人们有了更多想表现儿童的意愿，但依然遵循旧法。在圣路易的插图本《圣经》中，孩子形象的呈现更频繁，但除了身材之外，仍然没有其他的特征。这无疑表明，在当时的真实生活中，而不仅仅在美术形象的转换上，儿童时期被看做是一个稍纵即逝的过渡时段，人们很快就丧失了对它的回忆。

三、对幼儿生命的漠视

首先，从中世纪到 17 世纪晚期，人们一直对杀婴表现出难以理解的宽容。虽然杀婴是基督教会不允许的严重罪行，要受到严厉惩罚，但它却被秘密实行，甚至相当普遍。人们常将一个无助小生命的消灭伪造成意外死亡，没有人会公开承认，但也不会为此感到羞愧。它在道德上是中性的，受到教会和国家伦理信条的谴责，但却在秘密的状态下实行。形成这样社会氛围的原因是，人们并不将婴儿视为真正的生命，而是类似于胎儿，带有生命的模糊性。

其次，在中世纪，即使在人口不利的情况下，人们对儿童夭折也表现出冷漠。当时，小孩过早地死去，人们想不到要保留小孩的形象。人们并不认为，这个太早消失的小东西有值得记忆的价值——那个时候众多的孩子均面临着存活的严重问题。在坟墓人物造像中，儿童要晚至 16 世纪才出现。使人感到好奇的是，最早儿童并不出现在自己的坟墓上或他父母的坟墓上，而是出现在老师的墓碑上。在博洛尼亚教师墓地里，人们展现了教师在学生中间给他们上课的场面。和我们今天普遍的看法不同，当时的人们并不认为儿童已经具备了成年人的人格，在医疗水平还不发达的中世纪，儿童的死亡率还很高。根据基督教精神，受洗的孩子才得到尊重，被看做具有不朽的灵魂。在巴斯克地区，人们很长时间保持这样的习俗，他们将未受洗而死去的孩子埋在家中，埋在门口，或埋在花园里。也许人们并不在乎将夭折的孩子埋在何处，就如现今人们随便埋葬如猫狗之类的宠物。到 18 世纪，随着马尔萨斯主义的诞生和避孕方法的推广，儿童夭折不可避免的观念才最后消失。①

四、社会生活上儿童与成人缺乏区分

(一)服饰

13 世纪以前，对儿童特点麻木不仁不仅仅表现在绘画上，而且在社会生活中，儿童大多没有自己特别的服饰。婴儿一旦离开襁褓，穿戴便如同成人一样。

中世纪时期，儿童流行穿一种教士一样的长袍，不戴服装配饰，小男孩穿戴如小女孩，而小女孩的穿戴就是成年女性的服饰。伊拉斯谟在《基督徒婚姻》中曾描绘：“人们给(孩子)添加上内衣、保暖的长筒袜、宽大的衬裙和束缚肩膀与髋部的外套，浑身上下铺陈了大量的布料和裙褶，人们让他们相信，整套行头会给他们带来极好的气质。”伊拉斯谟谴责这种当时还是新式的打扮，他倡导要解放青少年的身体，穿更轻便的衣服，但他的观点未能战胜当时的风尚。到 18 世纪末，孩子们的服装才变得更为轻便、更为宽松，不再受拘束。②

① [法]菲力浦·阿利埃斯：《儿童的世纪：旧制度下的儿童和家庭生活》，沈坚、朱晓罕译，北京大学出版社 2013 年版，第 58 页。

② [法]菲力浦·阿利埃斯：《儿童的世纪：旧制度下的儿童和家庭生活》，沈坚、朱晓罕译，北京大学出版社 2013 年版，第 83 页。

（二）游戏

在中世纪，三四岁以下的儿童才做游戏，而超过了这个年龄，儿童则与成年人玩一样的游戏，有时是孩子们自己玩，有时是孩子与大人一起玩。路易十三幼时在玩布娃娃的同时，还玩网球、槌球、曲棍球等这些今天我们看来应该属于青少年和成年人的游戏。相反，成年人却玩我们今天认为应该是小孩子玩的游戏。有一件象牙雕呈现的是被称为"青蛙"的游戏：一位年轻人席地而坐，他试图捉住那些推搡他的男男女女。成书于15世纪末的《萨伏依之阿黛拉伊德时间书》里有一幅年历画，主要画的是游戏场面，村民们正在玩打雪仗，其中有男人也有女人，有孩子也有大人。①

（三）道德风气

在中世纪，人们在幼儿面前并不忌讳有关"性"的话题，而且常常用幼儿的性器官开玩笑，利用幼儿的无知和懵懂达到娱乐成人的目的。即使在大庭广众之下也如此，阿里埃斯记述了路易十三1岁时的一则事例，证明了这点。虽然当时已不是中世纪，但这种风俗强烈地体现了中世纪的传统，从中可以看出人们对于幼儿的态度。

此外，在中世纪，虽然基督教会要求人们笃信宗教，但社会生活中却并不存在儿童的宗教节日，甚至不允许儿童领圣餐。

小　结

西欧中世纪的教育奉行神本主义的幼儿教育观，以"原罪论"和"预成论"为宗旨，忽视儿童的个体存在，泯灭儿童的天性，教育方法上以粗暴的方式进行灌输式教育，宗教活动在幼儿教育中占据了重要地位。但中世纪神学的发展也客观上促进了幼儿教育的缓慢前行，为文艺复兴时代重新发现人、肯定人埋下了伏笔。

第三节　学前教育的先知——夸美纽斯

约翰·阿摩司·夸美纽斯（Johann Amos Comenius，1592—1670年）是17世纪捷克民主主义教育家，是人类教育史上里程碑式的人物，他继承了自古代希腊罗马至文艺复

① ［法］菲力浦·阿利埃斯：《儿童的世纪：旧制度下的儿童和家庭生活》，沈坚、朱晓罕译，北京大学出版社2013年版，第109页。

兴时期的教育成果，总结了宗教改革时期丰富的教育实践经验，提出了“泛智论”，奠定了近代教育理论体系的基础。

夸美纽斯的一生十分坎坷，他一生致力于民族独立、消除宗教压迫以及教育改革事业，曾担任捷克兄弟会牧师及兄弟会学校校长，撰写了《母育学校》、《大教学论》、《语言和科学的入门》、《世界图解》等教育著作，提出了“泛智主义”(Pansophia)的教育理想，奠定了欧洲近代教育理论的基础。他具有强烈的民主主义思想，同情人民的苦难，寄希望于劝说统治者施仁政，企图凭靠教育的力量，建立和平宁静的社会秩序。

一、幼儿教育著作

夸美纽斯一生可谓著述丰富，各类著作共有 265 种。除教育外，还涉及很多其他领域。在教育学方面，他的几本著作都是当时世界上开先河式的，因此他也被后人誉为“教育史上的哥白尼”。

(一)《母育学校》

《母育学校》是世界上第一本学前教育专著，成书于夸美纽斯流亡波兰期间。1628—1641 年，夸美纽斯一直住在波兰的黎撒。在此期间，他主办了多种类型的学校，并撰写了许多教育著作。《母育学校》于 1628 年用捷克文写成，1632 年出版。该书共分 12 章，论述幼儿教育的性质、身体训练的价值，强调幼儿对自然界的初步认识是智慧发展的开端及对幼儿进行道德训练和宗教教育的重要性，指明幼儿进入国语学校学习前应做的准备。该书相继被译为德文、波兰文、拉丁文和英文，广为流传。

(二)《大教学论》

1632 年，夸美纽斯在经过了约五年的酝酿后，完成了其教育思想的代表作——《大教学论》。此后，他又用五年的时间对该书进行修改、扩充，并改写成当时学术界通用的拉丁文。从书名上看，《大教学论》似乎是一部关于教学法的著作，但实际上它远远超出了教学论的范围。该书的主要内容有：人生和教育的目的，改革旧教育的必要性与可能性，设立新学校的基本原理，体育、保健理论，教学理论，德育理论，儿童教育年龄分期及相应学制，各级学校构成和学校管理。从上述内容不难看出，《大教学论》已涉及现代普通教育学的各个方面。夸美纽斯在该书卷首语中明确指出，他写作此书的目的是实现青年时代的理想，即“探索一种教导的方法，使教员可以少教，学生可以多学，使学校成为更少喧闹、更少令人厌恶的事、更少无效的劳作，而有更多闲逸、更多乐趣和扎实的进步的场所，通过它使基督教会可以少些黑暗，少些困扰和纷争，而是相反地增加光明、秩序、平和与安宁。”①在这本书中，夸美纽斯将学前教育纳入了单轨学

① ［捷克］夸美纽斯：《大教学论》，任钟印译，人民教育出版社 2006 年版，第 6 页。

制中。

(三)泛智论

《大教学论》使夸美纽斯名声大噪，此后，他积极进行“泛智”(Pansophia)问题的研究。所谓“泛智”就是广泛的、全面的智慧及科学。其含义有两个方面，一是要求人们应该掌握现实生活所必需的、一切有用的知识，二是主张把一切有用的知识教给一切人。1637年，他出版了《泛智论写作计划》，两年后，对此书加以修改，以《泛智的先声》为名再版，引起了当时学术界的关注。1641年，英国国会通过了一项关于组织学术委员会专门研究“泛智论”的决议，夸美纽斯应邀到伦敦领导这一由多国学者组成的学术委员会，并创办能将其理论付诸实施的教育机构。1642年，夸美纽斯受瑞典政府的要求，到瑞典从事教科书的编写。1648年，夸美纽斯又应邀去匈牙利，宣传其“泛智教育”，在沙罗斯-帕特克开办了泛智学校，并写下了《论天赋才能的培养》、《泛智学校蓝图》和《组织良好的学校的准则》等多篇教育论文。他的泛智学校计划开办七个年级，可惜只办了前三个年级，计划未能全部实现。但这是世界近代史上第一个有计划的教育实验。

(四)《世界图解》

夸美纽斯在匈牙利期间，还撰写了《世界图解》，该书是百科全书式的儿童启蒙教育的教材，全书共150课，由187幅插图及解说构成，可谓图文并茂，附有拉丁文和捷克文的对照说明，被译为欧洲各国文字，流行甚广。

在《世界图解》中，有这样一则插图，是一位教师在与小孩对话：

教师：来吧，孩子，来学习智慧！

男孩：什么才是智慧？

教师：一切必需的、正确理解的、正确行事的、正确讲话的(知识就是智慧)。

男孩：谁来教我？

教师：我，与上帝。

这篇对话充分反应了夸美纽斯的世界观，一方面，他从幼年起就深受宗教的影响，基督教的世界观根深蒂固，把《圣经》看做是学生“最甜最好的乳汁”。另一方面，他又接受了英国哲学家弗朗西斯·培根的唯物主义的感觉论，认为一切事物都受自然秩序所制约，倡导教学工作应适应自然秩序的原理。

二、儿童观与教育原则

(一)以儿童为主体的儿童观

《母育学校》第一章就指出：“儿童是耶和华所赐的产业……是他所给的赏赐。”儿童是无价之宝。[1]这与中世纪时期的儿童观相比，已经有了巨大的进步。夸美纽斯说："对于父母，儿童应当比金、银、珠宝和宝石还珍贵……金、银、珠宝和其他同类的东西都是无生命的……然而儿童们却是上帝的生机勃勃的形象。"[2]所以，儿童是上帝的一面镜子，从儿童身上可以看到谦虚、有礼、亲切、和谐以及其他的品德，上帝把儿童交给父母教养，父母应给予儿童最勤勉的照顾。

（二）教育的目的与作用

作为一个虔诚的基督教徒，夸美纽斯从宗教中引出了教育的目的，声称现世的人生"只是为（来世的）永生做准备"的。教育的目的就在于协助达到这一目的。他不赞同天主教会宣传的"肉体是灵魂的监狱"的观点，认为人不过是身体与心灵方面的一种和谐而已。他认为，教育的目的就是通过灌输知识，培养道德和信仰，使人所具备的知识、德行和虔信的"种子"得到发展，从而为来世的永生做好准备。人生的最终目的，是趋向一个更高阶段，即永生。

夸美纽斯接受了文艺复兴时代人文主义思想的影响，他同时认为教育有其现实目的，人应该过好现世生活，应是以积极乐观的精神来理解现世生活。因此，人们的现实生活要心灵的快乐，生活的美满，心灵得到快乐。要达到这个目的，人应该具有万物的知识，并能利用万物为人类服务。教育的培养目标应该把人培养成具有广博知识的人，教育的目的就是给人以知识、德行和虔信，使人能理解万物和利用万物。

夸美纽斯对教育作用做出了高度的估价。他高度重视教育的社会功能，以及教育在人的发展中所发挥的作用。首先，他认为教育对人的发展具有重大作用。把人看作最优美、最完善的创造物，因而教育能对人施展重大的作用。他指出人之所以成为人，只是由于在最适当的年龄，即在儿童时期受到了所应当获得的那种教育。他确信，"每一个人都是可以成为一个人的"。他认为，人都有接受知识的智力，智力低到不能接受教育地步的，"在一千个人里面难找到一个"，即使对于这种智力极低的人，教育还是可以发挥一定作用的"。其次，他认为教育对社会发展具有促进作用。夸美纽斯说："教育是人类得救"的主要手段，"有教养的民族能利用的宝藏"，"它能使社会减少黑暗、困恼和倾轧"等。

（三）重视儿童的差异和后天教育

夸美纽斯在高度评价教育作用的同时，对于儿童天然素质或品质的差异也很重视。对于这些不同素质和性格的儿童，教师应该用合适的训练，使他们有德行。夸美纽斯还认为，一切人生来都是渴于求知的，但实际上却有人缺乏爱好学习的倾向，这是由于父母的溺爱、社会环境的引诱以及教师没有尽到责任所致。他郑重提出，"一个做教师的

---

① 任钟印选编：《夸美纽斯教育论著选》，人民教育出版社 2005 年版，第 12 页。

② 任钟印选编：《夸美纽斯教育论著选》，人民教育出版社 2005 年版，第 15 页。

人在传授学生知识以前，必须使学生渴于求得知识，能够接受教导，因而准备接受多方面的教育”。此外，夸美纽斯还提出了男女平等的民主教育思想，女子亦应受教育。就心智与求知能力而言，女子不比男子差，甚至常常胜过男子。

（四）教育要适应自然

夸美纽斯认为，自然界存在着一种普遍的“法则”，这些法则无论在动植物还是在人类的活动中都发挥着作用，人作为自然界的一部分，必须服从自然界的普遍法则。以培养人为主要任务的教育工作，也必须遵循自然发展，才能发挥应有的效力。夸美纽斯依据其自然适应性原则，类比和论证了教育的其他原则。他的论证顺序是：（1）自然法则；（2）自然界中遵循自然法则的实例；（3）现实教育中违背自然的错误做法；（4）如何依照自然法则来改进教育工作。

这一原则贯穿于夸美纽斯的整个教学思想之中，尤其是教学方法之中。《大教学论》第十四章就讲道：“规则，即把一切事物教给一切人的艺术中起支配作用的原则，应当能够、也只能从大自然运转的源泉中借鉴。一旦这条原则得到彻底确认，人事的进程就会进行得像大自然的运转那样容易、自动。”①他举例说，树木在春天发芽长叶，鸟儿在春天孵化小鸟，所以人类应在人的童年期开始施教，而一天则应在早晨学习为好。鸟儿在喂养雏鸟时，不会为了加快其成长而用过多的食物去喂填，而只是小心地选择食物，慢慢地按照其脆弱的小孩能力所能支持的分量给予它们。因此，在教学上，贪多求快则达不到理想的效果。夸美纽斯确信，自然适应性原则体现在教育上，则要依据人的自然本性，即儿童的天性和年龄特征，按学生的能力顺序进行教学。

三、母育学校

在《大教学论》中，夸美纽斯从人的天然素质出发，把人分为四个年龄阶段，构建了一个四级单轨学制，分别为：（1）0~6岁，婴幼儿期，应在家庭中接受教育，对应的教育机构为设在家庭中的母育学校；（2）6~12岁，童年期，应接受初级教育，对应的教育机构为设在每个村庄的国语学校；（3）12~18岁，少年期，应接受中等教育，对应的教育机构为设在每个城市中的拉丁语学校；（4）18~24岁，青年期，应接受高等教育，对应的教育机构为设在每个行省或王国的大学。

《母育学校》是一部关于幼儿家庭教育的专著。《母育学校》共有12章，其中第4~9章是从体育、智育、德育三个方面写的。

（一）“母育学校”的性质、任务

“母育学校”不是通常意义上的学校，而是“母亲膝前”教育的意思，为此，《母育学

① ［捷克］夸美纽斯：《大教学论》，任钟印译，人民教育出版社2006年版，第95页。

校》一书还专门加有一个说明性的副标题："论 6 岁以下儿童的细心教育法"。幼年期(0~6 岁)的特征是：身体的迅速成长和感觉器官的发展。母育学校就是夸美纽斯所理解的在家庭由母亲担负的学前教育。

(二)体育

夸美纽斯十分重视婴幼儿的身体健康，提醒父母们首先应关注的事情是保持其子女的健康，同时他还提出了胎教方法，强调孕妇应特别注意保护其自身的健康，凡事有节制，不多食、不饮酒，要避免碰撞和摔倒，也不要去做不适时的斋戒，此外，孕妇还要严格克制自己的情绪，避免惊惶、苦恼、着急、发愁。突然的恐惧和过度的刺激还会造成流产或降生一个孱弱的婴儿。为此，他要求孕妇保持平静而愉快的心情并去操持一些家务和进行适量的活动，劝告她们不要过于贪眠、过于懒散。合理喂养是婴儿出生后的主要问题。夸美纽斯要求做母亲的应当给儿童哺乳，不应该使儿童离开自己；他严厉谴责当时的贵族妇女宁愿去亲近一只小狗而不愿怀抱婴儿，以及为了保持自己外貌、体型的娇美和生活悠闲舒适而不愿照料亲生儿女的风气。

婴儿断乳以后的饮食要富有营养，分量要适度，也不能吃喝太烫和厚味辛辣的东西。此外，夸美纽斯还特别告诫父母们不能给幼儿随便用药，还强调儿童宜于吃天然的、软和的、容易消化的食物。幼童的躯体、骨骼、血管都十分稚嫩脆弱，因此父母和成人必须特别细心地照料他们，

为了保障幼儿的身体健康，夸美纽斯要求儿童自幼就要建立合理的生活制度，使饮食、衣着、睡眠和活动都有一定的规律。所有的父母必须竭力设法为幼小儿童安排各种娱乐活动，如散步、做游戏、唱歌、讲故事和看图画等，使他们的生活充满欢乐愉快的气氛，"一种愉快的心情就是一半的健康"。①

(三)德育

在德育方面，夸美纽斯认为，人与动物的区别在于人是有理性的。他强调必须在幼年时期培养儿童好的品行。他谴责了不对儿童进行道德训练的父母或成人："成年时还未受过管理的，到老年就没有德行。"②

在道德教育的内容方面，夸美纽斯强调儿童应学习有关德行的初步知识，包括：节制、整洁、礼节、尊敬长辈、诚实、不损害别人、不嫉妒、落落大方和爱劳动等。他特别重视节俭和勤劳等优良品质的培养，认为节俭和俭朴是健康和生活的基础，是其他一切品德的根本。

在德育方法上，他认为应充分重视榜样、教导、示范、训练、惩罚、表扬等方法的作用。夸美纽斯坚决反对溺爱和放纵孩子，反对父母或成人容忍儿童在毫无纪律约束下

① 任钟印选编：《夸美纽斯教育论著选》，人民教育出版社 2005 年版，第 36 页。
② 任钟印选编：《夸美纽斯教育论著选》，人民教育出版社 2005 年版，第 53 页。

为所欲为。

(四)智育

从智育方面来讲，智育是夸美纽斯幼儿教育思想中最有特色的部分。他认为，一个头脑充满智慧的人，才是真正幸福的人。在西方教育史上，夸美纽斯第一次为6岁以下的儿童提出了一个广泛而详细的教学大纲，认为这一时期的主要任务是训练幼儿的外部感觉、观察力及获得各类知识，同时发展语言和思维，为他们以后在初等学校里的系统学习做准备。

夸美纽斯为母育学校制订的智育计划包括自然、光学、天文学、地理学、年代学、历史学、家务、政治学、辩证法、算术、几何学、音乐、语言等学科。他相信，通过这种启蒙性质的教育，就可以为儿童奠定各门科学知识的最初步的基础。他还认为，感觉是知识获得的主要源泉。所以他非常重视发展幼儿的观察力，建议父母给幼儿看图画，看天空、房子、花草等。为扩大幼儿的视野，还要带他们到户外去观察动植物，通过这些观察，使幼儿获得更多的知识。

(五)游戏

夸美纽斯还重视游戏，认为游戏不仅有益于儿童的身体健康，而且有助于发展肢体活动能力和智力的灵敏性。他指出，游戏的时候，幼儿的智力会得到开发。因此他主张，不管儿童想玩什么游戏，只要不会伤害身体或损坏东西，成人都应支持并给予帮助，而不应限制或阻止；反之，让孩子无所事事倒是有害于幼儿身心发展的。

小结

夸美纽斯对世界教育的贡献是巨大的。他在批判旧教育的基础上提出了一整比较系统的教育理论体系，为近代西方教育理论的发展奠定了基础。他的教育代表作《大教学论》的出版，标志着独立的教育学的诞生。他抨击中世纪的等级教育，主张教育对象普及化，相信人人都可以接受科学知识的教育，并为此设计了一种崭新的、统一的学校体系，为后来资本主义教育制度的形成奠定了基础。他所创立的班级授课制和学年制是教育史上的伟大创举。他的《母育学校》打破封建教育旧传统，把幼儿教育建立在一定的科学基础上。不可否认，《母育学校》通篇还带有浓厚的宗教色彩，有些论述又过于片面或绝对化。尽管如此，夸美纽斯在《母育学校》中阐述的幼儿教育理论，仍然是世界学前教育史上一份极为珍贵的历史遗产。

第四节 理性主义的儿童观——洛克

约翰·洛克(John Locke，1632—1704 年)是英国 17 世纪著名的哲学家、政治家和教育家，主要著作有《政府论》(1689)、《人类理解论》(1690)、《教育漫话》(1693)等。洛克的绅士教育思想集中表现在《教育漫话》这本书里，这是继夸美纽斯《大教学论》之后的又一本教育经典著作。在这本书中，洛克详细阐明了自己的教育观点，提出了他的关于绅士教育的思想体系。此书一问世就产生了很大的影响，对当时英国上层社会子弟的教育起了重要的推动作用。

一、教育观

英国在 1640 年发生了资产阶级革命，1688 年，以资产阶级与贵族妥协的形式建立君主立宪制。就政治立场来说，洛克是代表当时英国资产阶级和新贵族利益的。他的政治观点有明显的妥协性，他既反对君主专制，又反对民主主义者所主张的共和政体。从他的教育观来看，他所要培养的英国绅士，是贵族化的资产阶级。

洛克的教育思想不仅与他的政治思想相联系，而且与他的哲学观点不可分割。洛克继承了培根的唯物主义经验论，根据培根关于人的知识来源于人对客观事物的经验的唯物观点，对天赋观念进行了批判。他认为，人的心灵犹如白板，没有标记。观念不是天赋的，而是后天获得的。我们所有的知识都是建立在经验之上，知识归根到底来源于经验。据此，洛克说明了后天学习的重要性，从而肯定了教育的重要作用。

二、教育的作用与目的

(一)教育的作用

洛克反对天赋说，提出“白板说”，充分肯定教育对个人和社会的发展的作用。他认为，人的观念并不是与生俱来的，观念出现前，人心只是一块“白板”，是没有任何特征的一张白纸。他反对先天观念的存在，认为全部观念都以来于后天的“经验”。他说：“有些人生来就有聪慧的心灵和强健的体魄而不用别人多少帮助；凭借天赋的才气，他们自幼便能向着最好的境界去发展，凭借超人的体质，他们生来就能成就伟大的事业。但这样的人本来就很少。我敢说，平常的人之所以有好有坏，之所以有用或无用，十有八九都是教育造成的。人与人之间所以千差万别，都是出于教育的不同。”①由

① [英]约翰·洛克：《教育漫话》，徐诚、杨汉麟译，河北人民出版社 1998 年版，第 3 页。

此他认为，既然观念不是先天的，那么儿童就在本质上有别于成人。儿童观念的形成和完善的过程就是受教育的过程："把他看成一张白纸或一块蜡，可以随心所欲地描画或塑造成时髦的式样。"①

(二)教育的目的

在《教育漫话》中，洛克明确提出："我所提到的差不多全是这种年轻绅士的教养所必需的项目。"②在洛克看来，绅士应该是"有德行、有用、能干的人才"，具体来说，绅士应具有"德行、智慧、礼仪和学问"四种精神品质以及健康的身体素质。作为资产阶级上升时期的代表，洛克的绅士显然是指新兴资产阶级和新贵族子弟，反映了他功利主义的价值观。

三、绅士教育的内容

洛克指出，绅士除了家产之外，还应具备四种品质，即德行、智慧、教养和学问。德行即自制力，指用理性克制各种欲望，使自己的言行符合社会的道德规范；智慧即为人处世的能力，指"使得一个人有才干和远见，能去处理他的事务"的能力；教养指礼貌、礼节和风度；学问指各种实用知识以及相应的技能技巧。在洛克心目中，理想的绅士是"高贵的人"，这种人富于理智和才干，有高雅的风度，举止得体，能在上流社会周旋，身体健康。这种绅士与以往死守经文的封建教士和饱食诗书的古典文人存在着明显的区别。

《教育漫话》共分为三大部分，分别为"健康教育"、"道德教育"和"知识与技能教育"，论述他有关体育、德育和智育的观念。

(一)体育

洛克继承和发展了培根和霍布斯的唯物主义经验论，十分重视身体素质的培养。在《教育漫画》中，他强调："健全的心智寓于健康的身体……身体或心智如果有一方面不健全，那么即便得到了种种别的东西也是枉然。"③因此，他一开始就指出了培养儿童健康体魄的必要性："我们要有自己的事业，要得到幸福，必须先有健康的身体。"④

洛克特别强调通过体育锻炼来培养绅士的意志，尤其是吃苦耐劳的精神。为此，他以医学知识为依据，拟订了一个使未来绅士保持健康体魄的具体计划，主要内容有三个方面：

---

① [英]约翰·洛克：《教育漫话》，徐诚、杨汉麟译，河北人民出版社1998年版，第201页。
② [英]约翰·洛克：《教育漫话》，徐诚、杨汉麟译，河北人民出版社1998年版，第201页。
③ [英]约翰·洛克：《教育漫话》，徐诚、杨汉麟译，河北人民出版社1998年版，第3页。
④ [英]约翰·洛克：《教育漫话》，徐诚、杨汉麟译，河北人民出版社1998年版，第4页。

1. 避免娇生惯养

洛克认为，儿童的身体有很大的适应性，只要从小注意锻炼，身体就能适应任何环境，反对父母溺爱孩子。“大多数儿童的身体都是由于娇生惯养弄坏的，至少是因此受到了损害。”①

2. 养成良好的生活习惯

洛克主张，儿童的生活应该有规律，多呼吸新鲜空气，要有充分的睡眠，饮食要清淡，学习、游戏、排便都要形成规律，穿衣不要过暖或过紧，头部脚部要保持凉爽，不要滥用药物。

3. 加强身体锻炼

在洛克看来，要保持儿童身体健康强壮，最重要的是要通过各种体育活动来锻炼儿童的身体，让儿童多呼吸新鲜空气，多运动，由此来增强儿童的体质，增强免疫力。而且，他还提出了要让儿童习惯于冷水洗浴，增强体质。

（二）德育

在洛克的绅士教育理论体系中，道德可以说是最重要的内容，他用了大量的篇幅来论述儿童的道德教育。洛克提出，道德教育的主要内容就是培养儿童坚强的意志和性格，以及养成遵守道德纪律的习惯。

1. 反对溺爱

洛克旗帜鲜明地指出了溺爱的危害：“‘自然’很明智地使父母爱自己的子女，但这种自然的爱如果摆脱了理性的严密监视，就很容易变成溺爱……败坏了孩子的本性，他们自己污染了源泉，日后尝到苦水却又感到奇怪……要想拔除他们亲手种下的杂草，也许已为时太晚。”②

2. 及早教育

洛克极力主张“在儿童极小的时候早早加以管教”，从小培养孩子克制欲望的能力。当然对于儿童合理的要求还是要给以满足的。但他也反对把儿童管教得太严，他认为这样很可能引起儿童精神沮丧，失去活力。

3. 理性教育

洛克主张培养儿童服从理智、克制欲望、遵守约束的能力，但是这并不是说生硬地对待儿童，而是温和地跟他们讲道理。对于儿童的需求，要分清楚哪些是合理的，哪些是不合理的。真正的需求应得到满足，但过分的需求要及时制止。

4. 榜样教育

洛克认为榜样在儿童道德教育中的作用尤其重要，因为儿童的举止大部分具有潜移默化的影响。

---

① ［英］约翰·洛克：《教育漫话》，徐诚、杨汉麟译，河北人民出版社 1998 年版，第 4 页。

② ［英］约翰·洛克：《教育漫话》，徐诚、杨汉麟译，河北人民出版社 1998 年版，第 26 页。

5. 实际练习

洛克还重视道德练习的方法，他主张对儿童进行实际的道德行为的训练，认为要养成儿童的某种行为习惯，不能光靠死记规则和说教，而应当利用一切机会进行道德行为的训练。

6. 奖励与惩罚

在奖励的方式上，他比较反对物质刺激，提倡实行精神奖励。用榜样的力量启发儿童进步的欲望，并满足儿童的荣誉感。在体罚方面，洛克提出要慎用体罚和训斥，因为体罚和训斥要么会导致儿童任性，要么会导致儿童沮丧，降低父母权威。但除一种情况之外，即顽梗或反抗时，才可以使用鞭挞。

（三）智育

洛克认为，智育的主要任务是教授给儿童各种文化知识和技艺，并促使其智力得到发展，成为有文化修养的绅士。

1. 学问

洛克并不认为当时人们眼中的学问多么重要，相反，他却重视培养世俗的聪明。他指出，学习的根本目的不是为了使青年人精通某种科学，而是为了扩大心智。洛克对当时英国的学校教育提出了猛烈的批评。针对封建的旧学校纪律严酷、体罚盛行的现象，教师依靠“教鞭”来折磨儿童的肉体是与人类的本性相违背的，这种奴隶式的管教，只能养成儿童的“奴性”，这与英国绅士的教育目的是背道而驰的。

2. 知识

在智育的具体方法上，洛克考虑最适于培养绅士的课程时，提出要遵循两个原则：一是有用性原则，二是多样性原则。在教学方法上，洛克认为，一要注意培养儿童形成爱好知识和尊重知识的精神；二要注意鼓励和引导儿童的好奇心；三要采用实物教学的方法；四要把学习和娱乐结合起来。

3. 技能

洛克继承了劳动教育的主张，提出了绅士应掌握一种技能：“我希望绅士也要学习一种技艺，一种手工的技艺；甚至不止一种，要学习两三种，而特别注重一种。”①因为他认为，手工劳动不仅能增强儿童的灵敏性和技巧，而且也有益于儿童健康。他认为最适合绅士学的技艺是园艺与木工，既可接触自然，又可手脑并用。此外，商业算学和记账的学习也能够帮助绅士打理家产，增加财富。

4. 旅行

洛克还是一个主张“行万里路”的教育家，他认为，造就一个绅士的最终环节就是旅行。通过出国旅行，可以加强外语能力，其次通过观察、接触外国的风俗人情有利于开阔视野。

---

① ［英］约翰·洛克：《教育漫话》，徐诚、杨汉麟译，河北人民出版社1998年版，第190页。

小　结

在西方教育史上，洛克详细论证了白板说，成为教育学上“外铄论”观点的著名代表。他是教育家中第一个用经验论哲学或感觉经验论心理学来建立自己体系的人，论述了绅士教育，强调了德育、体育的重要性，赋予它们丰富的内容，提高了它们在教育学中的地位。洛克对智育内容、方法也有所贡献。

第五节　儿童天性的捍卫者——卢梭

让·雅克·卢梭(Jean-Jacques Rousseau，1712—1778 年)是 18 世纪法国启蒙运动三位大师之一，同时也是哲学家、教育家和文学家，是 18 世纪法国大革命的思想先驱，主要著作有《论人类不平等的起源和基础》、《社会契约论》、《爱弥儿》、《忏悔录》等。

在哲学上，卢梭主张感觉是认识的来源，坚持“自然神论”的观点；强调人性本善，信仰高于理性。在社会观上，卢梭坚持社会契约论，主张建立资产阶级的“理性王国”；主张自由平等，反对大私有制及其压迫；提出“天赋人权说”，反对专制、暴政。在教育上，他主张教育目的在培养自然人；反对封建教育戕害、轻视儿童，要求提高儿童在教育中的地位；主张改革教育内容和方法，顺应儿童的本性，让他们的身心自由发展。

一、自然教育理论

卢梭的儿童观和教育观是针对当时的教育观而创立的，他认为教育应当回归自然、适应自然，是继夸美纽斯之后，再次强调教育自然适应性原则的教育家。卢梭认为所谓自然，就是要保持事物的本来面目和原始倾向。这种教育观的实质是教育应适应儿童发展的天性，考虑其年龄特征，适应其本性施教。

(一)教育要顺应自然

卢梭认为，自然教育的核心是教育必须遵循自然，顺应人的自然本性。他在《爱弥儿》开卷即写道：“出自造物主的东西都是好的，而一到了人的手里，就全变坏了。”①如果要进行正确的教育，就要始终遵循大自然的指引。因此，卢梭反对那种不顾儿童的特点，干涉并限制儿童自由发展，违背儿童天性的传统的古典教育，提出了教育要顺应自然的思想。

① [法]卢梭：《爱弥儿》，李平沤译，商务印书馆 1978 年版，第 5 页。

在卢梭看来，人所受的教育，来源不外三种，或“受之于自然”，或“受之于人”，或“受之于事物”。他说：“我们的才能和器官的内在发展，是自然的教育；别人教我们如何利用这种发展，是人的教育；我们从影响我们的事物获得良好的经验，是事物的教育。”①这三方面的教育是相互联系的。如果在一个人身上这三种不同的教育互相冲突的话，他所受的教育就不好；如果这三方面的教育是一致的，都趋于同一目的，他就能受到良好的教育。卢梭还进一步分析：“在这 3 种不同的教育中，自然的教育完全是不能由我决定的；事物的教育中人在有些方面能够由我们决定；只有人的教育才是我们能够真正地加以控制的。”②

（二）教育要培养“自然人”

卢梭认为，自然教育的目的是培养“自然人”，即完全自由成长、身心调和发达的“自由人”：“人的教育在他出生的时候就开始了。”③

卢梭认为顺应自然的教育必然也是自由的教育，因为人最重要的自然权利就是自由。“大自然希望儿童在成人以前就要像儿童的样子。如果我们打乱了这个次序，我们就会造成一些早熟的果实，它们既不丰满也不甜美，儿童很快就会腐烂：我们将造成一些年纪轻轻的博士和老态龙钟的儿童。”④因此，卢梭要求尊重儿童的自由，让儿童享有充分自由活动的可能和条件，并在教学过程中采取自然的、自由的教学方法以适应儿童的身心发育水平和个别差异。卢梭所憧憬的“自然人”具有以下特征：第一，不受传统（等级、阶段、职业）的束缚，按本性发展；第二，不依附于他人，能够自食其力，具有独立性；第三，具有社会适应性，能够承当社会责任；第四，体脑发达，身心健康，具有独立思考能力。

（三）儿童的年龄分期

与夸美纽斯的 6 年分期法不同，卢梭主张从儿童的心理发展水平对儿童进行分期。他将儿童的成长发育分为四个阶段：0～2 岁，婴幼儿期；2～12 岁，童年期；12～15 岁，少年期；15～20 岁，青年期。每个时期应根据儿童的特点制定不同的教育方式。

二、婴童期的教育主张

（一）婴幼儿期（0～2 岁）

1. 身心特征

这个时期是婴幼儿“学会吃饭、说话和走路的时期”。婴幼儿的情感处于尚未分化

① ［法］卢梭：《爱弥儿》，李平沤译，商务印书馆 1978 年版，第 7 页。
② ［法］卢梭：《爱弥儿》，李平沤译，商务印书馆 1978 年版，第 7 页。
③ ［法］卢梭：《爱弥儿》，李平沤译，商务印书馆 1978 年版，第 48 页。
④ ［法］卢梭：《爱弥儿》，李平沤译，商务印书馆 1978 年版，第 91 页。

的状态，自我意识很少，甚至还觉察不到自身的存在。这个时期教育的主要任务是发展儿童身体素质，锻炼感官。

2. 肢体自由

卢梭反对束缚儿童，认为被捆在襁褓里的儿童是在遭受奴役，这样不仅有碍婴儿呼吸，而且阻碍血液流通，妨碍孩子成长，进而会对孩子的脾气和性格造成负面影响，令他们感到痛苦。这是一种不合自然的习惯。

3. 父母的责任

当时的法国上层社会的家庭并不亲自照料儿童，而是请保姆。卢梭非常反对这种不负责任的做法。他认为，照顾儿童首先应该是母亲的职责，应该亲力亲为，而不是把婴儿当成累赘，自己寻欢作乐。“父不父，母不母，子不子，兄不兄，妹不妹，大家都几乎不认识了，怎么能相亲相爱呢？”①如果母亲能眷顾自己的孩子，亲自授乳，不仅可以增进母子感情，而且还会使家庭氛围其乐融融。

此外，父亲也应当承担抚育孩子的任务。在当时法国上层社会，教育孩子的工作主要由家庭教师来完成，但卢梭反对这种做法：“一个做父亲的，当他生养了孩子的时候，还只不过是完成了他的任务的三分之一。他对人类有生育人的义务；他对社会有培养合群的人的义务；他对国家有造就公民的义务。”②因为，金钱虽然可以购买教育，但是却不能买到父爱。

4. 让儿童保持自然的习惯

在家庭教育中，卢梭反对打骂和吓唬孩子的方法，但也不能溺爱儿童，这两者都是违背自然法则的。他主张应给予儿童真正的自由，让他们实行自我管理，养成自然的习惯。

5. 增强体质

对于增强婴幼儿的体质，卢梭认为洗澡是一个不错的方法，甚至可以用冷水洗澡，这样不仅能清洁婴幼儿的身体，而且可以使肌肉纤维更加柔和，应付寒冬和酷暑。此外，大人也不要给婴幼儿戴帽子、系带子，让他们自由活动。

6. 感官训练

这一时期的儿童最重要的训练就是感官训练，在触觉方面，大人应该让婴幼儿多多触摸物品，感知世界；常常走动，学会判断距离。在语言方面，卢梭认为，说话不应操之过急，应循序渐进。开始的时候学习少量的简单词汇，同时拿出实物演示，使儿童能把物品极其名称相对应。除了声音之外，手势也是一种很好的辅助方法，儿童可以通过面部表情分辨大人的用意，而且自己也可以通过目光和表情传递心意。

7. 自然喂养，避免求医

卢梭对当时的医学和医生是存在一定的偏见的，认为求医不是一种自然的方

---

① ［法］卢梭：《爱弥儿》，李平沤译，商务印书馆 1978 年版，第 20 页。

② ［法］卢梭：《爱弥儿》，李平沤译，商务印书馆 1978 年版，第 26-27 页。

法，医学治愈的病人远远少于治死的病人。因此，他认为，婴幼儿要遵循自然，自然喂养，比如应该吃母乳，多呼吸新鲜空气，如果生病则应该少用药，或不用药，自我痊愈。

（二）童年早期（2~6岁）

卢梭对童年的分期实则包括了学前教育阶段和初等教育阶段。

1. 身心特征与教育任务

童年早期儿童的身体活动能力和语言能力都有所发展了，他们的感觉能力也得到了增强，但还不适宜进行抽象的概念和文字知识方面的教育，因为12岁之前，他们的"理性还处于睡眠期"，所以他反对这一时期进行文化知识的学习。这个时期的教育任务是发展儿童各种感觉器官，积累丰富的感觉经验，为下一阶段的学习打下基础。

在感觉教育上，卢梭指出首先是发展触觉，其次是发展视觉，最后是发展听觉。卢梭提出了感觉的具体方法，并把游戏、绘画、唱歌等活动看做是感觉教育的最好途径。此外，他还提出应加强儿童的体育锻炼，以促进感觉能力的发展。

2. 消极教育

由于儿童的理智还处于睡眠状态，因此不要强迫儿童去学习文化知识。卢梭提出了"消极教育"法："不仅不应当争取时间，而且还必须把时间白白地放过去……最初几年的教育应当纯粹是消极的。"①这种"消极教育"法实则遵循的是儿童的自然发展过程，儿童的心灵要闲着不用，充分感受自然。

3. "自然后果"法

卢梭认为，教育孩子不要着急，说教是不能使孩子认识到对错的，只有通过长时间的感悟，儿童才能真正地明白是非对错。所以他反对体罚，也不赞成口头说教。当儿童犯了错误和过失后，不必直接去制止或处罚他们，而让儿童在同自然的接触中，体会到自己所犯的错误和过失带来的自然后果。"我们不能为了惩罚孩子而惩罚孩子，应当使他们觉得这些惩罚正是他们不良行为的自然后果。"②

4. 身体养护

在这一时期，儿童的身体锻炼仍然非常重要。儿童只有保持身体健康，才能保持心灵健康。"在大自然的单独指导之下不断地锻炼，不仅增强了体格，也丝毫没有使思想因此而迟钝。"③儿童的感官训练包括触觉、视觉、听觉、味觉、嗅觉。

---

① ［法］卢梭：《爱弥儿》，李平沤译，商务印书馆1978年版，第96页。
② ［法］卢梭：《爱弥儿》，李平沤译，商务印书馆1978年版，第109页。
③ ［法］卢梭：《爱弥儿》，李平沤译，商务印书馆1978年版，第148页。

小　结

卢梭确立了以儿童为中心的新儿童观，提出了自然教育法则，因此被称为儿童天性的捍卫者。他首次提出关于婴幼儿的有目的的、详细的感官训练主张，继承了夸美纽斯的自然教育理念，并影响了后世的蒙台梭利等教育家，在西方教育史上具有承上启下的作用。

第六节　教育心理学大师——裴斯泰洛齐

裴斯泰洛齐(Johan Heinrich Pestalozzi，1746—1827 年)是 19 世纪瑞士著名的民主主义教育家。他开创了教育心理学化的实验，在教育理论上有许多独创的论述，不仅为世界教育发展作出了重要贡献，而且为一切教育工作者树立了一个令人十分崇敬的形象。

一、教育实践

(一)新庄首次教育实践(1774—1782 年)

1768 年，裴斯泰洛齐以改良农业为宗旨，进行社会改革实验，但未成功。1774 年，他创办新庄(Neuhof)孤儿院，收容了 18 个流浪儿和小乞丐。他把教育同劳动熔为一炉，在劳动之余，教他们说话、读书、心算与写字等，指导他们的行为，陶冶他们的情操。不到几个月，这些孩子们变得身体健康、性格活泼。到 1777 年在校儿童人数达 80 名之多。1778 年，瑞士遭遇天灾，新庄孤儿院在 1780 年被迫停办。

虽然裴斯泰洛齐的教育实践计划最后终于失败了，只是取得了一些宝贵的经验。但失败和挫折并没有使裴斯泰洛齐放弃自己的主张，他打算用文字来宣传自己的教育思想。1781 年以后，裴斯泰洛齐将相当大的精力投入教育理论的研究与文学创作活动中，并把理论、文学创作和实践结合起来。1781 年 2 月，裴斯泰洛齐出版了他的教育小说《林哈德和葛笃德》的第一部，其他几部相继于 1783 年、1785 年和 1787 年出版。这本小说是他前半生所从事的社会改革、教育实验和教育理论研究的艺术再现。

(二)斯坦兹教育实验(1798—1799 年)

1798 年，瑞士爆发了资产阶级革命，斯坦兹城遭到了空前的浩劫，留下了大量儿童无家可归。新政府决定在斯坦兹成立孤儿院，裴斯泰洛齐接受了政府的委托，负责孤儿院工作，收容了80个孤儿。裴斯泰洛齐一边教儿童们学习，一边教他们劳动，很快取得了积极的成果。但因战事再次爆发，1799年孤儿院被迫关闭。

（三）布格多夫教育实验（1800—1804年）

1799年7月，裴斯泰洛齐来到布格多夫小学任教。在这期间，他认真研究，勇于探索，进行直观教学实验。不久，他的教育改革就取得了惊人成绩，标志着欧洲近代初等学校的正式诞生。1804年，瑞士政局发生动荡，布格多夫被政府收回，教育实验宣告终结。

（四）伊佛东教育实验（1805—1825年）

1805年，裴斯泰洛齐带着布格多夫的部分师生迁到瑞士西部的伊佛东城，开办了著名的伊佛东学校，进行教育心理学化的实验。学校分为小学、中学和师范部，伊佛东的名气渐渐增大，成为欧洲教育改革的中学，被誉为“教育圣地”。在伊佛东最鼎盛的时期，有165名住校生、31名教师与助理教师和32名师范生。裴斯泰洛齐在伊佛东执教期间，仍致力于教学方法的进一步改革。1824年10月，伊佛东学校走完了艰难的20年历程，终于因承受不了各方面的困难而关闭。

二、自然主义的和谐教育观

裴斯泰洛齐在读大学期间，受到卢梭教育思想的影响，形成了自己的社会政治观及哲学观，信奉民主主义、人道主义和改良主义。他的哲学观则受到莱布尼兹和康德的深刻影响，接受莱布尼兹将人心比作一块有纹路的大理石的观点，认为宇宙万物是受自然法则安排的，教育的目的就是促进人的天赋和能力的全面和谐发展。

此外，裴斯泰洛齐认为，教育要具有自然适应性，必须适应儿童身心特点，激发和发展儿童的天赋才能。儿童的能力由练习而发达以至于强壮；凡教育及教学均当以直观实物为基础；教育的进行及教材的排列，当以儿童的精神、自然的行为为准。他根据这一原理，改进了初等学校各科教学方法。

三、幼儿教育思想

（一）论“爱”的教育

爱是所有生物的共同本性，人类则将其发展到新的高度。裴斯泰洛齐提出：“教育的主要原则是爱”，裴斯泰洛齐堪称西方教育史上宣传爱，同时实施爱最具代表性的教育家。

裴斯泰洛齐倡导的爱的教育包含两层含义：一是指对教育对象的真诚的、全身心的、无保留的关心与热爱，二是"提升学童价值"。指的是教育者在奉献一段时日的"教育爱"后，获得可贵的成果，受教育对象不仅改掉各种不良习气，学会自尊自爱，而且乐于助人，乃至造福人群。

在数次教育实践中，裴斯泰洛齐用自己的实际行动演绎了"教育爱"。在斯坦兹孤儿院期间，裴斯泰洛齐把整个时间和全部精力都献给了儿童，裴斯泰洛齐既是贫儿的老师，也是他们的父亲，他每天与孤儿同寝食，儿童们焕然一新，可他却衣衫褴褛；儿童们喝肉汁，可他却啃面包。为了小乞丐，他却成了十足的老乞丐。在孩子们的心中，裴斯泰洛齐就是整个世界。

（二）家庭式的学校教育

裴斯泰洛齐幼年的生活给他带来了深刻的影响，使他非常看重家庭教育，他说："家庭生活必须被看成上帝为教育人类所提供的唯一外部环境。"①

爱的教育的最重要成果，就是把传统的学校教育转变为家庭式的学校教育，他说："在家庭生活的作用和反作用中，人的先天倾向得到发展。"②在他的名著《林哈德和葛笃德》中，裴斯泰洛齐塑造的主人公葛笃德非常重视对子女的教育，从婴儿期就给予孩子无微不至的关爱，并给予他们尊重和信任，这也是裴斯泰洛齐对一个理想的母亲提出的要求，最初的家庭教育必须要母亲来承担。他崇尚生活教育，认为在生活中接受教育，才能使脑子和体力充分结合，人的天赋才能得到充分全面的发展，并在实践中运用。生活教育就包括了家庭教育，裴斯泰洛齐认为，家庭是教育的起点。"家庭生活的黏结力就是爱的黏结力。这种黏结力是上帝赐予的，是用以唤醒个人爱的管理的手段。"③

在这个基础上，社会教育即学校教育也应该尽力模仿家庭环境，给孩子们家的感觉，使他们体会到亲情和友情。因此，裴斯泰洛齐的教育实践中，也将孤儿院创办成家庭式的学校，按照家庭教育的形式来安排儿童的学习。

四、教育心理学化

裴斯泰洛齐接受了卢梭等前人的影响，要求教育应遵循自然，反对将知识强硬地塞进儿童的头脑，这样只会妨碍儿童潜能的发挥，因此他提出了"教育心理学化"。"教育心理学化"一是指教育目的要遵循人的发展规律，使儿童的内在能力得到发展；二是在具体的教育活动中，要按心理学规律办事，教育应与儿童的心理特点及人性规律协调一致，注意个别差异，因材施教。

---

① 夏之莲等译：《裴斯泰洛齐教育论著选》，人民教育出版社2001年版，第302页。

② 夏之莲等译：《裴斯泰洛齐教育论著选》，人民教育出版社2001年版，第302页。

③ 夏之莲等译：《裴斯泰洛齐教育论著选》，人民教育出版社2001年版，第302页。

(一)直观性教学

直观性教学与教育心理学化密切相关，因为这最符合儿童心理发展，能够改变当时呆板、单调、繁琐及经院式的教学方式，促进人的天赋能力的和谐发展。“我长期探寻一切教学艺术的共同心理根源，因为我确信只有通过这个共同的心理根源，才可能发现一种形式，在这个形式中，人类的教养是经由大自然自身的绝对规律来决定的。”①

裴斯泰洛齐最早的教育心理学化实验始于他担任布格多夫小学校长期间，最初，他事先绘出实物的图片，然后以此为媒介教学生观察与记述。他就直接让学生观察实物。在算术教学中，他制作了著名的“算术箱”，箱内是各种形体的实物。教学时，他让学生观察实物，等他们获得了初步印象后才进行讲解，学生既有兴趣，也便于理解和掌握。

(二)要素教育

1. 道德教育

道德教育是裴斯泰洛齐教育体系的核心。他认为，强迫儿童遵守表面的、形式的规则，无法培养儿童崇高的品德。必须先唤醒儿童内在的伦理情感，以此为出发点，才能进一步使他们对外在的事物产生丰富的情感体验。他还非常重视家庭教育在德育中的作用，主张用典型的实际生活，对儿童进行品质教育。在道德教育中，裴斯泰洛齐重视儿童尊严，但对于儿童的顽固、粗暴的行为，他也用惩罚来加以矫正。当然，这与一般教师滥用体罚不可同日而语。他的惩罚是在爱的基础上进行的，既关心爱护，又严格要求，用握手和亲吻的奇妙方式，沟通了师生间的感情，使受罚者获得了心理平衡，真正体会到没有爱就没有罚，罚是为了更深的爱。

2. 智育

裴斯泰洛齐也非常重视幼儿的智力开发。他认为，智育的主要任务是激发儿童的天赋才能和能力，发展儿童的心智。发展心智主要是发展儿童的思维能力，包括思考的能力和判断的能力，以及表达的能力和接受印象的能力。因此，裴斯泰洛齐强调，智育的进行主要依据两个原则，一是从已知到未知的原则。儿童的学习是从已知物到未知物发展的，儿童必须从直接的经验上入手。二是从具体到抽象的原则。儿童所有的学习都必须从具体开始，逐渐过渡到抽象，从个别到一般。在智育上，最初，他把读、写、算作为智育教学的简单要素，但经过观察和思考后认为，三者还含有更简单的要素，如儿童读以前先说，写以前先画等。进一步研究后，他指出，儿童在认识客体前，总是先知道这些客体的数目、形状及名称，因此数、形、词是智育的最基本、最简单的要素。

---

① 夏之莲等译：《裴斯泰洛齐教育论著选》，人民教育出版社 2001 年版，第 87 页。

(三)体育和劳动教育

裴斯泰洛齐把体育看成是人的和谐发展教育的重要内容，并主张体育与劳动教育应紧密联系。他认为，体育是把所有潜藏在人身上的生理能量，全部发挥出来。因此，从小就应通过抓、蹬、伸、举、拖、拉、走、跑、跳、转等各种活动发展儿童的体力，养成强健的体魄。

同时，他认为劳动教育是以体育为基础的。如果人的各种体力没有得到发展，那么劳动中各种习惯、技能的培养和训练都谈不上。劳动教育还是儿童获得独立的生活能力、改善贫困状况不可缺少的手段。在他的实际的教育工作中，也一直贯彻了劳动与教育相结合的原则。

小　结

裴斯泰洛齐是自然主义教育思想的重要代表，提出教育不仅要顺应自然，而且要摆脱动物性，提升到道德的境界。他提出的“教育爱”原则使师生间的教育活动变成了温情脉脉的家庭关系，并首次实施了教劳结合的教育法。他通过实物教学法的实验，第一次把教育建立在心理学的基础上，提出“教育心理学化”这一伟大理论，使教育与心理学紧密地结合在一起，对后世的教育和教学产生了深远的影响。

第七节　幼儿园之父——福禄培尔

福禄培尔(Friedrich Wilhelm August Froebel，1782—1852 年)是 19 世纪德国著名的教育家，他在世界上首先提出了“幼儿园”(Kindergarten)这一名称，并积极设立幼儿园机构，被称为“幼儿园之父”。他的幼儿教育理论被传遍世界，被认为是近代学前教育理论的奠基人。他还提出了幼儿活动方法，为幼儿设计了许多游戏和玩具，对近代乃至现代幼儿教育事业的发展产生了重要的影响。

一、教育思想

(一)哲学基础

福禄培尔的教育思想是建立在他的哲学基础之上的。在哲学方面，福禄培尔深受德国古典哲学，尤其是费希特、谢林和克劳塞的哲学观的影响。费希特在其哲学观中提出了“自我”和“行动”的辩证关系，福禄培尔受到此观点的影响，在幼儿教育上强调儿童的主观能动性。福禄培尔还接受了谢林的“宇宙精神”的观点，就是绝对精神，即神的意志。它是自然界、人类和人类精神生活的基础，宇宙间的万物都是神的意志的外化表现，它们在发展过程中都服从于统一的法则。与谢林的思想相一致，福禄培尔哲学的核心就是强调上帝为万物的统一体，其含义是万物都受上帝的统一法则所支配，同时，万物又都通过自身的存在反映上帝。

（二）教育原则

在福禄培尔的教育思想中，人和自然都受同一规律的支配，这种规律就是上帝的神圣法则。他在《人的教育》中一开始就指出，世上的万物都存在着一种统治它们的永恒的法则，万物的生命和实体的存在都有赖于上帝这个神圣的光辉在它们身上的反映。从这个认识出发，福禄培尔提出了普遍性、个体性和差异性统一的思想。

“教育适应自然发展”是一个重要的原则，人的发展应与自然的发展联系起来，使教育适应自然的发展。福禄培尔认为，教育适应自然的发展，在于反对违反自然的人为干涉的教育，使人像自然那样按照其本性发展。他主张，教育上应坚持“被动的和顺应的”原则，按照儿童的天性进行自然的教育。福禄培尔认为人本性表现为四种本能，即活动的本能、认识的本能、艺术的本能和宗教的本能。其中活动的本能最为重要，而且随着儿童年龄的增长，它会发展为“创造”的本能，因而，在教育中要顺应儿童的本能，而不是压抑儿童的本能，让其得到健康的发展。

福禄培尔研究了儿童的发展过程，将其划分为三个阶段：婴儿期、幼儿期和少年期。在婴儿期是“吸收”期，婴儿从外界吸收各种各样的感觉，此时应重点关注婴儿的感觉器官的发展。在幼儿期，才是“真正的人的教育”开始的时期，儿童内部的本能冲动处于睡眠到觉醒的过渡状态，教育要按照儿童的本性给予正确的对待，让儿童自由地运用他的体力和能力。少年期以后，儿童逐步建立自己的思维体系，从生活生活中感知理解世界。福禄培尔认为，不同的教育手段对儿童的影响和作用是不同的，只有能够“唤起”儿童“自动”发展的教育手段才是良好的教育手段。

二、学前教育教育理论

1837年，福禄培尔在勃兰根堡创立了德国第一所幼儿学校。该学校设在山林中，风景如画，环境优美。他把儿童比作植物，把教师比作园丁，把学校比作花园，并将这所学校正式命名为“幼儿园”。同时，他还开办了讲习班，训练了大批的幼儿园教师。福禄培尔系统地研究了幼儿园教育活动，在实践中创立了学前教育体系。

（一）学前教育的意义

福禄培尔的幼儿教育思想受到夸美纽斯和裴斯泰洛齐的影响，他特别重视家庭教育，尤其是母亲在早期教育中的作用。但是，福禄培尔认为，母亲仅仅出于本能，自发教育自己的孩子是不够的，而且许多母亲既没有充分的时间，也缺乏相应的教育知识和技能。因此，他认为有必要为儿童建立专门的教育机构，协助家庭更好地教育孩子。在这个设想下，他把幼儿园教育作为家庭教育的补充和扩展，二者共同构成了完善的教育条件。福禄培尔的幼儿园教育制度是半日制的，剩下的教育任务和时间留给家庭去完成。

（二）学前教育的任务

由于幼儿的成长离不开家庭的教养，因而福禄培尔十分重视父母在家庭中的教育作用。他认为，在家庭范围内，父母抚育子女的目的就是"唤醒、发展和激发孩子的全部力量和全部素质，培养人的四肢和一切器官的能力"①。对于幼儿园教育，他认为，幼儿园的主要任务是保障幼儿的身体健康，发展幼儿的感觉，扩大对周围生活的认识，发展语言和创造力，以及进行初步的道德教育和宗教教育。幼儿园的任务主要是通过幼儿的游戏和各种活动完成的，因此幼儿园应重视幼儿的游戏、活动、教具和作业的设计。

（三）幼儿园教学原则

《幼儿园教育学》是福禄培尔的代表作之一，副标题是"福禄培尔关于游戏与玩具的思想"，出版于1861年。在这本书中，福禄培尔指出了幼儿园的教育原则和方法。

在吸收了费希特的"自我"和"行动"的哲学基础上，同时融合了夸美纽斯、裴斯泰洛齐的自然教育法则之后，福禄培尔非常推崇儿童的自发性和自我能动性。他认为，世间万物都统一于大自然，有一种至高无上的力量在主宰世界，所以教育应鼓励儿童主动探究世界的精神，激发他们对于知识的兴趣。人的发展是一个自动发展的过程，不应受到压抑和限制。但福禄培尔并没有排斥外部力量对儿童发展的作用。他认为，在儿童年幼时，他的内部力量还处于潜在状态，需要外部力量的唤起，使其活跃起来，但这种唤起必须以促进儿童的自由发展为准则。

三、论学前幼儿教育

（一）游戏

在《幼儿园教育学》中，福禄培尔指出，游戏是幼儿创造性本能和活动得以发展的

① 单中惠等编译：《福禄培尔幼儿教育著作精选》，华东师范大学出版社2009年版，第37页。

手段。游戏不仅能增强儿童的体力，还可以发展智力和品德，而共同游戏还可以形成儿童节制、友爱、勇敢等良好品质。在福禄培尔看来，幼儿的游戏包括两种基本形式，即“精神性游戏”和“运动性游戏”。“精神性游戏”的开展帮助幼儿认识世界的基本特征，如重量、形态等，形成对外部世界的思考和判断，发展幼儿智力。“运动性游戏”主要是锻炼幼儿的体质，训练他们的感官和合作意识，使他们理解自然与人类活动。

福禄培尔为儿童编制了多种游戏活动，其中有以“恩物”为代表的玩具游戏，也有模仿自然现象或成人生活某些动作的游戏，如“小河流水”、“蜗牛”、“旅行”等。同时，在游戏中应该伴以不同声调的歌曲，以培养他们的游戏兴趣。1843 年，福禄培尔出版了《母亲：游戏与儿歌》，此书配有精选的歌谣和插图，说明有关游戏的玩耍方式。在游戏的同时，教育者还应该与幼儿进行简单的交谈，不断地进行热切的关注和鼓励性的评价。通过游戏，幼儿锻炼了身体，发展了语言，培养了想象力和思考力，认识了外部世界，积累了生活经验。

(二)恩物

关于游戏活动以及教具的设计，福禄培尔吸收了裴斯泰洛齐的要素教育思想，但他不同意裴氏把系统的知识分解成孤立要素，而主张为儿童提供系统的、渐进的、统一的游戏活动。“恩物”(Gift)就是依据这种思想为幼儿进行游戏和其他活动所设计的一套教具。“恩物”是上帝恩赐物的简称，它也意味着成人送给儿童的玩具。恩物的教育价值在于帮助儿童认识自然极其内在规律。

福禄培尔明确提出的恩物有八种。

第一种恩物是六个不同颜色的毛线球，分别为红、黄、蓝、绿、紫、白六种颜色。福禄培尔认为，球是原初世界的象征，是万物统一的代表，也是儿童天性统一的象征。球的不同颜色可以发展儿童对颜色的分辨能力；儿童抓球玩球，可以发展儿童手的活动技能；成人甩动小球或用它与孩子做游戏，可以发展儿童的空间观念，如上下、前后、左右以及肯定和否定(有和没有)等观念。

第二种恩物是木制的球体、立方体和圆柱体，帮助儿童认识物体的形状和几何形体。福禄培尔认为，立方体是在球体的基础上发展演变而来的，而圆柱体则是球体和立方体的完美结合，象征万物和谐。

第三种恩物是用八个同样大小的小立方体组成的一个大立方体。它的设计是为了训练儿童对于整体与部分的概念，以及部分与部分的关系。除此之外，这八个小立方体还可以当成积木玩耍，形成各式各样的组合。

第四种恩物也由立方体变化而来，可以分为 8 块长方板(立方体平分后又各分为 4 块长方形板)，长方形板的长等于立方体的高，长方形的厚等于高的 1/4。这种恩物可以帮助儿童识别长度、宽度、厚度或高度，清楚地了解物体形状的变化，对于数学的要求也更明确。

第五种恩物也由立方体而来，可以分割成 27 个体积相等的小立方体。其中 3 个小立方体沿对一条角线分成 2 个等腰三角体，另外 3 个沿两条对角线分成 4 个等腰三角体，这样的设计是为了更好地教儿童认识几何形状。

第六种恩物还是一个立方体，可以分成 27 个小立方体，其中许多小立方体还可以再分成更小的部分，如平板、斜角等。为儿童提供了多种多样的几何形体，使他们有更多的配合和思考机会。

第七种恩物是将一个大立方体分为 64 个小立方体。第八种恩物是将一个大立方体分为 64 个小长方体。它们的作用都是帮助儿童了解整体与部分的关系和概念，发展儿童的想象力。

除了上述 8 种恩物以外，福禄培尔还主张使用各种纸片、小木棒和小珠等，认为这些材料也可以为儿童提供各种学习活动。

（三）作业

“作业”（Occupations）是福禄培尔幼儿园教育理念中很重要的一种教育方式，实际上，它的意思是为儿童布置的需要完成的工作，种类很多，不是我们传统意义上的纸面作业。

作业的种类很多，主要有绘画、纸工、用小木棒或小环拼图、串联小珠、刺绣等，分别与福禄培尔设计的恩物相对应。福禄培尔认为，通过作业活动，可以扩大儿童对于多种图形的认识，帮助儿童认识点、线、面，并练习把它们组成整体。

另外，福禄培尔认为，作业还应包括一些劳动活动，如初步的自我服务和照料植物等，并开辟劳动园地，组织儿童共同或单独进行栽种。

（四）儿童园地

福禄培尔相信，精细地观察和研究自然物的变化，可以体会到隐藏在内的神的法则。因此，应当提供机会，使儿童在比较观察的过程中受到足够的教育。这也是福禄培尔提出“幼儿的园地”的初衷。

福禄培尔认为，幼儿园的园地应当划分为两个部分，一半为全体儿童，一半为个别儿童。集体的园地包围并保护着个别儿童的小园地。集体的园地又分为田地与花园两个部分。花园可以栽种花卉和蔬菜，田地则可播种各种谷类、豆类、球根的、草本的、生根的植物。个人的小园地可由儿童自己做主，种植个人喜欢的植物，按照植物的生长规律进行照顾和连续的观察。假如不够分配，可以由两个儿童合种一小块地，以培养儿童分享与合作的能力。

教师在集体的土地上做种植和栽培的示范，使儿童看到植物由种子逐渐生长、开化、结果的全过程，认识和辨别不同的植物。在秋天，儿童收集种子并保存起来。集体的园地由全体儿童轮流负责，个人的小块地由个人负责并保持整洁。在每样植物的前面插个小木牌，写上植物的名称和孩子的姓名，既有利于儿童识别不同的植物，也便于检查每个儿童的工作。

儿童通过在园地的活动不仅获得整体和部分的一般知识，而且对于物体、名称、空间、时间及成长质量的好坏等也有了深刻的印象。在园地中，孩子们还可以体验到真正的社会生活，如整体包含着部分，部分服务于整体；从植物生命的连续性和阶段性看到自己正在成长着的生命；通过简单植物的培养和照顾产生对自然的热爱，增进高尚的道德情感和耐力。

小　结

福禄培尔的幼儿教育思想是对19世纪西方幼儿教育积极探索的产物。在当时的欧洲，社会变革带来一系列社会问题，如贫儿、孤儿、流浪儿的问题，促进了婴幼儿的保育和教育机构的设置。然而，它们大多是济贫性质的或者是宗教训育的场所，很难算做真正的教育机构。福禄培尔创建了第一个以“幼儿园”命名的学前教育机构，对幼儿教育进行了革新，研究了学前教育的理论、体系和教学方法，宣传了幼儿教育的重要意义，其中提出的许多思想和见解是具有划时代意义的。他的幼儿教育思想的形成，标志着西方近代幼儿教育理论开始从教育理论体系中分化出来，成为一门独立的学科。此外，福禄培尔还致力于幼儿园教师的培养，并在世界各地传播幼儿园教育理念和幼儿园教师培训机构，为20世纪幼儿园的遍地开花打下了深厚的基础，并影响了蒙台梭利等新一批儿童教育家。

第八节　童年秘密的守护人——蒙台梭利

玛利亚·蒙台梭利(Maria Montessori，1870—1952年)是教育史上一位杰出的幼儿教育思想家和改革家，是继福禄培尔之后的幼儿教育集大成者，也是20世纪享誉全球的幼儿教育家，她所创立的独特的幼儿教育法，风靡了整个西方世界。

一、教育思想渊源

(一)生物学及自然科学

蒙台梭利26岁时成为意大利的第一位女医学博士，随即在罗马大学附属医院任精神病临床助理医生，诊断和治疗身心缺陷儿童，此时的她开始对低能儿童的研究发生了兴趣。她受到两位致力于智障儿童教育的法国科学家依塔德(Jean Itard)及其学生塞贡(Edouard Séguin)的启发。他们针对异常儿童进行实验，发现训练可以刺激儿童的感觉。他们改变了蒙台梭利思考的方向，在1898年都灵教育会议上，蒙特梭利发表了以《精神教育》为题的演讲，阐述了对智障儿童教育的思想和方法。她指出，“儿童的智力缺陷主要是教育问题，而不是医学问题”，并向社会呼吁，智障儿童应当与正常儿童一样享有同等受教育的权利。

此外，19世纪末自然科学的长足发展也给予了蒙台梭利理论养分，尤其是达尔文的生物进化论和孟德尔的遗传学。

(二)教育学

在教育思想上，蒙台梭利受到卢梭、裴斯泰洛齐等儿童本位论及内发论的影响。蒙台梭利认为，干涉儿童自由行动的教育家太多了，一切都是强制性的，惩罚成了教育的同义词。她强调教育者必须信任儿童内在的、潜在的力量，为儿童提供一个适当的环境，让儿童自由活动。她特制了很多教具，如小型的家具、玻璃、陶瓷等小物件，供儿童进行感官练习。

(三)哲学与心理学

她的教育哲学受到法国唯心主义哲学家柏格森(Henri Bergson，1859—1941年)“生命哲学”的影响，因此主张“个性自由”。此外，她还受到卢梭的自然主义天性论的影响，从内发论角度提出儿童不仅具有肌体，还具有一种内在生命力，儿童的“生长”源于内在生命潜力的发展。在心理学上，蒙台梭利接受了英国心理学家麦独孤(William Mcdougall，1871—1938年)目的心理学的影响，认为控制人类行为的本能是冲动，强调幼儿来自天生的自发的能动性的重要作用。此外，她的感官教育思想受到了官能心理学的影响。

二、学前教育教育理论

(一)儿童发展观

蒙台梭利对于儿童心理发展的看法，是她全部教育学说的基础。她认为儿童的心理发展既不是单纯的内部成熟，也不是环境、教育的直接产物，而是机体和环境交互作用的结果，创造良好的环境，采取正确的教育措施，及早进行教育，丰富儿童的经验，可以消除和防止智力落后的现象。

儿童的心理发展特征：具有独特的心理胚胎期；具有吸收力；具有敏感期；发展具有阶段性。

1. 儿童心理与遗传和环境的关系

蒙台梭利首先强调的是人的遗传素质和内在的生命力。她认为，儿童的生长是由于内在的生命潜力的发展，使生命力显现出来。对儿童来讲，生命力表现为自发冲动，因此她把对儿童的自发冲动是压制还是引发作为区分教育好坏的分水岭，对旧学校压抑学生自发冲动的做法予以猛烈抨击。在传统的学校里，儿童像被钉子固定的蝴蝶标本，每人被束缚在桌子边，这对儿童的发展是不利的。在身体方面，会导致骨骼畸形；在心理方面，教师为了把零碎干瘪的知识塞进儿童的头脑，用奖励和惩罚诱逼儿童集中注意和缄默不动。

她否定奖励、惩罚等强化的作用，强调儿童的内在力量、主观能动性，要求环境(刺激)要适合儿童的内在需要和兴趣，认为儿童不是消极被动地接受外界刺激，他们每个人都有自己的内部结构、变化和发展。“生命是活动的，只有通过活动才能发展”，为了使儿童的生命力和个性通过活动得到表现、满足和发展，就必须创造适宜的环境。蒙台梭利为“儿童之家”设置了一个良好的环境：有一个较大的花园，学生可自由进出；轻巧的桌椅，4 岁儿童便能随意搬动；教室里放有长排矮柜，儿童可任意取用放在里面的各种教具。这样的环境设置明显是服务于儿童的自由活动的。

2. 儿童发展的特点

从个体心理发展过程来看，蒙台梭利强调通过自发活动表现出来的生命力发展呈现一种节律(阶段)。童年是个性形成最重要的时期，在童年期，儿童的各种心理机能也存在不同的发展关键期。首先，幼儿具有独特的心理胚胎期；其次，儿童心理发展具有吸收力；再次，儿童发展具有敏感期；最后，儿童发展具有阶段性。

(1)心理胚胎期。在《童年的秘密》这本书中，蒙台梭利提出，儿童从出生到 3 岁是认识世界、逐步融入生存环境的阶段，这一阶段是儿童心理形成的时期，她称其为“心理胚胎期”，这是一个心理发展从无到有的过程，婴儿通过感受和吸取外界的刺激，形成自己的心理活动。

(2)心理吸收力。蒙台梭利认为，儿童可以通过与环境的联系，感知周围的人和事物，获得各种印象和能力，从而形成自己的心理、行为和个性。这种自然吸取的能力和创造性是成人所没有的。因此，教育者要尽可能地保护儿童的这种能力，使他们汲取丰富的精神食粮。

(3)敏感期。蒙台梭利从生物学的角度出发，认为各种生物为了获得生存的契机，都对环境具有一定的敏感性。人类也不例外，在儿童发展的不同阶段，某种能力会特别突飞猛进地发展。例如，0~8 岁是语言的敏感期，2~6 岁是对良好的行为规范的敏感期，2~4 岁是对色、声、触摸等感觉的敏感期，1~4 岁是秩序的敏感期。敏感期对于幼儿尤其重要，当它们出现时，能最有效地学习。如果忽视了敏感期的训练，就会造成难以弥补的损失，这正是很多低能儿童之所以低能的主要原因。

但是，同时蒙台梭利也指出，不同的个体有不同的发展节律，教育要与儿童发展的敏感期吻合，就必须用不同的教育来适应不同的成熟节律，因此她十分强调个别教学，让儿童各按自己的需要自由活动，使个性得到充分发展。

(4)发展的阶段性。儿童发展的阶段性是与敏感期紧密联系的，在不同的发展阶段，儿童会体现出不同的身心特点。蒙台梭利将儿童发展分为三个阶段，第一阶段是0~6岁，这是儿童个性形成的最重要的阶段；第二个阶段是6~12岁，这是儿童学习知识、产生道德意识的重要阶段；第三个阶段是12~18岁，这是儿童最终成熟、融入成人社会的阶段。

(二)儿童的自我教育与教师的作用

蒙台梭利崇拜儿童的自发冲动，要求给儿童以极大的自由活动权。因此，她试图让儿童通过“作业”的方式达到自我教育。所谓作业，就是儿童根据个体发展的内在需要，按照自己的兴趣自由选择的一些活动，例如感官练习、算术练习，日常生活练习等。蒙台梭利认为，通过作业这种自由选择的个体活动方式，儿童自然就学会谨慎，学会自觉，学会指挥身体的行动，学会依靠自己，学会尊重他人，良好的秩序由此而来。通过作业，让儿童学会自我约束，为意志力形成做准备。可见，蒙台梭利所主张的是通过作业达到自觉秩序和服从，从而实现让儿童自我教育的目的。

在蒙台梭利教育体系中，儿童的自我教育是主要教育方式，教师的首要任务是用科学的态度和方式去观察、研究“自然的儿童”，真正了解儿童的本性。其次，在真正了解和认识儿童的前提下，教师应成为儿童自我发展的“援助者”、优异环境的“创造者”。也就是说，教师的工作除了消极的观察，还应该积极地引导儿童，给儿童提供活动的环境和作业的教具，使儿童通过自己的作业达到自我发现和发展，同时，教师应该阻止儿童的不良行为，免得危及儿童本人和其他儿童的发展。

三、蒙台梭利教学法

蒙台梭利教学法又称蒙台梭利方法，是蒙台梭利学前教育理论的核心内容，包括感官教育、知识教育和日常生活练习。

(一)感官教育

感官教育是蒙台梭利方法中的中心环节。蒙台梭利认为，感官训练既为儿童将来的实际生活作准备，又是儿童接受知识和发展智力的基础。《蒙台梭利方法》一书用大量篇幅来论述感官教育。

1. 关于感官教育的重要性

蒙台梭利认为，幼儿处于各种感觉的敏感期，感官教育对幼儿具有头等重要意义。智能的培养首先依靠感觉，感觉练习是初步的基本的智力活动。算术、书写、言语，甚至实际生活能力、良好秩序的规范都由感官教育引出。还有，通过感官教育可以在早期发现某儿童在感觉机能的某方面所存在的欠缺，以便及时治疗和纠正。

2. 感官教育的内容

蒙台梭利的感官教育包括视觉、听觉、嗅觉、味觉及触觉，其中以触觉练习为主，因为幼儿常以触觉代替视觉或听觉，以触觉来认识周边事物。为此，她还为幼儿设计了教具，共 26 种，供除嗅觉外的感官练习之用。例如，供视觉练习用的教具是：三组圆柱，第一组高相等而直径不同，第二组直径相同而高不等，第三组高与直径均不同，要求儿童分别将其嵌入钻在木盘上的相应孔中。蒙台梭利创制的教具能控制错误，她主要是通过这套教具让儿童进行自我教育。如果幼儿把一个圆柱体放进一个比它小的孔，则放不进；若放进一个比它大的孔，则到最后，终将至少有一个圆柱体放不进孔中，整个过程只要有一个错误，就需重新调整。

3. 对蒙台梭利感官教育的评价

近年来有不少研究证明，儿童接受外界的刺激越多，感觉发展得越好，认知能力就越能得到发展，因此不少心理学家和教育家认为蒙台梭利强调儿童的感觉训练是符合人的认识发展规律的。当然，蒙台梭利的感官训练也存在着明显的短处。由于强调单一的器官的孤立训练，必然使个体与丰富的社会生活和现实世界相脱离，影响儿童全面地认识世界，从而也就影响儿童的认识发展。其次，蒙台梭利进行感觉训练所用的教材、教具过于死板单一，都是按严格的分类、等级的排列、固定的方法进行的，每种教具只有一个目的，不能变化，不能用来做游戏、发展语言或进行其他创造性的独立活动，这必然不利于发展儿童的想象力、创造力、情感和语言等。此外，单纯掌握物体的外形特征以及大小、长短高低等的顺序，并不一定能促进儿童对物体的概念。

（二）知识教育

蒙台梭利认为，3 岁以上的儿童具备了学习文化知识的能力，可以引导他们进行读、写、算、音乐等方面的练习。同时，通过谈话发展儿童的语言能力。

（三）实际生活练习

蒙台梭利把手脑结合的活动称为儿童的“工作”，她十分注重儿童动手能力的发展，认为只有这样才能更好地促进儿童智力的发展。她将这类练习融入日常的生活当中，又叫做体育教育或肌肉练习。

蒙台梭利主张让幼儿通过坐、起、走、穿衣、脱衣、穿衣、个人卫生、室内整理等，使儿童不需别人帮助而能自己处理日常生活上的事项，培养其独立性。此外，她还主张儿童多接触大自然，通过园艺活动、照料动植物等，使儿童认识自然界生长的规律，同时也锻炼了儿童的身体。此外，蒙台梭利还发明了种种器具，如螺旋梯、摇椅等，帮助幼儿进行训练。与福禄培尔不同，蒙台梭利并不主张自由游戏，她认为游戏应当是有规划、有组织的，因此，她还编制了体操乃至于呼吸、唇、舌、牙等方面的特别练习。

小　结

蒙台梭利是20世纪影响最大的幼儿教育家，她的教育思想的提出，使得幼儿教育思想更加多元化，虽几经沉浮，但深刻地影响了西方国家乃至我国幼儿教育的发展。直至今天，蒙台梭利的教学法仍然被广泛地应用在学前儿童教育领域。蒙台梭利学校在美国超过了1000多所，培养了大批的优秀幼儿教师。此外，蒙台梭利的追随者还成立了蒙台梭利协会，世界许多国家都成立了研究蒙台梭利教育方法的研究机构，将蒙台梭利的教育思想不断完善和推广。

本章小结

西方儿童观的发展经历了漫长的发展和演变过程，如果要勾勒西方儿童观发展的脉络，大致经历了如下几个阶段：

第一，国家本位主义的儿童观。以斯巴达和雅典为主要代表。幼儿的教育是为了城邦利益，儿童被视为国家所有，男孩7岁后就要送到专门的国家教育机构中接受军事训练。

第二，家庭本位主义的儿童观。儿童被视为父母的隶属品，并不享有独立的人身权利。学前教育主要由家庭来完成，家长制，尤其是父权制占统治地位。

第三，神本主义的儿童观。在西欧中世纪，神权凌驾于一切之上，在“原罪论”和“预成论”的教条下，儿童被看做生来就是“有罪”的，被当作大人的复制品。

第四，人本主义的儿童观。16世纪的文艺复兴运动肯定人，发现人性，给人本位儿童观开辟了生存的土壤。人文主义思想家从人本主义角度出发，提出了人本主义的儿童观，承认了儿童的自由与兴趣。但是文艺复兴只是反对天主教会，并未否定神，因此此时的儿童观仍然是带有宗教色彩的。到了18世纪，随着启蒙运动的兴起，启蒙思想家再一次解放了思想，提出人生而平等的主张，儿童才具有真正意义上的独立的人格。但一直到19世纪末，教育学领域仍然将赫尔巴特的“教师、书本、课堂”奉若圭臬。

第五，儿童本位主义的儿童观。20世纪后，随着欧洲“新教育运动”的兴起，儿童观再次发生飞跃，教育家们提出应“以儿童为中心”，这就是儿童本位主义的儿童观，儿童第一次作为教育的主体登上了历史舞台。

综上所述，未来儿童教育的发展是以科学的儿童观为基础、兼顾儿童身心发展的基本规律的教育，以社会发展的需要和社会对未来一代的期待为引导。它尊重儿童作为独立个体的存在，承认儿童身心各方面尚不完善，重视塑造儿童健全的身体，同时还应培养儿童丰富的精神世界。儿童的发展是动态的，除了有充分的发展潜能，还存在发展的个体差异，应该循其身心发展规律，承认个体差异，因材施教。

比较与思考

1. 夸美纽斯、裴斯泰洛齐与卢梭的“自然主义”教育思想的异同。
2. 蒙台梭利与福禄培尔幼儿教育思想的异同。

推荐阅读

1. [古希腊]柏拉图:《理想国》,郭斌和、张竹明译,商务印书馆 1986 年版。
2. [捷克]夸美纽斯:《大教学论》,任钟印译,人民教育出版社 2006 年版。
3. 任钟印:《夸美纽斯教育论著选》,人民教育出版社 2005 年版。
4. [英]约翰·洛克:《教育漫话》,徐诚、杨汉麟译,河北人民出版社 1998 年版。
5. [法]卢梭:《爱弥儿》,李平沤译,商务印书馆 1978 年版。
6. [瑞士]裴斯泰洛齐:《林哈德和葛笃德》,北京编译社译,人民教育出版社 2005 年版。
7. 夏之莲,译:《裴斯泰洛齐教育论著选》,人民教育出版社 2001 年版。
8. 单中惠,译:《福禄培尔幼儿教育著作精选》,华东师范大学出版社 2009 年版。
9. [意大利]玛丽亚·蒙台梭利:《童年的秘密》,马荣根译,单中惠校,人民教育出版社 2005 年版。
10. [意大利]玛利亚·蒙台梭利:《蒙台梭利科学教育法》,霍力岩等译,光明日报出版社 2013 年版。

下章预习重点

1. 英国学前教育机构的类型、特色。
2. 英国学前教育课程设置。
3. 英国学前教育的师资培养。

第二章　英国学前教育

学习目标

1. 教学重难点：英国国情、历史发展和世界地位对其学前教育的影响；英国学前教育制度的主要特色；英国学前教育未来发展态势。

2. 学习要求：了解英国学前教育的历史进程，熟知英国学前教育制度的特点，知晓英国学前教育制度的发展趋势。

内容提要

英国是近代第一个进行幼儿教育实验的国家。1816 年，欧文在新拉纳克创办幼儿学校，既是英国同时也是世界上第一所专门的学前公共教育机构。1851 年，哈勒斯·伦克夫妇将幼儿园制度引入英国。

英国的学前教育机构形式多样，从性质上可分为公立和私立两种。公共学前教育机构可分为：(1) 由教育部门兴办的学前教育机构，如保育学校、托儿所、幼儿学校、幼儿班和小学附设的托儿所；(2) 由福利部门兴办的学前教育机构，如托儿所、幼教中心等；(3) 由卫生保健部门兴办的学前教育机构，如游戏小组等。私立的学前教育机构也有多种形式，如托儿所、亲子团体、保育学校、假日社团等。

在学前教育法律法规上，英国政府颁布的《早期基础阶段法定框架》涵盖了 0~5 岁儿童的教育与保育，包括以下内容：个性、社会和情感发展；沟通与语言；身体发展；读写；数学；理解世界和艺术表现与设计。

在幼儿教师的培养上，实行以大学教育为主，幼儿教育机构为辅的培养模式。幼儿教师职后培训呈现出多途径、多层次、多样化的特点。

现今英国的全称为“大不列颠及北爱尔兰联合王国”，由英格兰、威尔士、苏格兰和北爱尔兰组成。17 世纪末至 18 世纪上半叶，随着“圈地运动”的发展，资本主义生产方式的兴起对人力资源提出了新的挑战，英国开始关注幼童的保育和教育问题，出现了最早的公共幼儿保育机构。19 世纪初，空想社会主义者欧文创办了近代一个公共学前教育机构"幼儿学校"。19 世纪中期，福禄培尔的幼儿园制度引入英国。19 世纪末期，幼儿园运动有了较快发展。英国是近代第一个进行幼儿教育实验的国家。

第一节 英国学前教育历史承续

一、英国学前教育的萌芽

工业革命前，英国的学前教育主要由家庭来完成，还未出现真正的学前教育机构。

(一)幼儿保教机构的出现

近现代英国史起始于 17 世纪中叶资产阶级革命，这是英国资本主义制度确立和发展的时期。18 世纪后半叶，在工业生产中出现并开始使用机器，这标志着工业革命的开始，随着蒸汽机使用范围的扩大，特别是机器制造业的出现，工业革命迅速扩展到各部门。到 19 世纪三四十年代，各主要工业部门都采用机器，大机器生产在纺织业中已占主导地位。19 世纪中叶，英国已成为世界首屈一指的工业强国。

资本主义生产方式的兴起对人力资源提出了新的挑战，既要求劳动者的素质有进一步的提升，同时也对劳动者的数量提出了要求。尤其在英国的主要经济部门——棉纺织业中，女工和童工的需求急速增加，但因平民恶劣的生活条件，平民的年幼子女常常因营养不良或照顾不周而饥寒交迫、流落街头、不幸夭折，或者因无人管教走上堕落犯罪的道路。此时，一些社会慈善家和宗教团体、工业行会等组织开始兴办孤儿院、育婴堂等收容幼儿。

(二)幼儿学校的发展

1816 年，罗伯特·欧文(Robert Owen)在新拉纳克创办了幼儿学校，专门招收 2~6 岁的幼童。这所学校标志着世界上第一所专门的学前公共教育机构诞生。随后，英国的学前教育运动掀起了一个小高潮，并且影响了法国、德国等学前公共教育机构的发展。

1820 年，曾担任欧文助手的怀尔德斯平在伦敦创办了幼儿学校。他还致力于宣传幼儿教育理念，提出了许多促进幼儿学校发展的建议。1825 年，"伦敦幼儿学校协会"成立，并将普及幼儿学校的任务委托给怀尔德斯平。但到 1829 年，该协会被解散。

从 1840 年开始，英国政府开始对幼儿学校进行补助，并确定了 34 个受补助的幼儿学校的检查项目，包括学校设备、娱乐、体能锻炼、劳动、艺术、自然常识、教学和纪律等，使幼儿教育逐步纳入国家教育制度。

(三)幼儿园的兴起

1837年，德国教育家福禄培尔开创了幼儿园。1851年，流亡英国的政治家哈勒斯·伦克夫妇将这一制度引入英国，他们在伦敦开设了德语幼儿园，最初是招收侨居英国的德国人的子女，以德语教学。从1854年起，开始招收英国家庭的幼儿，并改用英语进行教学。同年，福禄培尔的友人别劳夫人致力于宣传福禄培尔的幼儿园教育思想，她在伦敦举办的教育博览会上展示了福禄培尔的恩物等，演讲也获得广泛的好评。1855年，伦克夫妇编著了《英语幼儿园入园手册》，回答人们对幼儿园的疑问，并开设福禄培尔初等学校作为幼儿园的延伸。

虽然随着福禄培尔的幼儿园制度传入英国，这为英国的学前教育制度吹来了一股新风。但此时欧洲的国际形势极不稳定，新兴的工业资产阶级同传统的封建领主之间的争夺不仅影响了政治风气，而且也波及社会的各个层面。随着欧洲1848年革命的失败，复辟势力再一次登上历史舞台。在德国，福禄培尔的教育思想由于宣传新观念而被政府当局一度打压。在英国，1861年，英国政府修订教育法典，以成绩评定好坏，从而决定补助的金额，这严重违背了教育规律和福禄培尔自由发展的幼儿教育精神，致使幼儿园发展一度受挫。

直到1870年，英国政府颁布《初等教育法》，这在英国教育史上具有划时代的意义，它标志着英国初等教育经过漫长的社会捐助办学后，教会对初等教育的垄断被彻底打破，公立初等教育制度正式得到确立。此后，幼儿园教育思想在英国又重获生机。自此，英国的幼儿教育机构出现了双轨制：一种是幼儿学校，以收容工人阶层和贫困家庭子女为对象；另一种是幼儿园，以招收社会中上层阶级的子女为对象。英国的幼儿教育从此走上了双轨制道路。

二、英国学前教育的初期发展

(一)保育学校

由于1870年的《初等教育法》规定，义务教育起始年龄为5岁。因此，平民家庭3~5岁幼儿的教育问题又成了一个新的社会问题。这些孩子经常处于无人看管的状态，跟随哥姐入学又严重超出了小学的接纳能力，导致政府不得不严令禁止5岁以下的儿童入学。20世纪初，5岁以下幼儿的保教成为英国社会的一个重要问题。

在这种情形下，1913年，麦克米伦姐妹创办了保育学校，招收贫民和工人家庭的子女，保证他们的健康，预防流行疾病，并用福禄培尔和蒙台梭利教学法教育儿童。1919年，在《费舍法案》出台后，保育学校开始得到英国国库的补助。此后，两姐妹的保育学校得到了推广，开设了另外几家分校，并且开始了培训幼儿教师的工作。

保育学校也不断声名远播，受到社会各界的肯定，1923年，英国保育学校联盟成立。除了麦克米伦姐妹外，格雷斯·欧文和苏珊·艾萨克斯也推广保育学校的教育理论，并宣传福禄培尔和蒙台梭利教学法。

(二)《费舍法案》

如果说1870年《初等教育法》为英国的公共教育制度的建立打下了根基，那么1918年的《费舍法案》可谓真正建造起公共教育这一平台。该项法案的宗旨是在英国建立完整的国家教育行政系统和初步建立起一套完整的学制，包括幼儿教育、初等教育、中等教育和各种职业教育。此外，该法案还将保育学校纳入了国家补助的范畴，地方教育局有责任设立并援助当地的保育学校，除伙食费和医疗费外，保育学校实行免费入学，确定了十三所保育学校享有补助的资格。法案还将5~7岁儿童纳入小学教育的第一阶段，这一传统被保留了下来，英国也成为现今世界儿童入学最早的国家之一。

(三)《哈多报告》

1926—1933年，以哈多爵士为主席的教育咨询机构先后发布了三份有关青少年教育的白皮书，其中《关于幼儿学校以及保育学校的报告》(简称《哈多报告》，*Hadow Report*)成为英国幼儿幼儿教育发展史上的里程碑式的文献。报告提出了三大方向建议：提倡建立保育学校、幼儿学校和幼儿部附设保育班；主张对7岁以下儿童实行一贯制教育，而不是将5岁作为分水岭，设立7岁以下幼儿的学校；幼儿教育应以自由发展和活动为主，不应灌输具体的知识。

《哈多报告》十分具有前瞻性，它立足于"儿童中心"，吸取了裴斯泰洛齐、福禄培尔、蒙台梭利等教育家的思想精髓，是英国学前教育史上具有划时代意义的文献。但当时正值世界经济危机期间，因此《哈多报告》暂时被搁置起来，一些建议至今仍未付诸实现。

三、战后英国学前教育的发展

20世纪上半叶的两次世界大战严重影响了英国学前教育的正常发展，经费短缺且师资不足，幼儿保育和教育问题一直停滞不前。第二次世界大战平息之后，英国的学前教育才逐渐恢复并得到发展。

(一)《巴特勒法案》

1944年，英国政府通过了以当时教育委员主席巴特勒名字命名的《巴特勒法案》(*Butler Act*)。该法案规定了初等教育的学校类型：为2~5岁儿童设立保育学校；为5~7岁儿童设立幼儿学校；为5~11岁儿童设立的初等学校内附设保育班，招收3~5岁幼儿。

（二）幼儿游戏班运动

第二次世界大战后初期，为解决保育设施不足的问题，幼儿游戏班运动（The Playground Movement）应运而生。这种游戏班首先在大城市由家长自发兴办，主要为儿童提供游戏场所，招收2~5岁的幼儿。幼儿游戏班带有慈善性质，没有独立设施，多为借用教堂、婴幼儿福利中心、旧学校等场地，得到儿童救济基金会的资助。由孩子母亲担任教师和保育员。这种幼儿教育机构虽然存在很多缺陷和问题，但在战后百废待兴的境况下，客观上成为幼儿教育的有益补充和过渡。

（三）《普洛登报告》

20世纪60年代后，英国国力得到恢复，学前教育又被提上了政府议程。1967年，普洛登女士提出了关于儿童与初级学校的报告书，史称《普洛登报告》（*Plowdon Report*），该报告主张大力发展幼儿保育设施，提出了许多发展幼儿教育的建议。

（四）《教育白皮书》

1972年，教育科学大臣撒切尔发布《教育白皮书》，提出要扩大幼儿教育。白皮书肯定了《普洛登报告》中的建议，计划十年内实现免费的公共幼儿教育，并资助发展5岁以下的幼儿教育，此外还计划培养幼儿师资队伍。政府为此投入了大量的经费，学前教育有了一定的进展，1978年3岁儿童入托率为15%，4岁儿童入托率为53%。

四、当代英国学前教育概略

20世纪90年代以来，随着世界形势的稳定，英国的国力不断增长，政府开始实施多项旨在促进幼儿教育发展的全国计划。

（一）幼儿凭证计划

为了解决幼儿受教育的经费，在家长、中央、地方政府之间公平合理地分摊教育费用的问题，1995年，英国政府开始实行“幼儿凭证计划”（*The Nursery Voucher Scheme*）。该计划规定，发给家长价值1100英镑的“凭证”，用以支付其4岁以上幼儿教育享受3个月的高质量的学前教育。家长们可以自由选择公立、私立或民办的学前教育机构，公立学校全是免费的，家长如果选择私立和民办学校则需自己多交些钱。

（二）学前教育目标提案

1995年，英国学校课程和评定当局宣布了5岁儿童应该达到的目标提案。只有达到了提案的标准，才能参加“幼儿凭证计划”。提案非常重视识字和算术，品德和情操教育被放在首位，比如能与其他孩子及成人建立良好的关系，能互相尊重等。此外，提案还规定了具体的技能与技巧的发展、创造力的发展和对世界的理解等。

(三)早期发展合作计划

1997年，在英格兰地区开始实施“早期发展合作计划”(EYDP)。该计划要求各个地方政府通过各种途径和措施发展本地区的幼儿教育，明确提出要实行政府、自愿团体和组织以及私人一起开办和维持学前教育机构的政策，先从4岁幼儿开始，力争做到逐步向下普及。1998年之后，该计划扩展为早期发展和儿童保育合作计划(EYDCP)。

(四)全国儿童保育战略

1998年，英国政府开始实施规模庞大的“全国儿童保育战略”(National Childcare Strategy)。此项计划要求各地方教育当局制定须经中央政府批准的年度具体方案，通过各种合作的途径和措施大力发展幼儿教育。1998年9月提前实现普及4岁幼儿入园的计划后，政府随即又将该计划扩充，向下延伸到3岁幼儿，每周5天15小时，每年38周的幼儿教育。

(五)确保开端计划

1998年，工党上台执政，开始了第一个“确保开端计划”(Sure Start Programmer)，此计划是仿照美国的“开端计划”而实施的，针对的目标是4岁以下的儿童，目的是帮助和扶植社会弱势群体，为贫困家庭的儿童提供更多的保育和教育服务。该计划帮助儿童营造良好的家庭教育氛围，帮助家长学习幼儿保育和教育知识，并为儿童提供社区卫生服务。

(六)基础阶段课程指南

2000年，英国出台了《基础阶段课程指南》(*Foundation Stage Curriculum Guideline*)，特别针对教育机构中3~5岁幼儿的教学，作了六大基本学习领域的规定，它统一了全国关于基础教育阶段的教育目标。

(七)《每个孩子都重要：为孩子而改变》

2003年，英国政府颁布的《每个孩子都重要：为孩子而改变》(*Every Child Matters: Change for Children*)绿皮书明确指出，所有的中小学在教育教学过程中，都必须注重满足每位学生的个体需要，想方设法激发他们的学习兴趣，并使之努力学习，确保每一个孩子在学校能充分地实现自我发展。

(八)儿童保育十年战略

2004年，在《每个孩子都重要：为孩子而改变》的基础上，英国教育当局对学前教育与保育制定了更加深入的战略规划——儿童保育十年战略(A Ten-years Strategy for

Childcare)，目的是为儿童提供最好的学前教育，并促进儿童保教与家庭生活和工作之间的平衡。该计划将3~4岁的儿童免费学前教育时间从2006年起延长至每年38周，到2010年，每个社区要有儿童中心，提供整合的学前教育、保育和家庭服务。

（九）《早期基础阶段法定框架》

《早期基础阶段法定框架》(*Statutory Framework for the Early Years Foundation Stage*，简称EYFS)是英国于2008年9月起全面实施的0~5岁幼儿教育政策，是世界最权威的婴幼儿早期教育标准之一。EYFS尊重婴幼儿各个月龄的特征和需求，详细列出了6大学习与发展领域：人格、社会和情绪发展；沟通、语言和读写；解决问题、理解和算数；知识与对周围世界的认知；身体发展；创造力发展，下设69项学习目标，并配合学习目标内容，制定出13个幼儿学习和发展评价表，教师以此评价标准来了解幼儿的发展状况，并适时给予幼儿协助，为幼儿未来学习做好充足的准备。

（十）《儿童计划：构建更加美好的未来》

2007年，布朗政府下新组建的儿童、学校与家庭部公布了一份针对儿童与青少年的十年规划——《儿童计划：构建更加美好的未来》(*The Children's Plan：Building Brighter Future*)。该计划涉及儿童的教育与成长、健康与幸福、家庭教育与社区环境、社会安全与政策保障等多个领域，不仅涉及学前阶段，也涉及基础教育阶段，为英国未来的儿童发展提出了目标和具体方向。

第二节 英国学前教育现状

在英国的教育传统上，国家并不对公共和私立教育进行过多干涉。但近年来，英国逐步加强了中央政府对教育的宏观调控。但地方教育当局仍然有较大的自主权。英国已形成了政府、社会、家庭、学校四位一体的学前教育体系。

一、英国学前教育体系

（一）学前教育机构

如前文所述，英国儿童的入学年龄为5岁，即5岁之后为义务教育阶段。在此之前，2~5岁的幼儿接受形式多样的学前教育，属于非义务教育的范畴。

目前，英国3~5岁幼儿的公共教育由各地方教育当局(LEA)负责提供。从机构类型上看，已经形成以地方公立为主、社会自愿团体和私人为补充的多元发展格局。公立幼教机构当中又以地方教育当局开办或资助的为主，部分为地方社会机构开办，但也有二者合办的。

根据兴办部门的性质，可分为公立学前教育机构和私立学前教育机构幼。公立学前教育机构又可分为几种类型：一是由教育部门兴办的学前教育机构，如保育学校、托儿所、幼儿学校、幼儿班和小学附设的托儿所；二是由福利部门兴办的学前教育机构，如托儿所、幼教中心等；三是由卫生保健部门兴办的学前教育机构，如游戏小组等。私立的学前教育机构也有多种形式，如托儿所、亲子团体、保育学校、假日社团等。

根据幼儿在校时间的长短，英国的学前教育机构还可分为寄宿制、全日制、半日制、计时制等多种类型。此外还根据地方的具体情况有流动性、季节性的幼教机构。英国政府还运用现代科技媒体，为有需求的家庭提供网络保教服务。

下面介绍几种主要的学前教育机构：

1. 保育学校

英国的保育学校属于公立教育体系，是英国主要的学前教育机构，受国家和地方教育当局的管辖，办学经费来自国家或地方税收。招收3~4岁的幼儿入学。由一位首席教师负责日常的管理工作。幼儿在保育学校可以是半天，也可以是全天。半日制的学习时间为9:00—13:30，或者为13:00—13:30。全日制的学习时间为9:00—15:30。

根据1972年的《学校建筑法》的规定，保育学校的设施都比较完善，主要内容为：

(1)幼儿人数在40人以内，必须有0.1公顷的用地，每超过20人增加0.5公顷；

(2)每个幼儿平均应有9.3平方米的户外游戏场所；

(3)每个幼儿平均应有2.3平方米的游戏室；

(4)必须有专门的衣物保管室，有足够的设备存放保管幼儿的衣物并保持干燥；

(5)每5名幼儿设一个洗手池，每10名幼儿备有一个衣橱，每40名幼儿设一个盥洗槽；

(6)首席教师、教师和职员必须有各自的办公室，并配备成人使用的衣帽间和盥洗卫生设备，应设有医务室；

(7)器物、设备和燃料必须有专门的存放点；

(8)配备厨房，适合吃午餐的厨房和食物加热设备；

(9)环境要求有图书区、科学区、电脑区、绘画区、家庭区、建筑区、数学区、玩水区、玩沙区、木工区、体育区、种植区等。

2. 保育班和幼儿班

保育班和幼儿班是英国独特的一种学前教育机构，它是附设于小学中，针对3~4岁儿童而开办的一种儿童保教机构，性质与保育学校类似。幼儿在保育班的学习时间可以是半天，也可以是全天。由于英国的义务教育年龄从5岁开始，因此，保育班和幼儿班实际上起到了幼小衔接的作用。近年来，鼓励4岁儿童进入一年级的趋势也影响到了保育班和幼儿班。

3. 托儿所/日托中心

在英国，托儿所既有教育部门兴办的公共托儿所，也有社区或个人出资兴办的私立托儿所。托儿所必须在教育机关或者社会福利机关登记备案，同时接受国家和地方卫生当局的管辖。

英国的许多托儿所具有济贫和慈善的性质。例如，地方公立托儿所(Local Authority Day Nursery)，招收0~5岁的幼儿，由地方福利部门开办，专为学习障碍幼儿开办。此外，日间托儿所还优先招收有身体残疾的儿童和家庭不完整的、家庭氛围不利于儿童成长的或身体有缺陷的儿童。

托儿所一般为全日制，少数为半日制。保育时间为每天8:00—18:00，或7:30—17:30。托儿所的托管时间迎合了许多家长的工作时间，家长也可根据实际情况选择仅在上午或者下午托管孩子。托儿所的保育人员必须持有相关执照。托儿所更加注重的是儿童的身体养护和卫生状况，不强调知识性技能的学习。

根据国家规定，托儿所的设施也必须包括如下几个方面：室内外活动场所、厨房、盥洗室和卫生间、休息室、厨房设备等。

近年来，英国以社区为中心的私立托儿所呈上升发展态势，满足了社区家庭工作和生活的需要。但也出现一些问题，例如师资供不应求，以至于有些私立托儿所招收没有资质的保育人员。这种情况引起了政府关注，国家儿童局建立了有关的行业协会，指导托儿所的日常工作。

4. 游戏小组

如前文所述，英国的学前教育机构中一种特殊的形式就是“游戏小组”。在当时的社会背景下，游戏小组的设立解决了人们对学前教育的亟需，使大量的适龄儿童得到了适时的保育和教育，是弥补公共学前教育机构不足的一大支柱。这一传统在英国被保留了下来。

1962年，英国成立的“学前游戏小组协会”将“学前游戏小组”定义为：儿童在游戏中观察、学习和参加社交活动的集体，它也是成人的组织，因为成人是小组的支柱，为孩子提出各种游戏的建议，并在工作中使自己也得到丰富和发展。

大多数游戏小组是由家长资助、装备和领导，或是由热心幼儿教育事业的人负责管理，还有个别的游戏小组在儿童中心内活动，由儿童救济基金会的人负责管理。每个游戏小组有一个领导人和1~2个助手。游戏小组的保育员大多由幼儿的母亲自愿担任，她们也可以做助手，协助负责人管理游戏小组的工作。母亲们可以根据自己的能力和时间，每周服务一天或更多的时间。

游戏小组的经费以家长们自行筹资为主，以慈善家、慈善团体资助为辅。各种协会也对小组提供奖金和人力援助。此外，政府也向游戏小组提供补助金，为新建的游戏小组协会直接提供经费，并鼓励各级政府支持建立游戏小组。游戏小组的经费主要用于租借场地、付给工作人员报酬、购买游戏材料和设备。

游戏小组没有自己独立的设施，大多是免费借用成人俱乐部的房子、教会大厅、婴幼儿福利中心和旧校舍。游戏小组备有各种类型的玩具、图书、音乐磁带等，每周开放3~4天，每天上午2~3个小时。来这里玩的儿童大多是2.5~4岁的幼儿，每个游戏小组平均20~24个幼儿，由3~5个教师和保育员负责，教师与幼儿的比例约为1∶8。幼儿可以定时去游戏小组玩耍，也可以将游戏小组的玩具、图书借回家。

对于幼儿来说，游戏小组为他们提供了游戏伙伴、游戏时间和游戏场地，教师和保育员注重给幼儿创设开展各种游戏的机会，启发幼儿去探索、发现新的事物和问题，鼓励他们与人交往。这些都有助于激发他们的兴趣和好奇心，丰富他们的早期经验，促进他们的情感和社会性的发展，增强他们的交往能力和社会技能。对于父母来说，游戏小组为父母特别是母亲提供了大量互相交流和学习的机会，使成千上万的家庭能从中获益。父母通过定期参加儿童的游戏，可以更好地了解自己的孩子，发现他们的兴趣并给予积极的支持和鼓励；还可以更好地了解自身的教育价值，提高自信心，学到更多的教育知识。

5. 其他类型

除了上述几种常见的学前教育机构外，英国的学前教育机构还有以下类型：

(1)幼教绩优中心(Early Excellence Centers)，这是一种政府支持下创办的示范性幼教机构，招收0~5岁幼儿，为全日制学前教育机构。

(2)混合型幼教中心(Combined Nursery)，这是一种设立在社区中的保教兼顾机构，招收0~5岁幼儿，上学时间不固定。

(3)课前/课后社团(Before and After School Club)，这是一种私立学前教育机构，招收3岁以上的儿童，设在社区中心，为上学前及放学后的幼儿提供保育服务。

(4)假日社团(Holiday Club)，这是一种私立学前教育机构，招收3岁以上的儿童，实行全日制或时段制，在假期为幼儿提供保教服务。

(5)保姆，这是一种私人订制的幼儿保教服务，面向0~5岁的幼儿，保姆必须持有地方教育当局颁发的执照并按时接受审查，为有需要的家庭提供上门服务。

(二)学前教育管理体制

英国的学前教育管理体制是分层管理、多方位共同支持的系统。

首先，在政府层面上，英国政府把幼儿教育纳入终身教育体系，将普及幼儿教育当作政府的一项重要政策，多渠道、多途径大力发展幼儿教育事业，并加大对幼儿教育投资的力度。

英国教育管理体制具有明显的地方分权自治特性，在中央政府教育就业部的指导下，各个地区自行颁布的教育政策法规、管理制度各不相同。因此，在英国，地方当局的教育自决权非常大。英国联邦政府的教育与就业部通常只负责制定全国性的教育方针政策和法规制度，其作用主要是指导性而非指令性的。各地方教育当局拥有自己的督学和咨询机构。英国的学前教育在宏观管理体制上实行国家、地方和学校三级管理，由多个部门分管，如教育就业部管辖3~5岁幼儿教育，社会福利部主管0~3岁幼儿保育。公共学前教育机构实行校长或首席教师负责制。

在资金来源上，英国中央政府拨款至地方教育当局(LEA)，再由地方教育当局分配给不同类型的地方教育机构，一般是根据人数来划分。

此外，英国联邦政府正在日益加强对学前教育事业的干预，不断密切与地方政府以及民间团体的合作。近年来，英国联邦政府通过颁布法令、推行政府计划、加大投资力度等措施切实加强管理力度和效度，各级政府也与各种学前教育民间组织、大学和科研机构等紧密联系。长期以来，英国各级教育当局经常将一些重大项目委托给科研机构，或聘请专家学者设立研究小组对这些项目进行专门研究，试图将行政决策建立在科学的研究结果之上，逐步建立起中央和地方政府与民间组织、大学和科研机构等多方合作的管理网络。

其次，在社会资源方面，不可计数的博物馆资源、免费的社区亲子服务中心、俱乐部等无偿向家长和幼儿敞开，将知识的普及、技能的锻炼、情操的陶冶融入进耳濡目染中。各社区均有“早期教育协会”这一全国性募捐组织的分部，经常同“世界学前教育组织”合作开展活动，宣传、指导社区幼教工作。

最后，家庭是幼儿教育的重要合作伙伴。家长和学校双方都要承担各自的义务。据介绍，幼儿园给每个幼儿都建立了成长档案，也会定期邀请家长来园观摩幼儿的进步与成长，与教师交流。家长参与幼儿教育的方式主要有：参加例行的家长——教师见面会，家长代表列席学校发展的一般性会议，家长参与幼儿在园的各种活动，家长作为志愿者为学校提供服务等。

二、英国学前教育课程

（一）课程目标

为了提高学前教育质量，提升儿童入学准备水平，自20世纪90年代以来，英国政府先后出台了多项学前教育改革政策和基础教育阶段课程指南，经过不断的整合和修订，推动了英国学前教育事业发展。

1996年，学校课程与评价局出台了《期望的儿童学习结果》，规定了幼儿入小学前应达到的学习标准。1999年，资格与课程局将其修订为《早期学习目标》。2000年，国家课程与资格局（QCA）颁布《基础阶段课程指南》（*Curriculum Guidance for the Foundation Stage*），将3~5岁儿童教育纳入国家课程体系，规范了基础阶段儿童的学习课程。2003年，英国政府颁布了《每个儿童都重要》绿皮书，为幼儿制定了五项发展目标，并给出了达到这些目标的核心指导原则。同年颁布《8岁以下儿童托育标准》，针对不同的保育机构设立了多项国家标准，规范了保育机构的注册制度和机构规格。2008年，儿童、学校与家庭部颁布《早期基础阶段法定框架：0~5岁儿童学习、发展和保育标准》（*Statutory Framework for the Early Years Foundation Stage: Setting the Standards for Learning, Development and Care for Children from Birth to Five*），为0~5岁处于早期基础阶段的儿童设定学习、发展和保育的标准。2012年颁布的《早期基础阶段法定框架》修正案对2008

年版的学习、发展和保育标准进行了修正和补充。2013 年英国标准与测试局发布《早期基础阶段档案手册》(*Early Years Foundation Stage Profile Handbook*)，该文件总结和描述对儿童学习和发展的观察和评估要求，对评估的过程和方法做了简要介绍，并在其随后发布的《早期基础阶段评估和报告安排》(*Assessment and Reporting Arrangements Early Years Foundation Stage*)中对进行评估和报告的过程和方法做了详细的介绍，增加了对幼儿学习与发展评估的直观有效性。

《早期基础阶段法定框架》的目的是要实现《每个儿童都重要》中的五大目标，要实现的具体目标为：保证保教服务机构的质量和一致性，为儿童未来学习打下良好的基础，与家长构建教育伙伴关系，为儿童提供平等的机会。实现这些目标要遵循“独一无二的儿童”、“积极的人际关系”、“激发能力的环境”、“儿童以不同的方式和速率学习和发展”这四项指导原则。

《早期基础阶段法定框架》包括体系结构和标准内容两部分，标准详细地规定了早期基础阶段儿童需要学习与发展的主要领域和特定领域，包括个性、情感和社会性发展、沟通和语言发展，身体发展，读写，数学，理解周围世界，表现艺术和设计七大领域，每个领域又有子领域，共十七个子领域。

《早期基础阶段法定框架》涵盖了 0~5 岁儿童的教育与保育，包括以下内容：个性、社会和情感发展；沟通与语言；身体发展；读写；数学；理解世界和艺术表现与设计。

(1)个性、社会和情感发展：发展积极的自我意识和对别人的感觉；形成积极的人际关系，学会尊重他人；学习如何管理自己的情绪，发展社交技巧；理解在小组活动中什么是适当的行为；对自己的能力有信心。该领域主要由“自信和自我意识”、“管理情绪和行为”和“发展人际关系”三大子领域构成。具体内容为：能自信地尝试新活动，并说出为什么比别人更喜欢某些活动；在熟悉的群体中能自信地谈吐，讨论自己的想法，并挑选自选活动所需的物品；能明确说出自己是否需要帮助；能准确表达情感，谈论自己和别人的行为及其后果，知道哪些行为是不被接受的；作为团体或班级中的一员，了解并遵守规则；调整行为以适应不同的情境，并能从容应对日常生活中的变化；游戏时能与他人合作；会考虑他人的想法；能感受他人的需要与情感，并能和成人及同伴建立积极的关系。

(2)沟通与语言：为儿童提供丰富的语言环境；发展儿童表达自己的信心和技巧。该领域主要由“倾听与关注”、“理解”和“表达”三大子领域构成。具体内容为：能在不同的环境中倾听；听故事时准确地预测主要内容，并能用评论、提问或行为对所听到的内容进行回应；在进行其他活动时，能关注别人所说的话并做出适当的回应；能遵从语言或行为的指令；能根据自身经验回答“为什么”和“怎么办”的问题，并对故事或事件做出反应；能根据听众的需求清楚地表达想法；当谈到已经或将要发生的事情时，能准确地使用过去、现在和将来时态进行表达；能通过联想发展其叙述和阐释能力。

(3)身体发展：发展儿童的协调能力、控制能力和运动能力。必须帮助儿童理解身体活动的重要性，在饮食上做出健康的选择。该领域主要由“移动和操作”和“健康和自我保健”两大子领域构成。具体内容为：能在大、小型运动中较好地控制和协调自己；能较好地判断空间距离并能平稳地移动；知道体育运动和健康饮食对身体健康的重要性，并能讨论保持健康和安全的方法；能很好地处理个人日常卫生，包括独立地穿衣和如厕。

(4)读写：鼓励儿童将读音与字母联系起来，并开始阅读和书写；必须让儿童获得丰富的阅读材料来激发他们的阅读兴趣。该领域主要由“阅读”和“书写”两大子领域构成。具体内容为：能阅读和理解简单的句子；准确、大声地朗读单词；能读一些常见的不规则单词。当儿童与其他人讨论他们读的内容时，展示出他们对这些单词的理解；能通过匹配单词读音的方式写出单词；能写一些常见的不规则单词；儿童能写可以被自己和其他人读出来的简单的句子；有些单词的拼写正确，其他一些单词则只是符合语音学的发音。

(5)数学：数学能力领域包括提供给儿童机会去发展和提升他们的计数能力，理解和使用数字的能力，计算简单的加法和减法问题，描述形状、空间和测量。该领域主要由“计数”和“形状、空间和测量”两大子领域构成。具体内容为：能准确地从 1 数到 20，对这些数字排序，并说出比指定的数大或小的数；根据数目和物体，可以做两位数的加法和减法，并通过正着数或者倒着数找到答案；可以解决简单的倍数、半数和等分的问题；能使用日常用语描述大小、重量、容量、位置、距离、时间和金钱，以比较数量、物体和解决问题；能识别、创造和描述各种图案；可探索日常物品的特点和形状，并使用数学语言进行描述。

(6)理解世界：引导儿童通过探索、观察和了解人类、地点、技术和环境的机会，使他们理解周围物质世界和他们的社区。该领域主要由“人和社会”、“世界”和“技术”三大子领域构成。具体内容为：能谈论过去和现在发生在自己及家人生活中的事情；知道其他儿童并非总是对同样的事物感兴趣；了解自己与别人及其家庭、社区以及传统之间的异同；了解地方、物体、物质以及生物之间的异同；谈论周围环境的特征以及这些环境是如何各不相同的；观察动、植物并解释它们为什么出现和发生改变；能辨认出一系列可以在家或学校使用的技术；根据目的选择并使用技术。

(7)艺术表现与设计：支持儿童探索和玩耍广泛而丰富的媒体和材料，并通过各种艺术、音乐、运动、舞蹈、角色扮演、设计和技术方面的活动，为儿童分享他们的想法、观点和感受提供机会并给予鼓励。该领域主要由“探索和使用媒体及材料”和“富有想象力”两大子领域构成。具体内容为：会唱歌、弹奏乐器、跳舞并能用各种方式进行改编；能正确使用和探索各种各样的材料、工具和技术，对物品的颜色、设计、结构、形式和功能进行试验；能思考媒介和材料的用途，并用独创的方法使用各种媒介和材料；能通过设计与技术、艺术、音乐、舞蹈、角色扮演和故事来表达自己的思想和情感。

(二)课程与教学

英国幼儿园的课程设置非常注重儿童潜能的发挥，注重为每个幼儿提供全面发展的机会。在教学方式上，采用灵活多变的教学活动方式，促进幼儿主体性的发展以及自我的主动构建。

1. 课程设置个性化，强调动手能力和生活技能的培养

英国学前教育机构的课程由各地教育当局及幼儿园自行决定，没有全国统一的教材。英国人相信，每个孩子的学习方式、模式都是独特的，政府制订的教育大纲仅仅是为教师的工作指引了一个方向，因此要求幼儿教师要为每一个孩子设计专门的“课程”。真正有专业水平的教师，应该能够按照每个孩子的认知水平去设计课程。比如，有的孩子被鼓励在电脑上学习认读字母，有的则要陪着捏橡皮泥，从中记住每个字母。英国幼儿园里几乎每个孩子都有自己专门的“课程”。不过，因为英国小学教育从 5 岁开始，出于幼小衔接的考虑，学前教育机构的课程也会参照小学课程标准，一般围绕九项课程展开：英语、数学、科学、美育与创造、体育、信息技术、精神、道德、人类与社会。

劳动教育与生活技能的培养也是英国学前教育的重点。生活对幼儿发展具有重要的价值，对幼儿而言，生活是重要的学习内容，也是重要的学习途径。幼儿的一日生活、与幼儿有关的社会生活及幼儿的游戏都是重要的课程资源。生活化的课程内容要求教师充分利用周围的生活资源引导幼儿去探索和发现，结合户内和户外的环境去调查和领悟，让幼儿在有意义的生活背景或者情境下，促进其社会情感、动作技能和认识等各个方面的发展。在英国的幼儿园，课程的内容包括幼儿学习如何折叠被子、整理衣服、学习跑跳、制作物品、讲故事等，课程的各项内容都与幼儿的日常生活、现代社会实践以及未来的社会需求等现实的情境联系起来。例如，英国学前教育机构对于不同年龄阶段的幼儿设置了不同的手工课程：0~1 岁：玩细沙；2~3 岁：接触颜料、螺丝，瓶子等；4~5 岁：用面粉制作糨糊，画画或学写数字，用胶泥、擀面杖做“意大利通心粉”。

与知识学习并行不悖的是，户外活动是每天都必不可少的“必修课”，风雨无阻。《早期基础阶段法定框架》非常强调为所有的幼儿提供户外空间的重要性，因此在主题的选择上，课程往往以幼儿周围的生活环境为背景，并从幼儿自己的兴趣出发，强调活动的趣味性、操作性和实践性，帮助幼儿实现全方位的发展。户外托儿所的理念是以儿童为主，同时强调感官对儿童的重要性。据英国《卫报》2014 年 12 月 9 日报道，以儿童为中心，让儿童完全在室外享受大自然新鲜空气的户外托儿所正风靡英国。这些托儿所坚持以儿童为中心，关注孩子的学习体验和自由享受，而不是像传统的小学那样关注学生的测试成绩。孩子们自砌自挖小池塘、门洞、种植园地等。每个孩子都可以尽情地跑、闹、笑。只要孩子不累，再大的运动量，老师都不限制。

2. 教学模式多元化，教育方式灵活

在英国学前教育机构中，既有传统的教学模式，又有适应时代潮流的新教学模式，根据幼儿的特点和兴趣不断调整教学方式。

传统的教学模式包括自由活动、小组活动、室内和室外游戏等。幼儿区域活动也是常用的环境教育方式。常见的活动区有图书区、种植区、绘画区、家庭区、玩水区、玩沙区等。此外，英国的学前教育机构还经常组织各色各样的游览活动，拓展学习场所和领域。教师会带领幼儿前往博物馆、动物园、公园、游乐场、商店、农场、超市等地方参观游览，在游览活动中学习掌握必要的知识和技能。

英国的学前教育活动场所并不仅仅发生在幼儿教育机构当中，整个社会设施为学前教育提供了硬件支持，这些不固定的教室成为学前教育的有益补充。例如，社区有义务为孩子提供足够的玩具和图书，“社区玩具图书馆”把0~5岁的儿童作为服务对象，负责提供足够数量的玩具、图书，供社区的家长、孩子们借用。公共设施如大英博物馆、工业博物馆、火车博物馆、船舶博物馆、战争博物馆、曼城博物馆等，都是免费开放，让孩子随时可以进入参观静物、电脑模型、绘画、实物等，甚至还设有可以自己动手操作演示的项目。

在当下的信息社会中，在幼儿园的教育教学中，英国幼儿园采取多媒体教学手段，通过生动的画面、清晰的文字以及优美的语言，创设出新颖独特的学习环境，有助于激发幼儿的学习兴趣，使幼儿在欢快、愉悦中获得知识。几乎所有的学前教育机构都配备的现代化的数字多媒体终端，儿童可任意使用，玩教育游戏，认识字母、数字、几何图形，设计图案、画面，打印自己的作品等。

在具体的教学活动中，英国学前教育的最大特色就是对幼儿个性与能力的培养，充分贯彻了裴斯泰洛齐等教育家弘扬的“实物教学法”。比如要让幼儿学习英文书写，教师并不是让幼儿反复地书写枯燥的英文字母，而是让幼儿在画有虚线的一串葡萄上描圈画实线，因为英文里有许多字母的书写都要求有画圈的工夫，如a、o、e、b、g、q等，通过这种训练，有利于幼儿的英文书写。要让幼儿认识木头的特性，教师就给提供大大小小、软硬不同的木块，让幼儿用锤子、钉子随意敲打，孩子们在钉钉、拆拆、敲敲打打中，逐渐获得了有关木头的相关知识。再比如教幼儿阅读儿童文学作品，不仅讲一讲、念一念就行了，还让幼儿穿上服装进行表演。通过“诱之以情、导之入境”使幼儿能更好地领会作品的意境，从而受到感染和教育。这种活动教学的方法充分体现了儿童主体性的意识和观念，可以满足幼儿的好奇心和求知欲，使幼儿感受到学习对他的意义，体验到探索的乐趣，同时也为幼儿的全面发展提供了较为丰富的早期学习经验。教师很少批评、指责孩子，也不给孩子提供一个唯一正确的标准答案，而是让幼儿在平等的、轻松愉快的环境中成长，在开放式的环境中充分展示自己的思维与想象。

3. 课程评价客观性

课程评价是课程设计的最后一环和保障，也是检验教育成果的试金石。英国学前课程评价包括对幼儿的评价和对课程本身的评价。

英国的幼儿园采用计划评价与随机评价相结合的方式，重视与家长的联系，通过选用各种不同的方式与家长合作，比如开辟“家长布告栏”（Parent Notice Board），使家长了解幼儿园的日常活动安排，记录幼儿的发展情况；采取“投诉程序”（Complaints Procedure)，让家长对幼儿园不满意的地方进行评价和投诉，促进幼儿园的保育和教育向更高的质量发展。此外，英国的学前教育机构为每位幼儿建立成长档案，通过成长档案，规范幼儿的评价行为，让幼儿看到自己的成长轨迹，促进幼儿的主体性发展。

(三)幼小衔接

英国的义务教育年龄为5岁，属于世界上入学年龄较早的国家之一，对于幼儿而言，如何跨越这一阶段，顺利进入小学学习成为国家教育政策关注的焦点，即通常所说的“幼小衔接”问题。

英国对“幼小衔接”问题的认识也在历史发展中经历了观念的转变。20世纪90年代以前，英国人认为学前教育仅仅是小学的“预备”。20世纪90年代中后期，英国工党出台了一系列学前教育政策及计划，将培养幼儿的社会性及情感的发展作为幼小衔接的重点，为幼儿将来的发展及人生价值的实现奠定基础。

首先，英国政府为了更加适应儿童的特点与发展，减少一些难度太高或过于复杂的内容，降低某些学科的要求，并压缩全部的课程内容，用以确保学校选修课程的时间，以增加课程多样性、灵活性的选择，使初等教育在课程及教学上更好地与早期教育形成一种连续性的统一，将幼小衔接仅仅是学前教育对初等教育的单方面适应变为一种更加合理的双向衔接。

其次，家庭、社区与幼儿园共育逐渐受到人们的重视。在强调发展早期教育与保育的同时，在课程内容规划、设置时，调动教师、家长、社区共同参与。正如前文所述，社会的软硬件设施都成为英国学前教育机构的有益补充。以家庭为切入口，以社区为依托，通过创立友好、互助的氛围，使家庭和社区和幼儿园能够建立真正的合作关系。

三、英国学前教育师资

(一)职前培养

英国幼儿教师的职前教育实行以大学为主导，幼儿教育机构为辅助的培养模式。一般而言，任何学科的大学生需要至少两门主课达到A级，完成三年的本科学习，并修完后续的幼儿教师培训课程，获得教师资格证书(Postgraduate Certificate in Education，简称PGCE)。或者完成四年的本科学习，再继续完成PGCE的进修课程。

PGCE是在英国中小学和学前教育机构执教的必经之路，是为大学本科毕业后，欲从事教师专业的毕业生专门开设的培养教师的一种证书课程，一般全日制课程为一年，是当前英国培训教师的主要途径。该课程要求必须有24周在伙伴学校内进行。英国学年从秋季开始，分为秋、春、夏三个学期。课程的教学实习分段进行，与理论课程学习相配合，二者交替进行。全部课程一般分为三大模块：学科研究(Subject Studies)、专业研究(Professional Studies)和教学实践。

此外，英国许多大学都为欲在从事幼儿教育事业并已获得学士学位者提供培训课程。这些课程在各项教师教育政策的支持下也更加注重幼儿教师综合素质的提升。如英国剑桥大学教育学院的课程分为核心课程、基础课程、专业研究和教学实习四个模块。其中，核心课程包括英语、数学和科学。在这三门课程中，学生主要学习的是与幼儿相关的教学法；基础课程包括艺术、音乐、戏剧、体育、历史和地理、设计、信息交流技术以及宗教教育等科目。专业研究主要包括对儿童发展及学习方式的研究、跨学科主题研究、课堂教学评价等。与课程相同，教学实践也是课程中的一个重要部分，受到英国政府和幼儿教师教育机构的重视。

除了理论学习外，准幼儿教师大部分时间用于教学实习。20 世纪 90 年代后，英国政府更加强调幼儿教师的实习和注册制度。英国政府在其发布的《教学高标准、高地位——教师职前培训课程要求》中规定，四年制的教育学士课程教学实习时间不得少于 24 周；全日制的初等学校教师 PGCE 课程的教学实习时间不得少于 18 周。因此，到目前为止，在 PGCE 课程中，有 50%的课程内容贯穿于教学实践活动中；在课程中，教学实习的时间最少不能少于一年，有些学校甚至将教学实习贯穿于课程的始终。而且，“教学技能”不再是英国幼儿教师教学实习活动的主要目标，“专业素养”已成为教学实习活动所关注的焦点。为了达到此目的，各类幼儿教师教育机构都为学生安排了多种形式的教学实习活动，如见习、实习、双校或多校实习制、运用教育技术手段模拟实习、一对一行为辅导等。

英国 PGCE 课程还实行完善的评价体系。现在的教育实习评价指标体系主要依据 2012 年英国教育部颁布的《教师标准》设置，包括教师的教学标准、教师的个人和职业行为准则两部分，共设 2 项一级指标和 11 项二级指标。每个二级指标下面又分列了教师需要遵守和实现的具体行为准则。课程采用了多种评价手段，比如档案袋评价、自我评价等。要顺利毕业，必须通过两方面的评价：一是按要求完成书面的课程作业，二是展示教育教学能力达到合格教师专业标准中的相关要求。

（二）职后培养

英国为幼儿教师素养的提高不仅出台了政策保障，而且提供多种途径的职后进修。

幼儿教师在职进修的内容呈现出多层次、多样化的特点。如高等院校为有经验的幼儿教师开设的高级学位课程，为非本科毕业的幼儿教师开设的教育学士荣誉学位课程，为其他幼儿教师开设的短期课程等。这些课程都是在园本模式的基础上发展而来的，主要目的是为幼儿教师提供更新知识的机会。

高级学位课程包括文学硕士学位、教育硕士和博士学位。这些课程是为意在成为专家的幼儿教师提供的，主要目的是提高幼儿教师的科研水平并促进教学。教育学士荣誉学位课程由两部分构成，第一部分课程的学习时间为一年，主要内容包括教育和教学原理、教育内容、组织和资源等。在第二部分的课程中，全日制学习者的学习时间为一年，部分时间制学习者的学习时间为两年。这一部分主要是导师根据学生的教学经验对学生所选择的课程提出意见。短期课程是大多数幼儿教师选择参加的在职进修课程，主要目的是为幼儿教师提供最前沿的幼儿教育研究问题和理论知识。

从形式上来说，幼儿教师在职进修的形式并不局限于理论学习。许多学前教育机构还为幼儿教师开展了多种形式的园本培训，如固定培训日、教师会和园际交流等。英国规定，幼儿教师每学期有 5 天固定的时间参加在职进修活动，如参加各种专题讨论会、课程培训和座谈等。教师会由本园或本校教师、大学或教育中心的教师、地方教育部门人员共同参与，共同讨论教师在教学活动中遇到的问题。园际交流则是由为幼儿教师提供在职进修的大学或教师中心组织的不同幼儿园在职培训活动的交流。

第三节　英国学前教育发展动向

一、英国学前教育面临的挑战

(一) 教育公平

英国是一个有着浓厚精英教育传统的国家，英国教育发展的不均衡仍是一个严重的社会问题。虽然英国政府通过诸如“确保开端计划”等一系列学前项目的实施，为消除社会贫困，提高贫困儿童的教学条件及结果迈出了坚实的一步，但学前教育的公平问题仍然任重而道远。教育应使每个人都能发掘自身的潜力，使享受高质量的教育不再是少数人的特权。

(二) 入托难

随着社会的进步，越来越多的英国妈妈不再做全职主妇，英国也没有“隔代教育”的传统，因此幼儿的教育问题也越来越突出，学前教育机构数量的不足已造成了英国幼儿入托难的问题。许多幼儿机构的托管时间也明显不足，有的仅为每天 2~2.5 个小时或是半天，这显然无法满足广大家长的需求。而一些能够提供长时间托管服务的私立幼儿园又由于收费过高而使许多家长望而却步。

(三) 费用高

英国的学前教育并未纳入义务教育的范畴，托儿费用居高不下。虽然实施的“幼儿凭证计划”解决了家长部分的托儿费用，但是与长达几年的托儿需求相比，这笔费用仅能维持几个月的幼儿园托管“体验”，实在是杯水车薪。

(四) 体制不统一

英国的学前教育机构并未实行统一的体制。在教育内容上，有的教育机构以幼儿保育为主，主要负责照料幼儿的饮食起居和身体安全健康，有的教育机构则以幼儿教育为主。由此导致了幼儿入托年龄不固定，有的机构招收 0~5 岁的幼儿，有的机构招收 3~5 岁的幼儿。在教育行政上，国家和地方教育当局，因为职能的划分，在实际的运作中也常常出现各自为政的局面。

(五)幼儿师资

目前，英国的幼儿教师素养虽然大多具有本科学历并取得了相当于硕士学历的教师资格证书，但社会是不断进步发展的，在信息化的时代下，人们对幼儿教师的学历标准提出了更高的要求。此外，英国不同地区因经济发展水平和管理体制的不同，导致幼儿教师的质量也参差不齐。目前，英国并不存在一种统一的幼儿师范教育体系，培养幼儿教师的教育机构有多种类型：综合大学教育系、教育学院、技术学院和艺术教育中心。而不同的幼儿教师教育机构有着不同的体制和做法，所以无论在学制、课程设置，还是在学位授予上，都存在着非常复杂的问题。

二、英国学前教育改革与发展趋势

(一)保教一体化

学前教育既有教育功能，又有保育功能。从 20 世纪 90 年代末开始，英国政府便开始了整合学前教育服务体系的改革，无论是从教育理念到教育实践，还是在保育和教育的整合方面都有了新的进展。

2003 年英国政府颁布的绿皮书《每个孩子都重要：为孩子而改变》就提出，要重新组织儿童服务和家庭服务的方式，建立一个包括教育、健康、社会服务于一体的服务框架，为儿童和青少年获得良好的发展提供保障。2008 年 9 月，《早期基础阶段法定框架》将福利、健康、照顾与教育等需求整合起来，确保为 0~ 5 岁的幼儿提供不同品质的教育和保育服务。

学前教育的“保教一体化”在实践领域也不断得到落实。幼儿教师必须具备专业的幼儿教育理论知识与先进的教育理念，以指导实践。同时，对保教教师提出新的要求，要求教师能够设计新颖的课程，并能拓展日常生活中的学习资源供幼儿使用，课程计划应该认真考虑所有的幼儿，为幼儿和家长提供既有教育功能又有保育功能的服务。此外，英国的学前教育机构也不断地完善功能，根据家长和幼儿的需要，建起里综合性的服务机构，或指导家长的幼儿教育方法，提供保教服务，或根据家庭需要，提供假期和课外的育儿服务。

(二)促进教育公平

英国教育不均衡发展主要体现在学校之间、弱势群体以及学生个体学业成就等几个层面。近年来，英国政府推出了一系列教育改革措施，在实现全国范围内的教育公平方面取得了明显进步。2003 年英国政府的教育绿皮书《每个孩子都重要：为孩子而改变》强调，每一个孩子都是希望和未来，每一个孩子都应当被珍惜和爱护。政府应为所有孩子创造一个涵盖教育、健康和社会服务在内的一体化服务框架，致力于缩小孩子们的发展差距，以充分发展和实现每一个孩子的潜力为目标。英国政府践行教育公平的经验主要体现在以下三个方面。

1. 起点公平

英国政府一直致力于扩大教育选择权，相比于小学就近入学的原则，英国公立幼儿园的扩充显得尤为重要。前文所提到的“确保开端计划”提出应以政府为主导，以社区为依托，和准父母、父母一起促进婴幼儿身体、智力和社会性发展，尤其是那些处于不利地位的儿童(儿童中的弱势群体)，使他们在家庭中和进入学校后能够健康成长，从而打破不利处境的恶性循环，尽可能让每一个孩子都不输在起跑线上。

2. 过程公平

英国政府着力构建政府、社区、幼儿园、家庭四位一体的教育网络，注重学校和家庭、社区的联系。此外，英国重视多元文化，提倡全纳性的幼儿园课程。英国社会的多元发展使幼儿教育也呈现多元化的趋向。早期教育的原则强调，幼儿不能因为种族、文化或宗教、母语、家庭背景、特殊的教育需要、缺陷、性别或能力而遭到排斥或被置于不利地位。教师应学会尊重每个幼儿的独特性，在教育内容和方式上本着尊重所有民族幼儿的理念，考虑不同民族幼儿的文化传统和行为习惯，使幼儿来了解本国文化和别国文化。

3. 结果公平

英国政府实行教育补偿机制，更加关注弱势和特殊群体。为确保每一个孩子能获得公平的受教育权，每一个孩子的潜力能得到充分发展，政府提供大量资金改善残障儿童的服务设施，扩大家庭基金的资助范围，对残障儿童家庭的资助年龄延长到 18 岁。另外，政府鼓励更多优秀教师到具有挑战性的特殊学校工作，以促进教育均衡发展，并为此配备专项经费。针对少数民族孩子，在保证其充分融入英国主流价值观的同时，保持其民族文化根源，聘用专门的老师或设置专门的学校来教授他们本民族的文化、语言、历史。

(三)提升教学质量

1. 设置课程目标

英国的学前教育课程内容的设定以及教学原则等对英国学前教育质量的提高有着重要作用。在屡次的学前教育课程政策中，学前教育课程的核心理念慢慢凸显，即“以幼儿发展为中心”。它们均为这些学前教育课程政策的制定提供了理论基础，并且从宏观上明确了英国学前教育课程政策的方向。

2. 注重课程的综合性与基础性的结合

英国的学前教育机构根据学习活动的不同侧重点，从儿童身心发展的特点和规律出发，注重学前课程综合性与基础性并重。《早期基础阶段法定框架》列出的幼儿知识与技能发展的领域并不是互不相关的，而是交叉联结的。例如在交流、语言和读写领域，将数学、身体、个性、社会学习等领域的内容整合到幼儿阅读的书籍中。在幼儿游戏中，通过拓展与主题相关的问题，培养幼儿自我探索、调查和创新的精神，同时通过专题将儿童的学习与现实生活联系起来，培养幼儿积极学习的兴趣。

3. 注重教学质量，推行科学的教学质量评价标准

从2006年开始，英国政府在全国范围内推行增值性评价模式，不再以及格率、升学率来评价教学质量，而是评估某一所学校的学生在某一段时间内与另外一些学校的相似的学生群体相比，所取得的相对进步情况。这种评价模式也影响到学前教育领域，虽然“幼小衔接”的问题在英国仍是学前教育中的重要组成内容，但教学的目标已经从分数论转向能力论，以书本为中心转向以儿童为中心。这种新评价模式相较于以往更客观、科学，更注重每个儿童个人能力的培养，有利于每个儿童都受到学校重视，潜力得以充分发展。

(四)提高管理水平

1. 加大财政投入，不断完善教育拨款制度

从20世纪90年代工党执政以来，英国政府不断加大对学前教育的投入，为每个有孩子的家庭提供“教育凭证”，使他们能够享受一定时间的免费学前教育。从2003年开始，英国使用新的教育拨款分配公式，在每个计算公式中加入了包含特殊教育需求指标。此外，英国政府还注重教育拨款信息的公开和透明，让大众了解到拨款的分配途径。信息的公开和透明利于社会大众对教育资源使用的公平和效率进行监督。

2. 明确管理主体及主要权责，加强各部门之间的协作

2006年《儿童保育法》作为近十年来英国学前教育最重要的管理政策，对英国学前教育的管理主体及其权责做出明确规定。该法案规定了地方当局在促进英国学前保教事业中的具体权责，使得地方当局在促进英国学前教育质量提高方面有着战略性的领导与保障作用，还使英国学前教育跨部门合作，在巩固“保教合一”的基础上促进其学前教育质量提高。

3. 学前教育进行督导与评价

2006年《儿童保育法》对学前教育管理提出具体督导要求。其一，对英国总督学(Chief Inspector)对英国学前教育发展监督的一般职能做出规定。其二，对学前教育机构的注册要求、注册程序等做出了详细的规定。2008年《早期基础阶段法定框架》着重强调英国教育标准局对学前教育课程的督导与评价，并从不同角度体现出督导与评价对英国学前教育质量提高的重要。

(五)加强师资培养

严格规范幼儿教师准入途径。2000年，英国教育与就业部在其颁布的《英国早期儿

童保教政策》中规定，一名合格的幼儿教师必须参加三年制学位外加一年制的课程或是四年制教育学士的课程。到目前为止，英国许多高校都开展了培训幼儿教师的课程。如剑桥大学教育学院为已获学士学位、致力于幼儿教育者提供了早期教育和初等教育课程；巴斯大学人文社会科学学院的教育系为旨在从事幼儿教育的学生提供了为期四年的儿童、青少年及教育研究文学荣誉学士学位课程；威尔士大学和切斯特大学都设有幼儿教师教育学士学位课程，以培养合格幼儿教师。当修完以上课程后，幼儿教师仅仅获得了教师资格，但还没有在幼儿教育机构任教的资格。只有再参加入职培训并在入职培训期间表现良好、通过考核者，才可在幼儿教育机构任教。

修订教师资格标准。英国政府不断修订教师资格标准，使之紧跟时代步伐和教育发展进程。2002 年颁布的《合格教师：教师资格专业标准和入职教师培训要求》从专业价值与实践、知识与理解以及教学三方面提出了教师应具备的资格标准。该标准是英国幼儿教育机构和地方教育当局评价幼儿教师是否合格的标志，一直沿用至今。

建立全国性的教师资格认定机构。1994 年，教师培训管理署（TTA）建立了一个全国范围内的教师教育质量标准体系，通过该体系对教师教育机构的课程进行认证并提供资助。教师教育机构要想使学生在毕业后获得合格教师资格，必须获得的认证；而新的教师教育培训机构要想获得资格认证，也必须符合 TTA 颁布的课程标准（如合格教师资格标准）和质量标准。除 TTA 以外，教师教育机构还要受到教育标准办公室（OFSTED）的监督，主要负责教师教育机构的质量评定和等级评定。TTA 和 OFSTED 只负责对教师教育机构进行监督，并不负责合格教师资格的授予。合格教师资格的授予权掌握在教育部手中。

（六）适度的幼小衔接与儿童的可持续发展

英国的幼小衔接也经历过灌输式教育阶段，但从 20 世纪 90 年代开始，“入学准备”渐渐被“幼小衔接”所替代。幼小衔接也不断趋于科学化、合理化，不仅注重儿童的知识技能，而且注重儿童社会性及情感的发展衔接，着眼于儿童的可持续发展。教育观念不断发展变化，越来越强调以儿童为中心。幼小衔接更加强调早期教育与初等教育双向的适应与融合，以一种宏观的视角构筑早期教育与初等教育在课程、环境、文化及儿童社会性与情感等多方面、多层次的衔接，而不单单是早期教育在儿童知识结构与能力方面对初等教育的单向适应。现在英国的幼小衔接着眼于儿童的可持续发展，不是单纯地关注儿童短期内知识技能及各方面发展的提高，而是将儿童的未来发展及整个人生的幸福与价值作为最终的落脚点，由此来作为提升国家教育质量的根本。

（七）构建社会支持系统，家庭–社区的参与协作

教育是一项系统工程，其中的各项因素是相互作用、相互依存的，任何教育问题的

产生都不是其中某单一因素所导致的，其解决也非某单一因素所能独自完成的。家庭、幼儿园和社区作为儿童教育过程中的三大重要影响因素，它们之间的合作具有重要意义。

以前文所述的“确保开端计划”为例，该计划以家庭为切入口，以社区为依托，通过支持、教育脆弱的家庭和儿童来达到重建社区、改良整个社会的目的。家庭在项目中承担着一个非常重要的角色，它既是项目的管理实施者，又是项目的直接受益者。为了保证家庭的积极参与，确保开端项目非常强调环境的创设，可以说这是英国诸多家庭支持项目的一个共同特征。计划的组织和实施都强调整个社区的积极参与。在地方上，它是由志愿者和社区组织、保健工作者、地方政府、教育者以及家长共同合作管理实施的。在这个过程中，所有的参与者都是平等的，都有权利来参与规划、组织和实施项目。幼儿园和政府只是社区中的一分子，在整个项目中，他们的地位和参与机会是与其他合作者同等的。

此外，社区参与学前教育也在一定程度上体现出英国政府对弱势群体与贫困儿童的高度关注与扶持，为家长解决了后顾之忧，鼓励并保障家长积极就业，也让家长及社区的作用体现在儿童早期教育的发展过程中。同时，从长远角度来说，这也为幼儿发展创设了良好家庭与社区环境。社区的复杂性、环境的不稳定性及教育的非正式性等特点也决定了这一社会支持系统在实施过程中的艰巨性。

本章小结

英国是近代第一个进行幼儿教育实验的国家。1816 年，欧文在新拉纳克创办了幼儿学校，专门招收 2~6 岁的幼童。这所学校标志着世界上第一所专门的学前公共教育机构诞生。1851 年，流亡英国的政治家哈勒斯·伦克夫妇将幼儿园制度引入英国，从 1854 年起，开始招收英国家庭的幼儿，并改用英语进行教学。1840 年开始，英国政府开始对幼儿学校进行补助。1870 年，英国政府颁布《初等教育法》，标志着英国公立初等教育制度正式得到确立。自此，英国的幼儿教育机构出现了双轨制：一种是“幼儿学校”，以收容工人阶层和贫困家庭子女为对象；另一种是“幼儿园”，以招收社会中上层阶级的子女为对象。1913 年，麦克米伦姐妹创办了保育学校。1918 年的《费舍法案》建造起公共教育这一平台。第二次世界大战后，英国出台了多部法案促进学前教育的发展。

在英国的教育传统上，国家并不对公共和私立教育进行过多干涉。但近年来，英国逐步加强了中央政府对教育的宏观调控。但地方教育当局仍然有较大的自主权。英国已形成了政府、社会、家庭、学校四位一体的学前教育体系。

根据兴办部门的性质，英国的学前教育机构可分为公立和私立两种。公立学前教育机构又可分为几种类型：一是由教育部门兴办的学前教育机构，如保育学校、托儿所、幼儿学校、幼儿班和小学附设的托儿所；二是由福利部门兴办的学前教育机构，如托儿所、幼教中心等；三是由卫生保健部门兴办的学前教育机构，如游戏小组等。私立的学前教育机构也有多种形式，如托儿所、亲自团体、保育学校、假日社团等。

自20世纪90年代以来，英国政府先后出台了多项学前教育改革政策和基础教育阶段课程指南，经过不断的整合和修订，推动了英国学前教育事业发展。《早期基础阶段法定框架》涵盖了0~5岁儿童的教育与保育，包括以下内容：个性、社会和情感发展；沟通与语言；身体发展；读写；数学；理解世界和艺术表现与设计。

英国幼儿教师的职前教育实行以大学为主导，幼儿教育机构为辅助的培养模式。英国PGCE课程实行完善的评价体系，教育实习评价指标体系主要依据2012年英国教育部颁布的《教师标准》设置，包括教师的教学标准、教师的个人和职业行为准则两部分，共设两项一级指标和十一项二级指标。英国为幼儿教师素养的提高不仅出台了政策保障，而且提供多种途径的职后进修，进修的内容呈现出多层次、多样化的特点。

比较与思考

1. 简述英国学前教育发展的历史脉络。
2. 英国学前教育有什么特点？面临哪些问题？
3. 英国幼儿教师的培养有哪些举措和借鉴意义？

推荐阅读

1. 顾明远、梁忠义：《世界教育大系·英国教育》，吉林教育出版社2000年版。
2. 霍力岩：《美、英、日、印四国学前教育体制的比较研究》，北京师范大学出版社2013年版。
3. 王承绪，徐辉：《战后英国教育研究》，江西教育出版社1992年版。
4. 周小虎：《为了儿童的利益——美英学前教育政策比较研究》，山东教育出版社2015年版。

资源链接

英国教育部：https://www.gov.uk

下章预习重点

1. 法国学前教育机构的类型、特色。
2. 法国学前教育课程设置。
3. 法国学前教育的师资培养。

第三章　法国学前教育

学习目标

1. 教学重难点：法国国情、历史发展和世界地位对其学前教育的影响；法国学前教育制度的主要特色；法国学前教育未来发展态势。

2. 学习要求：了解法国学前教育的历史进程，熟知法国学前教育制度的特点，知晓法国学前教育制度的发展趋势。

内容提要

法国也是世界上较早开展学前教育的国家，从18世纪70年代开始便出现了最早的幼儿教育机构“编织学校”。当今法国的学前教育是一种多功能、综合性的教育模式，它承担着教育、诊断和治疗三种职能。

法国的学前教育机构类型有母育学校、托儿所(日托中心)、幼儿班、流动车等。

法国公立学前教育机构实行的是免费政策，就近入学。国家对学前教育机构建立了严格健全的督导制度和立体化的学前教育管理体系。

当今法国政府十分重视幼儿教师的培养和培训，教师的准入制度比较严格，幼儿教师和小学教师同属于初等教育师资队伍，幼儿教师的待遇与公务员相同。

法国的全称为法兰西共和国(République française)，是欧洲国土面积第三大的国家，与多个欧洲国家接壤，三面临水，南临地中海，西濒大西洋，西北隔英吉利海峡与英国相望。法国是欧洲四大经济体之一，是联合国安理会五大常任理事国之一，也是欧盟和北约创始会员国、申根公约和八国集团成员国。法国也是世界上较早开展学前教育的国家，从18世纪70年代开始便出现了最早的幼儿教育机构“编织学校”。到了19世纪，法国通过一系列法令的实施，将学前教育纳入政府的国民教育事业之中，逐步确立了近代学前教育制度。20 世纪后，随着欧洲新教育运动的兴起，法国的学前教育有了较快发展。

第一节　法国学前教育历史承续

一、法国学前教育的萌芽

法国的学前教育机构最早诞生于 18 世纪末，随着时代的发展，衍生出托儿所、幼儿园、母育学校等形式。到 19 世纪末，法国已经基本确立了学前教育制度，将其纳入了国民教育体系。

(一)编织学校

法国最早的幼儿教育机构当属奥伯林于 1776 年创办的编织学校。奥伯林是一名牧师，1766 年来到法国东北部的斯泰因达尔(Steintal)担任沃尔德斯堡教区的牧师。在这里，他对当地居民的贫苦生活产生了深深的同情，采取很多措施帮助他们改善生存状况。当他看到这一地区的贫民家庭的子女大多无学可上，甚至到了目不识丁的境地，决定开办一所学校来培养这些贫苦儿童。1770 年，奥伯林创办了编织学校，主要招收 3～7 岁的幼儿。根据当地的实际情况，奥伯林认为，这所学校应该将提供的实用性劳动技能与传授一定的知识相结合，因此，编织学校采用的是“劳动教育”模式。学校配备两名教师，一名担任手工技术指导，另一名则负责教授文化知识和带领幼儿游戏。学校的课程设置包括劳动技能和文化知识两大部分。劳动技能包括：编织、缝纫、采集等；文化知识课包括：法语、宗教、歌唱、算术、绘画、地理等。由于师资和经费紧张，学校每周只开放两天，主要传授一些基本的技能和知识。

在奥伯林的影响下，当地的附近村庄也开办起同类型的学校，对英国、德国的幼儿教育产生了一定影响。

(二)保育中心

1826 年，受英国的幼儿学校的影响，巴黎第 12 区的区长柯夏(Cochin)在巴黎创办了第一所日间看护中心，招收 2 岁以上的幼儿，主要对他们实行保育，照顾他们的饮食起居，此外还进行一定的宗教和道德启蒙教育。

(三)托儿所

1833 年，《初等教育法》(即《基佐法案》)颁布，提出政府应重视儿童早期阶段的培养。从此以后，法国政府开始将学前教育作为促进初等教育发展的重要基础。

1835年，法国又颁布了《关于在各县设立初等教育特别视学官的规定》，提出视学官对幼儿教育机构具有视察和监督的权力，这也是法国政府正式管理幼儿教育机构的肇始。此外，政府还加强对托儿所的财政支持。1835年，公共教育部支出25900法郎资助托儿所。1840年，法国设立了由国库支持的托儿所基金，全国的托儿所数量有了飞速增长。除了个别县以外，各个县都设立了托儿所，招收了大量适龄儿童。

1836年，教育大臣布雷发布文件，明确指出，托儿所属于政府公共教育部门领导，与其他的初等学校是一样的，接受城市、市镇、乡村教育委员会的领导。这是法国托儿所发展历史上的里程碑，它标志着始于奥伯林的幼儿教育机构从私人的、慈善性质的机构向公立的、国民教育性质的幼儿教育机构的转变，成为法国政府全民教育体系中的组成部门，纳入国家学制的轨道。

1837年，法国政府颁布了有关托儿所管理和监督体系的规定，明确了托儿所的性质分公立与私立两种，规定了基本的教学内容，对师资提出了具体的要求，并且设立视学官制度对其进行监督。这是法国政府将幼儿教育机构正式纳入国家教育行政管理体制的开端。

1844年，巴黎官员马尔波(Marbeau)提出，现存的幼儿教育机构几乎都是针对年龄在3岁以上的幼儿，而缺乏为低幼婴儿提供的保育机构。在他的推动下，同年11月，婴儿托儿所在巴黎开办，招收15天至3岁的婴幼儿。婴儿托儿所得到了政府的财政支持，受到了社会的欢迎。马尔波的幼儿教育思想也传至其他国家，引起了其他国家的效仿。

1855年，皇帝拿破仑三世颁布托儿所敕令，将托儿所确立为国家为幼儿开办的正式的教育机构，肯定了托儿所在幼儿保育和教育中发挥的正面作用，还规定了托儿所的教育内容及规章制度。

(四)幼儿园

世界上第一所幼儿园是德国幼儿教育家福禄培尔于1837年创办的。在别劳夫人的大力推广和法国政府的支持下，这种幼儿教育制度在19世纪中叶被引入法国，极大地影响和改观了法国的幼儿教育制度。

1855年，在福禄培尔去世三年后，他的挚友别劳夫人却一直没有放弃宣传和推广他的幼儿园理论和实践。她来到了法国，并且一待就是三年，不遗余力地向法国政府和民众介绍福禄培尔的幼儿教育思想和幼儿园教育法。在她的不懈努力下，法国政府批准了有关引入福禄培尔幼儿园的提议，并以先试点后推广的方法，逐渐确立了全国性的幼儿园制度。

(五)母育学校

凯果玛(Kergomard)是一名杰出的女性教育家，1879年，她被政府任命为托儿所的视学官。在工作中她总结出当时幼儿教育机构存在的问题，她认为，幼儿教育机构不应当将知识的灌输作为主要的教育目标，而是应当像母亲那样，使儿童多了解外部世界，完成从家庭生活到学校教育的过渡。她致力于改善这些不良现象，积极促进法国学前教育机构的改革，倡议将托儿所改造为“母育学校”，并将其纳入国民教育体系。

在她的推动下，1881 年，法国政府颁布了教育法令，宣布将全国的所有幼儿教育机构统一改称“母育学校”，并将其纳入公共教育系统。母育学校招收 2~6 岁儿童，不分性别混合编班，实施“母性养护及早期教育”，教育内容包括：语言、绘画、读、写、算、德育、唱歌、日常生活知识等内容。而最大的进步则是宗教教育的取消，这是法国近代教育世俗化的重要举措，充分体现了《费里法案》中有关国民教育“世俗化”的主张。这一法令的颁布成为法国幼儿教育史上的另一里程碑，不仅统一了全国的幼儿教育机构的名称，而且将其正式纳入了国家公共教育体系。1887 年，法国政府又颁布法令，规定拥有 2000 名居民以上的市镇都要建立母育学校，并规定了母育学校的职能和设施。

二、法国学前教育的初期发展

19 世纪法国学前教育制度的发展为其在 20 世纪的发展奠定了基础。尤其是母育学校的建立，使学前教育成为国民教育体系的组成部分。20 世纪后，法国政府多次发布教育政令，对学前教育进行指导。

1905 年，教育部长指出，当前法国的母育学校过分强调知识灌输，这是不对的，母育学校应该重视儿童德智体的全面发展，鼓励招收无人照料的孤儿和流浪儿童。1927 年，法国政府再次发文，对母育学校的设施进行了详细规定。

到第二次世界大战前，法国的学前教育已经有了扎实的基础，大部分适龄儿童能够得到学前教育。公立的学前教育机构实行免费制度，2 岁以上的幼儿即可进入。

三、战后法国学前教育的发展

第二次世界大战结束后，法国的教育迎来了又一个春天，学前教育事业也稳步发展。1947 年，《郎之万——瓦隆教育改革方案》出台，提出了战后法国教育改革的 6 大原则：(1)社会公正原则；(2)各种类型的教育和训练方式，居于同等地位；(3)普通教育是一切专门教育和职业教育的基础，学校应该成为传播普通文化的中心；(4)学校教育应该重视学生的才能、兴趣、禀赋的发展，并给以科学指导，使学生能够适应社会的需要；(5)建立单一的前后连贯的学校制度，义务教育的年限是 6~18 岁，各级教育实行免费；(6)加强师资培养，提高教师地位。它所提出的“教育民主化”思想对法国教育具有深远的影响，为法国教育改革指出了方向，被称为法国教育史上的“第二次革命”。

20 世纪 50 年代，刚刚恢复和平后，法国政府即着手改革国内教育，特别注重人才的早期教育。1957 年，法国政府将小学入学年龄从 6 周岁提前至 5 岁 9 个月，兴建了许多新的母育学校。

20 世纪 60 年代以来，法国的教育改革主要集中在课程改革上，以综合教育取代分科教育。为了培养人才和出于幼小衔接的考虑，母育学校的课程也进行了相应调整，课程分为三类。第一类是知识课程，上午进行，每周 15 课时。第二类是启蒙课程，下午进行，每周 6 课时。第三类是体育课程，下午进行，每周 6 课时。这一时期的学前教育重视的是具体文化知识的学习，不仅学习时间最长，而且课程门类多样，包括读、写、算等，是小学的预备班。

20 世纪 70 年代后，法国教育改革非常重视公立学前教育的发展，并将之作为国家的重要任务之一。1975 年，法国出台了《哈比教育法》，规定了学前教育的目标，重视儿童的平等受教育权。

20 世纪 80 年代，法国政府更加重视学前教育，将其视为发展国家教育事业的根基。1986 年，法国政府颁布了《幼儿学校：作用与任务》，1989 年颁布了《教育方针法》，更加明确了学前教育的目标，将幼儿的智力、身体启蒙教育，感觉和实践能力的培养作为学前教育的重点。此外，政府还加大了对学前教育的经费投入，使适龄儿童的入学率稳步增长。1989 年，法国颁布《教育指导法》(又称《若斯潘法》)规定，3 岁以上的幼儿都可以进母育学校或离家最近的幼儿班；弱势环境下的 2 岁幼儿可优先入校。

20 世纪 90 年代后，法国的学前教育更加重视幼小衔接，并出台多项教育改革措施。1989 年的《教育法案》重新规定了幼儿学校的总目标。1990 年颁布的《教育法案实施条例》，把学前教育和小学教育作为一个整体加以规划，把传统意义上的学前教育和小学教育整合为相互关联的三个阶段：启蒙学习阶段(学前教育阶段第 1、2 年)、基础学习阶段(学前教育阶段第 3 年和小学 1、2 年级)和深化学习阶段(小学 3、4、5 年级)。1995 年法国《幼儿学校教学大纲》颁布，对幼儿教育课程改革提出了新的目标。为进一步保障幼小衔接，2005 年颁布的教育法重新规定了学前教育的使命是“掌握学习基础知识的工具和方法，为孩子在小学学习核心知识做好准备，教会他们社会生活的基本原则”。

第二节　法国学前教育现状

一、法国学前教育体系

当今，法国对学龄前儿童教育的重视程度可以用“细致入微”来形容。每个城市按人口数量设立幼儿园。通常情况下，小城市一个或几个居民区设一个幼儿园，大城市有的居民区可设两个以上的幼儿园。每个公立学校的设备都由市里统一安排，法国的学前教育已形成了完整、成熟的教育和管理体系。

(一)学前教育机构

在法国，学前教育不属于义务教育范畴(义务教育阶段为6~16岁)，但却是初等教育的重要组成部分，因此法国对3~6岁幼儿实施非强制性的免费教育。所谓“非强制性”是指家长有权决定是否让幼儿接受学前教育，但年满3岁的幼儿家长只要有需要，政府及公立幼儿园就有责任让幼儿接受免费教育。这种政策保证了较高的儿童入园率和学前教育水平。法国的学前教育机构沿袭了传统的托儿所、母育学校和幼儿班制度。

1. 母育学校

母育学校是法国最重要的学前教育机构。如前文所述，它原本是一种慈善性质的儿童教育机构，到19世纪80年代，在凯果玛的推动下，母育学校由私人和慈善性质的学校变为国民教育体系中的重要组成部分。母育学校的最初设立目的是帮助儿童完成从家庭生活到学校教育的过渡。1976年颁布的法令则将学前教育的目标调整为保育、教育和学前准备三个方面：“母育学校应有助于儿童的身体、智力和情感方面的个性品质发展；要引导儿童运用各种表达方式，为今后的小学教育做准备；促进儿童早期发展，并从教育方面处理存在的障碍，使他们在以后的学习过程中实现机会均等。”① 1986年，国民教育部《母育学校：作用与任务》报告进一步重申了这一目标：“母育学校的总目标是使儿童的各种可能性得到发展，以形成其个性品质，并为他们提供最佳机会，使其能在学校学习和社会生活中获得成功。”②并且提倡让儿童尽早入学，2岁即可上母育学校。

母育学校重视幼小衔接，建立了三阶段教学制度。2~6岁的儿童即可申请进入母育学校，按照年龄，被分为三组：小班2~4岁，中班4~5岁，大班5~6岁。母育学校采取保育教育相结合的原则。游戏与活动是其主要的教学方式，鼓励儿童参加各种户外活动。在课程的设置上，有生活常识、游戏、艺术活动、体育活动等。根据不同的年龄组，各个课程的侧重也有所不同。

母育学校非常重视以人为本，重视儿童自身发展的规律，强调良好的环境对人身心发展的影响。因此，母育学校的校园环境都是经过精心设计的，环境创设别出心裁，根据儿童身心发展的特点来布置教室。

母育学校实行半开放式的组织管理模式。母育学校向家庭开放，实行家园共育。学校经常要求家长参加班级管理，组织师生见面会，还会组织形式多样的互动，如沙龙、俱乐部等。

2. 托儿所(日托中心)

托儿所是一种强调保育的幼托机构，招收3岁以下的婴儿，一般是白天为有需要的家庭提供照料婴幼儿的服务，接受教育部门的领导和监督。托儿所一般集中在大城市，

---

① 陈元：《法国基础教育》，广东教育出版社2004年版，第21-58页。

② 顾明远、梁忠义：《世界教育大系·法国教育》，吉林教育出版社2000年版，第222-225页。

大多数由地方行政部门或非营利性组织负责运营，也有部分是由家长合作社或公司负责运营。这些托儿所全天开放，一年四季如此。机构内部的人员分配比率为1个成人负责8个会走路的儿童。

3. 幼儿班

法国的幼儿班多附设于小学，招收3~6岁的幼儿。其形式类似与母育学校，多存在于农村地区，是学前教育机构的有益补充。

4. 流动车

作为“自由、民主、博爱”的代表，法国的学前教育处处体现了社会平等。政府为了保障弱势群体儿童的受教育权，可谓是不遗余力。“流动车”制度就是针对那些偏远地区、不便上学的儿童提供的学前教育方式。即采用送教上门的方式，使这些地区的儿童也能接受早期教育。

(二)法国学前教育管理

1. 学前教育政策

法国政府规定，对于有接受学前教育需要的年满3周岁的幼儿，其家长可向当地教育部门注册登记，由相关部门按照就近入学的原则分配园所。如果家长想选其他公立学前教育机构，则必须有特别充分的择校理由，且需经过教育部门严格审核。

公立学前教育机构实行的是免费政策，家长不需要缴纳学费，但需要承担孩子的午餐费、校外托管费等，各个幼儿园一般都会给孩子准备午餐和下午的加餐，此项费用并不高，每月约为几十欧元。幼儿一周在园时间通常为26个小时，这既照顾到了幼儿的社会发展需要，也照顾到了家庭在幼儿成长中的重要作用。幼儿入读私立学前教育机构，家长需要先向有意就读的园所提出申请，等待园所的负责人与家长进行面谈之后再决定是否录取。私立园所的学费每月大约300~600欧元不等，这些费用主要用于维护校舍和宗教教理教育，而所有维持学校运转和教学工作的费用都由国家和市政府或地区行政机构负担。

在学前教育发展的过程中，法国通过历次改革，建立起立体化的学前教育管理体系。在政府层面上，法国教育部负责总领全国学前教育，其他政府部门协助管理。在社会层面上，教育部长任命学前教育总督学负责学前教育事务。学区、各省及地方各级政府设有相应的学前教育督学，具体负责相关政策的落实，保障各级学前教育机构顺利运行，在机构和人员设置上保障了学前教育专人负责和专门管理。在园所层面上，学前教育机构内设有管理机构——学校委员会，由校长、市长或市长代表、经市政委员会任命的市政委员和学校教师等组成。此外，学前教育机构还设教师年级理事会，由幼托机构的所有教师组成，负责学校内部的正常运行。这种责任到人、分级管理、层层落实的管理机制有力地保障了法国学前教育的发展。

为了保障国民教育的均衡发展，法国政府从1981年就开始实施学前教育扶持项目——“教育优先发展区”计划。迄今共建有558个“教育优先发展区”，国家采取特别扶持政策，在经费、师资、设备等方面给予特别支持。在这些区域服务的教师有数量可观的额外津贴。学前教育也在“教育优先发展区”计划的普及行列，法国政府通过政策倾斜的措施从而进一步保障了学前教育的均衡发展。

2. 经费保障

法国国民教育资金主要来源于国家财政和地方财政，其教育开支占国内总产值的6.2%，高于发达国家的平均水平。学前教育虽然不属义务教育，但政府也大力予以资金保障。法国政府对学前教育的投入保障体现在两个方面：一是政府包揽了学前教育人员的工资。国家负责教学人员、教育行政管理人员及后勤人员的部分培养费用。在进入教师职业以后，政府承担学前教师的全部薪酬支付。二是国家负责购买学前教育机构设施、设备。法国公立学前教育机构的设施、设备及其维护由国家投入，地方市政当局负责学校的基础设施、校舍维护、学校设备购置及操作的经营，包括课前和课后孩子们的看管、活动中心运行和饮食提供。学校财产为市政当局所有，校长受政府委托负责管理学校人员和财产安全。

3. 监督制度

法国非常重视受教育权的平等，因此学前教育机构之间没有等级划分，它们的声誉取决于督学的评语。法国为此建立了严格的督导制度。

法国的教育管理体制是中央集权式的，最高的教育督导部门为国民教育部，其下设多个学区，各学区设有教育行政机构并设有多个督学，在学区长的统一领导下负责学区内所有学校的质量监控和评估工作。学前教育也由学区分管的督学领导，幼儿教育机构负责人在行政等级上并不高于其他教师，只是受督学的委托，负责一线的教学管理，协调督学与教师、幼儿教育机构与家长的关系。

法国督学制度完善，各区督学会定期或不定期地到学校对教师进行督导考核。督导考评的内容非常细致，评分标准严格，督导的评语是直接与教师的待遇挂钩的，如果一位教师三次被督导评定为成绩不佳，那么他的退休待遇将大大缩水。

二、法国学前教育课程

法国的学前教育是一种多功能、综合性的教育模式，它承担着教育、诊断和治疗三种职能，这在1975年的《哈比法案》中就有明确规定，并一直沿袭下来，成为法国学前教育重要职能。在这种职能体系的引导下，法国的学前教育机构强调保育与教育相结合，在课程设置上十分重视多样化，例如，日常生活技能、知识文化、体育、游戏、艺术活动、科技活动等，力求为儿童创设一个宽松的大环境，使儿童在轻松愉悦的氛围下动手、动脑，手脑并用来思考和解决问题，发展各项技能。

（一）总体目标

法国的学前教育目标是以儿童为出发点，根据儿童成长的阶段和需要来制定相应的课程和发展目标。从总体上讲，目标是促进儿童的智力、身体、情感和性格的和谐均衡发展，激发儿童的学习兴趣，培养儿童的社会交往能力，自我管理能力和欣赏艺术与表达的能力。法国学前教育的目标主要包括以下几个方面：第一，锻炼儿童的身体，发展儿童的动作，增强儿童的体力，促进儿童身体的健康发展。第二，培养儿童自我服务的能力，发展儿童的独立性，提高儿童的交往能力，使其学会关心别人，友爱别人，能与人分享、协商和合作。第三，激发儿童的求知欲，培养儿童的学习兴趣、学习习惯、探索精神和口语表达能力，为读写算做好准备，发展儿童解决问题的能力和创造力，提高儿童的思维水平，充分发展儿童的各种潜能。第四，培养儿童的乐感、绘画能力和手工制作能力，发展儿童对美的欣赏能力和表达能力。第五，增强儿童适应环境的能力，使儿童懂得民主、科学，学会遵纪守法，发展健康的人格，以增进人类的幸福。

(二)分类课程

在法国，无论是公立学校还是私立学校，其教育都必须遵照国民教育部制定的《教学大纲》展开，但课程内容以及教育教学的方法、手段则由教师决定和自主编制。私立幼儿园的课程内容除了大纲所要求的内容外，还会增加一些内容。

与此相应，法国幼儿园的课程通常分五个板块：智育课程、社会课程、科技课程、体育课程和艺术教育课程。这些课程的设置并非完全孤立和封闭的。法国幼儿学校必须向家庭开放，并与之建立和保持彼此信赖的关系。另外，结构化学习也是法国学前教育课程的特点之一，强调结构化而非系统化的学习，尊重儿童的自我经验、需要及发展的连续性。教师的任务在于了解并尊重幼儿的生活节奏和学习节奏，帮助他们走向经验的有序状态，形成完整、健全的自我概念。结构化而非系统化的学习必然要求课程按活动领域而不是按学科门类进行运作。

(1)智育课程：注重激发儿童的求知欲，培养儿童的学习兴趣、学习习惯、探索精神和口语表达能力，为读写算做好准备，同时努力发展儿童解决问题的能力和创造力，提高儿童的思维水平，充分发展儿童的各种潜能。智育包括口头表达能力、书写、阅读、计算和生活常识等课程。因为儿童的注意力并不持久，所以每节课的时长为20分钟。

(2)社会课程：注重培养儿童自我服务的能力，发展儿童的独立性，提高儿童的交往能力，使其学会关心和友爱，能与人分享、协商和合作。此外，法国学前教育还强调增强儿童适应环境的能力，使儿童懂得民主，学会遵纪守法，发展儿童健康的人格。

(3)科技课程：包括发现生命世界、物质世界和时间空间等，培养幼儿的发现、探索、思考和创造能力，让幼儿在手脑并用的课程中，认识了解自然与世界，获得有关科学方面的基本常识。

(4)体育课程：法国学前教育强调锻炼儿童的身体，发展幼儿的运动能力，增强幼儿的体质，促进幼儿身体的健康发展。体育课程包括跑、跳、攀登、投掷、体操等活动。

(5)艺术教育课程：注重培养儿童的乐感、绘画能力和手工制作能力，发展儿童对美的欣赏能力和表达能力。法国教育部艺术教育大纲明确规定：幼儿园阶段的美术教育重点是引导儿童观察和触摸各种形状物体和材料；鼓励儿童进行视觉和色彩的探索，并适当培养印制、绘制、着色和拼贴能力；通过展示和讲解不同的线条、形状、色彩、肌理、空间，从自然的角度，引导儿童学习空气、土地、水、火、树木、房屋等概念。基于此，法国的幼儿教育机构不仅提供丰富的材料以丰富表现形式，增进幼儿对材料的体验，还经常安排幼儿外出参观、走进大自然，拓展视野。

(三)幼小衔接制度

为加强母育学校和小学的一体化，完善幼小衔接，确保学习机会均等，同时又保证儿童教育的个性化，法国政府于20世纪90年代在母育学校和小学教育中建立起一项新的教学组织形式——“教学阶段”。

法国的母育学校是附设在小学里的，根据小学的教学模式来安排课程。学生按照年龄进行分阶段教学：(1)启蒙教育阶段，也叫做“前学习期”，包括的小班(2~4岁)和中班(4~5岁)。(2)基础教育阶段，包括母育学校的大班(5~6岁)和小学的前两个年级。(3)深入教育阶段，包括小学最后三个年级的儿童。“教学阶段”的实验和改革具有创新意义，在每个阶段内，教学活动都以尊重学生的能力和水平为前提，将同一学科或同水平的学生分为一组，进行分组教学。因此在同一学习阶段内，在一定程度上弱化了年级的概念。对于学习能力强，接受新知识较快的学生，允许他们缩短学习年限，只要达到了这一阶段的学习要求和目标，就可以提前完成这一阶段的学习计划。而对于接受能力较差，学习有困难的学生，可以放慢学习进度，将原来三年完成的学习计划延长至四年完成。

“教学阶段”制度的指导思想的核心是重视学生的个体差异。它在明确的阶段学习目标的保障下，注重儿童的智力、生理和心理等方面的发展特点，有利于针对学生的不同特点进行因材施教，有效促进幼儿教育与小学教育的一体化。放慢学习进度不同于传统的留级，不是单纯意义上的重复上一年学过的内容，而是寻找到一个适合自己的学习节奏，不断巩固加强薄弱学科和环节的学习，顺利地完成一个阶段的学习目标。正是在此目标的规范下，法国的幼儿教师要花很多时间来研究每个阶段儿童应达到的具体能力和水平，为每学生制订一份周期计划，学校保障学生在这一周期内受到教育和教学，从而保证了“教学阶段”制度能够井然有序地实施。但值得一提的是，“学习阶段”制度的推行实际上是使学前教育和小学教育一体化了。但是这种制度并非是一种行政制度，它并没有代替传统的母育学校和小学的划分，也没有代替传统的班级划分。

三、法国学前教育师资

法国公立学校，包括公立幼儿教育机构的教师都属于国家公务员，其录用有一套严格的程序。幼儿教师的学历资格为大学三年以上，才有资格参加公开的竞争性公务员考试，政府择优录用。此外，法国的幼儿教师与小学教师是一起培养的，因此可以互换。入职后，按照国家规定，所有教师必须定期接受职后考核与督导检查，评价结果与教师的工资、晋升、调动等直接挂钩。

(一) 幼儿教师的职前培养

法国对幼儿教师实行严格的管理与师资准入制度。法国一直以来非常重视师资培养，教师的准入制度比较严格。

早在 1833 年颁布的《基佐法案》中就提出设置初等师范学校，但当时的初等师范学校是为培养小学教师而设立的。1879 年，国家正式将学前教师的培养纳入国家师范教育，国民教育部长费里声明：每省必须设置初等师范学校，以满足小学和学前教育机构对教师的需求。从 1887 年起，国民教育部规定，母育学校的校长和教师由师范学校培养，在获得证书后持证上岗。在此后一个世纪，法国学前教育教师和小学教师合称“初等教育教师”，培养机构、内容、方法和过程都是一样的，所获得的证书也相同。1889 年，法国公立学校的教师获得公务员身份，由国家统一分配。为提高师资水平，1989 年法国颁布了《教育发展方向指导法》，规定建立专门化的教师教育机构——教师教育大学院(Insitut Universitaire de Fomation Matres)，把中学、小学和幼儿教师的选拔与培养纳入统一轨道。新型教师教育机构实行“3+2”培养模式，即新教师必须在获得学士学位的基础上，在教师教育大学院接受 2 年教育专业训练，通过竞争激烈的考试和相关考核才能获得资格证书。这一改革同时将学前教育教师、小学教师和中学教师的学历要求与培养年限、工资待遇等提高到同一水平。

现今，法国的幼儿教师和小学教师同属于初等教育师资队伍，若取得初等教育教师资格需参加学区举办的招聘考试，报考者需具有硕士文凭或同等学力，被录用后再到所在学区的教师教育大学院接受为期两年的培训，而后到幼儿园实习，期满 1 年经考评通过方可正式聘用。在法国，教授 3~10 岁学生的教师都是全科教学，因此可以互换。法国教师聘用制度严格，一旦录用不会轻易解聘。教师入职后，按照国家规定必须定期接受职后考核与督导检查，评价结果与教师的工资、晋升、调动等直接挂钩。从 2010 年开始，法国实施新的教师培养制度，即“硕士化”教育，新教师的学历起点提高到硕士层次。学前教育教师也必须获得硕士学位，通过教师入职竞争考试后，方能成为教师。法国这种统一、严格而逐渐提高的教师资格证书制度，严格把住了初任教师的质量关。此外，法国还设立地方学前教育教师协助中心，为教师提供专业咨询或协助。

与此同时，教师待遇得到进一步提高。师范生无论是学习何种专业，在教师教育大学院的第一年享受公费教育，通过第一年结束的教师资格考试、获得实习教师资格后，就获得了准公务员身份，并享受公务员工资待遇。第二年，师范生需要到学前教育机构进行实习，并且实习期间享受正式员工同等的薪水。

(二) 幼儿教师的职后培训

法国对教师的职后培训也相当重视。法国教育部规定：每个初等教育教师(包括幼儿教师)，从工作第五年起至退休前五年，有权带薪接受累计一学年(36周)的继续教育。这项措施旨在使教师“充电”，更新知识，提高教学能力，了解当前与教育相关的各种理论、观念的发展状况。在法国，每个教师每年必须完成不少于18小时的继续教育培训，培训途径多样。教师可自主选择，培训费用由学校支付。职后培训分为短期(1个月以内)、中期(3个月以内)和长期(12个月以内)的培训。

第三节 法国学前教育的发展动向

一、法国学前教育面临的挑战

(一) 地区发展不平衡

虽然法国非常重视学前教育的公平性，政府也采取了多种立法和财政措施保证各地学前教育的发展，但由于城市与农村差距的存在，不同地区间经济发展水平的不均衡，导致实际生活中，各地学前教育的水平、内容都存在不同程度的差别。

(二) 学前教育未纳入义务教育范畴

学前教育是初等教育的重要组成部分，虽然是免费教育，但还未纳入国家义务教育的范畴。因此，幼儿是否接受学前教育全凭家长决定，这也造成了某些经济条件较差的家庭为了节省开支，不送孩子进入学前教育机构，影响了孩子的早期培养。

(三) 幼儿园小学化倾向

法国学前教育中的“幼小衔接”既是其一大特色，又暗含了增加幼儿的课业负担，将幼儿园小学化的倾向。“教学阶段”制度中教育三阶段的划分，将幼儿园和小学作为一个统一的整体，一方面有效地促进了学前教育与小学教育的衔接，但另一方面也需要教育部门加强对幼儿教育的监督、指导和管理力度；加强学前教育与小学教育衔接的研究与实践，注意杜绝幼儿教育小学化。

二、法国学前教育改革与发展趋势

(一)学前教育稳步发展，适龄儿童入园率不断上升

法国幼儿的入园率一直位居世界前列。据有关资料统计，早在1992年，法国4~5岁儿童的入园率就达到100%，3岁儿童的入园率也高达98.8%，2岁儿童的入园率达到34.4%。如此高的入园率与法国政府对学前教育的保障有力是分不开的。除了非强制性的免费教育，法国学前教育机构的覆盖率也很高，遍及全国城乡各地。据统计，每2000人的社区中就有一所学前教育机构，政府不仅积极筹办公立母育学校(幼儿园)，也鼓励和扶持私人或私立学校办园。

(二)通过立法保障和加强学前教育

法国政府历来重视以法制措施促进学前教育的发展，几乎在每一次教育改革中都会提出相应的完善学前教育的法令。这些法律制度的不断发展与完善，既是学前教育机构稳步发展的保证，也是其健康发展的根本。在这些法律制度的保障下，法国的学前教育得以持续稳步地发展。

(三)促进教育公平，不断完善全纳式教育

全纳式教育是法国学前教育的重要特色。法国历来重视民主，在学前教育层面也不例外。政府非常重视弱势群体儿童的受教育权。政府出台一系列扶持政策，保障偏远的不发达地区的儿童、残障儿童以及城市低收入家庭儿童的受教育权，并且在资金、管理等方面提供诸多便利。为了保障残障、智障、贫困等弱势群体儿童受教育的权益，法国权利与资助委员会(CDA)规定：应家长的要求，幼儿园有义务接收年满3岁的残疾儿童，并且按照委员会制定的针对性方案，单独或集体对他们辅导和帮助；对于学业有困难的儿童，每周有2学时的专门辅导课；对于贫困家庭的儿童，政府则通过“收支对应”的方式减免或免家长的相关费用，如政府将幼儿园伙食费分为不同等级，家长根据自己家庭人均收入缴纳相应等级的伙食费。

(四)学前教育机构公、私并举

法国的幼儿园分公立和私立两类，其中，公立幼儿园约占70%，由国家承办。私立幼儿园约占30%，多数为天主教会学校。法国的幼儿园之间没有等级划分，其办学质量及声誉完全取决于督学的督查与评估。这项措施有利于保证学前教育机构的公平竞争，某些私立幼儿园由于其独特的教学方式，受到家长的欢迎，客观上也促进了公立学前教育机构的不断改革。

(五)重视教师职前职后培养，薪酬优渥

在学前师资的培养上，法国政府也是不计投入，不断提高教师的素养，促进教师专业发展。成为幼儿教师要有较强的专业背景，并且需经过层层选拔。入职之后，国家也提供多种途径供教师不断成长。在工资待遇上，政府也保证了投入，将其纳入公务员队伍，保障了学前教育师资的稳定。

本章小结

法国也是世界上较早开展学前教育的国家，从18世纪70年开始便出现了幼儿教育机构“编织学校”。19世纪，国家通过一系列法令的实施，将学前教育纳入政府的国民教育事业之中，逐步确立了近代学前教育制度。20世纪后，随着欧洲新教育运动的兴趣，法国的学前教育有了较快发展。

现今，法国的学前教育机构多样，有母育学校、托儿所、幼儿班和流动车等形式，适龄幼儿入园率非常高，位居世界前列。公立学前教育机构实行的是免费政策，家长不需要缴纳学费。在学前教育发展的过程中，法国通过历次改革，建立起立体化的学前教育管理体系。为保障国民教育的均衡发展，政府在资金、政策上给予贫困家庭、地区和弱势儿童群体诸多便利和扶持。督导制度是法国学前教育的一大特色，该制度体系完善，保证了学前教育的质量。法国的学前教育课程分为智育课程、社会课程、科技课程、体育课程、艺术教育课程。法国的学前教育是一种多功能、综合性的教育模式，它承担着教育、诊断和治疗三种职能。幼小衔接制度和“教学阶段”是其学前教育的一大创新。法国政府也十分重视幼儿教师的培养，无论是职前的选拔、教育还是职后的培训、提升，都以高标准、严要求来约束，幼儿教师的待遇与公务员相同。

比较与思考

1. 法国学前教育思想中继承了哪些历史传统？
2. 法国学前教育的管理有哪些经验值得借鉴？
3. 法国学前教育师资培养对我国有什么启示？

推荐阅读

1. 陈元：《法国基础教育》，广东教育出版社2004年版。
2. 顾明远、梁忠义：《世界教育大系·法国教育》，吉林教育出版社2000年版。

3. 王文新：《法国教育研究》，上海社会科学院出版社 2011 年版。
4. 邢克超、李兴业：《法国教育》，吉林教育出版社 2001 年版。

资源链接

法国教育部：http://www.education.gouv.fr

下章预习重点

1. 德国学前教育机构的类型、特色。
2. 德国学前教育课程设置。
3. 德国学前教育的师资培养。

第四章　德国学前教育

学习目标

1. 教学重难点：德国国情、历史发展和世界地位对其学前教育的影响；德国学前教育制度的主要特色；德国学前教育未来发展态势。

2. 学习要求：了解德国学前教育的历史进程，熟知德国学前教育制度的特点，知晓德国学前教育制度的发展趋势。

内容提要

德国最早的学前教育可以追溯至19世纪初出现的幼儿保教机构。1837年，德国幼儿教育家福禄培尔创办了世界上第一所“幼儿园”。

现今，德国的学前教育机构主要类型为幼儿园，幼儿园又分为多种形式，如传统幼儿园、学校附设幼儿园、特殊幼儿园、户外幼儿园等。此外还有托儿所、“白天的母亲”及其辅助性幼托机构。

德国的学前教育并没有纳入国家义务教育体系，不属于教育部门管理，并非免费教育。混龄教育是德国学前教育的一个鲜明特色，融合教育也是其特色之一。

德国的幼儿教师包括：通过国家资格考试认证的社会教育工作者、教育专业人员、保育员。幼儿教师一般由综合性大学、专科学校和各类职业学校培养。

德国的全称为德意志联邦共和国，由16个联邦州组成，首都为柏林，领土面积357167平方公里，人口约8110万人。德国北邻丹麦，西部与荷兰、比利时、卢森堡和法国接壤，南邻瑞士和奥地利，东部与捷克和波兰接壤。德国是欧洲第一大经济体，也是欧盟的创始会员国之一，还是北约、申根公约、八国集团、联合国等国际组织的重要成员国。德国是一个高度发达的资本主义国家，是欧洲四大经济体之一，其社会保障制度完善，国民具有极高的生活水平。德国的学前教育享有较高的世界声誉，被誉为“幼儿园之父”的福禄培尔就是19世纪德国最杰出的幼儿教育家。德国最早的学前教育思想可以追溯至18世纪。19世纪初开始出现早期的幼儿保教机构。19世纪30年代，福禄培尔创立了幼儿园制度。20世纪后，德国政府推动了一系列学前教育改革。

第一节　德国学前教育历史承续

德国的学前教育可谓一波三折，受到国家历史发展的深刻影响。德意志地区长期以来都处在封建割据的状态，邦国林立，各自为政，虽然出现过短暂的地区性的同盟，但直到1871年才在普鲁士的带领下成立了统一的德意志帝国。德意志地区的学前教育最早出现于19世纪20年代。1837年，福禄培尔创办“幼儿园”，此后，幼儿园运动不断在世界各地传播，促进了世界学前教育面貌的变革。20世纪以来，作为两次世界大战的罪魁祸首，德国的学前教育也遭受创伤。直到第二次世界大战后，德国政府开始着手教育改革。而联邦德国和民主德国分立的局面客观上也阻碍了教育的正常发展。20世纪末，东德和西德最终完成了统一，德国的学前教育方兴未艾。

一、德国学前教育的萌芽

(一)泛爱运动与学前教育思想

德国的学前教育思想可以追溯至18世纪。18世纪的泛爱主义运动提出了要尊重儿童天性，倡导启发式的教学法，主张采用游戏、作业等形式对儿童开展教育。其代表人物为巴泽多，1774年，他出版了四卷本的《童蒙读本》，配有100幅插图，这本书被喻为“18世纪的《世界图解》”。他还创办了“泛爱学校”，用新式教育法教育孩童，开风气之先河。此外，泛爱运动中的其他教育家，如康贝等也提出了自由主义儿童教育思想。

(二)保育所与托儿所

19世纪以后，德意志地区建立起幼儿保育和教育机构，但多为季节性的。1799年，侯爵夫人巴乌利勒(Pauline)开设了德意志地区最早的幼儿保育机构，招收1~5岁的幼儿，为其提供身体护理、饮食等服务，带领幼儿游戏。这个保育所只在农忙时节开放，教育不是其主要职能。

1819年，幼儿教育家瓦德切克(Friedrich Wadzeck)在柏林开办了德意志地区最早的常设托儿所，招收9个月至2岁的儿童，实行24小时保育。

(三)幼儿学校

19 世纪 20 年代后，英国的幼儿学校制度传入德国，对德国学前教育的发展产生深远影响。德国出现了以弗利托纳(Theodor Fliedner)为代表的幼儿学校运动。弗利托纳是一位新教牧师，曾两次来到英国参观幼儿学校，这种新型的幼儿教育机构促使她在 1835 年开办了德意志的幼儿学校，招收了工人家庭的儿童 40 名。日常的教育内容包括读、写、算、绘画、游戏、手工劳动等，最重要的是宗教和道德教育。弗利托纳还设立了幼儿教师培训机构。在弗利托纳的影响下，幼儿学校很快在德意志地区传播，建立了多所类似的幼儿学校，并培养了一大批幼儿教师。

(四)幼儿园

1837 年，福禄培尔创办了世界上第一所“幼儿园”。这是一种新型的学前教育机构，它强调释放儿童的天性，采用自然主义原则对儿童进行教育，倡导发现世界的本质，认识和领略自然。在福禄培尔的探索下，幼儿园教育法很快在德意志遍地开花，到 19 世纪 40 年代末，整个德意志地区已有幼儿园 40 多所，学前教师培训事业也取得了长足的进步。

但是，随着 1848 年革命的失败，欧洲封建王权的复辟，幼儿园运动遭到政府禁止，一度停滞甚至倒退。1851 年，普鲁士政府发布禁令，禁止设立福禄培尔式幼儿园。直到 1860 年后，幼儿园才被解禁。此后，幼儿园如雨后春笋一般蓬勃发展，尤其是在福禄培尔的挚友们的推动下，幼儿园教育法及学前教师培训班广泛传播，不仅在欧洲大陆知名度迅速提升，而且传入了美洲、亚洲等地区。整个世界形成了颇具规模的福禄培尔幼儿园运动。在这场学前教育思潮的引领下，幼儿教师的培训也快速发展，到 1871 年德意志帝国建立前，共培养了 200 多名幼儿教师。1871 年，福禄培尔的好友别劳夫人成立了德国教育协会，运用福禄培尔的教育方法对幼儿教育进行全方位的改革，大大推动了欧洲直至世界的幼儿教育发展。

二、德国学前教育的初期发展

20 世纪以后，德国的幼儿园呈现出多元发展的态势。随着第一次世界大战的终结，1918 年，魏玛共和国成立，作为德国历史上第一个民主制国家，德国政府实行了一系列“社会主义”政策，对国民教育进行民主化改革。在国家的根本大法《魏玛宪法》中，第四章专门规定了国家的教育制度。其中，第 142 条规定：“艺术、科学及这方面的教育享有自由，国家予以保护并关心其培育。”[①]第 145 条、第 146 条规定：“各校招收学

① 翟葆奎、李其龙、孙祖复：《教育学文集·联邦德国教育改革》，人民教育出版社 1991 年版，第 26 页。

生，应根据其能力和志向而定，不得因父母的经济和社会地位或宗教信仰的派别而有所歧视。”①这种倡导平等、民主的教育政策为各项教育事业的改革定下了基调。1922 年，德国政府又出台了《青少年福利法》，提出应加强学前儿童的教育，设立幼儿园、托儿所以及日托中心，并且要加强幼儿教师的培训。在魏玛时期，德国政府还陆续颁布了一系列幼儿园条例，鼓励设立各种各样的幼儿教育机构，政府有责任对其进行管理和监督。各地儿童局有监护儿童入学的义务，保证其接受适当教育的权利。

1933 年，希特勒夺权，德国被纳粹控制。纳粹政府否定自由和民主主义的教育目标和措施，将强化“德意志”民族性作为一切教育的出发点，并冠以种族主义的名号，因此福禄培尔的幼儿园理论受到禁止，幼儿教育被纳入国家意识形态培养的轨道，接受纳粹种族主义的垂训。此外，幼儿教师也必须执行纳粹的意志，教授权威崇拜和雅利安精神之类的课程。

三、战后德国学前教育的发展

第二次世界大战后，德国一分为二，德意志民主共和国(DDR)与德意志联邦共和国(BRD)二者并存。前者受到苏联教育模式的影响，后者则恢复了魏玛时期的教育政策，直到 1990 年东德和西德重新统一。

第二次世界大战结束后，联邦德国制定了一系列教育改革政策，重新采用魏玛时期的教育理念，将福禄培尔的幼儿园教育法推广开来。此外，在欧洲“新教育运动”的影响下，蒙台梭利的幼儿教育法也影响到西德，联邦德国形成了倡导儿童自由发展的教育观。

在 20 世纪 60 年代，联邦德国教育部虽然是全国教育事业的国家性机构，但由于国家采取的是联邦政体，国家教育部仅起到宏观指导的作用，各个州教育部拥有对各州教育的实际决策权。各个州的情况不尽相同，因此并没有统一的标准与体制。总体而言，德国的各类幼儿园主要为教会和慈善机构兴办，公立幼儿园约占三分之一。20 世纪 60 年代中期以后，在美国进步主义教育运动和教育改革的影响下，联邦德国政府才意识到国家兴办学前教育的重要性。

1970 年，联邦德国教育审议会公布了全国教育改革方案。将全国教育体系划分为初等、中等和继续教育三个领域。其中，3～6 岁儿童被纳入初等教育范畴，5～6 岁被纳入义务教育范畴。此后，学前教育成为国家教育系统的组成部分，3～5 岁的儿童入园率大幅提高。

1990 年，东、西德完成统一，德国政府制定了《儿童和少年救护法》，取代了 1922 年以来一直实行的《青少年福利法》，规定幼儿园制度应为儿童提供保育和教育服务，

---

① 翟葆奎、李其龙、孙祖复：《教育学文集·联邦德国教育改革》，人民教育出版社 1991 年版，第 26 页。

为家庭提供帮助。德国政府大力发展学前教育事业，为此投入大量人力、物力和财力。

第二节　德国学前教育现状

一、德国学前教育体系

德国的学前教育机构主要类型为幼儿园，但幼儿园又分为多种形式，此外还有附设于小学的幼儿园及其他辅助性幼托机构。

（一）德国学前教育机构

1. 传统幼儿园

幼儿园是现今德国最主要的幼儿教育机构。传统幼儿园分为公立幼儿园和私立幼儿园。前者由地方政府开办，后者多为教会、企业或私人开办。幼儿园招收 3~5 岁的幼儿，分为半日制和全日制。在德国，半日制幼儿园较为受欢迎，因为德国的母亲多为家庭主妇，不需要工作。只有父母都需要工作的家庭才选择将孩子送入全日制幼儿园。

德国的幼儿园是收费制，根据类型的不同，费用高低不等。公立幼儿园费用较低，私立幼儿园费用较高。

2. 学校附设幼儿园

顾名思义，此类幼儿园设于小学内，招收 5 岁以上的儿童，类似于学前班，是为即将进入小学的幼儿开设的特别训练班，多为学习有障碍的儿童所开办。此类幼儿园实行免费入园。

3. 托儿所

对低龄婴幼儿，德国与欧洲多数国家类似，有比较全面的婴儿养护。托儿所以保育为主，招收 0~3 岁的幼儿。婴儿躺在小床上，有专门人员进行照顾，环境整洁幽雅，墙顶绘有适合婴儿视觉发展的图案，隔几小时，还会把婴儿翻身或者换位置。

4. 白天的母亲

“白天的母亲”（Tagesmutter）是德国特有的一种幼托机构。政府提供少量经费，由一些母亲在照顾自己孩子的同时，帮忙照看临近家庭的孩子。担任“白天的母亲”需要参加短期培训，获得保育资格。政府采取这项措施一方面是为了增加就业，另一方面是为了帮助有需要照管孩子的家庭。

5. 特殊幼儿园

此类幼儿园是针对特殊儿童开设的幼儿园，为那些在智力或身体方面有障碍的幼儿提供学前教育。

6. 户外幼儿园

户外幼儿园一般建在城市的郊区，大自然就是教室，孩子们可以享受美丽的大自然，可以在森林里唱歌，在草地上打滚、做游戏、观察动植物。与大自然亲密接触能使儿童更好地体会大自然的宁静与和谐，形成热爱自然、保护自然的心理意识。目前，德国的户外幼儿园大都规模较小，设施简单。每所森林幼儿园都有一个棚或一辆拖车，用来挡风遮雨。里面还有桌椅，用来放置绘画材料、书本、各种器具。此类幼儿园不强调知识学习，而是注重动手能力的培养。

（二）德国学前教育管理

德国的学前教育并没有纳入国家义务教育体系，不属于教育部门管理，而是归青年、家庭和健康部管理。在各个州，学前教育主要由青年社会部、卫生部或国民教育部管理，在地方，则由当地的青少年福利局监督管理。对于具体的家庭，家长可以选择是否将孩子送入学前教育机构，但家长有义务保证孩子应受到适当的学前教育。根据德国联邦统计署的数据，到 2009 年 3 月 1 日，德国共有各类学前教育机构 50299 家，聘有幼教人员 384002 人。三岁以下儿童入园人数为 417190 人，占同龄人的 20.4%，3~6 岁儿童入园人数为 1937965 人，占同龄人的 92.1%。2011 年，德国 3 岁儿童入园率为 89%，4~5 岁儿童入园率分别达到 96%和 97%，6 岁儿童入园率为 98%。①

由于学前教育不属于国家学校体系的组成部分，因此，德国学前教育并非免费教育，家长必须承担部分费用，其额度根据家庭收入高低、孩子和家庭成员的多少而不同。公立学前教育机构的经费主要来源于地方、州政府财政以及家长缴纳的学费，私立机构除了自有资金以外，也能从上述三个来源获得经费支持。不过，作为欧盟最富裕的国家，德国政府对教育的投资一向慷慨，学前教育也不例外。现今，德国学前教育的财政投入中，联邦政府占一半，另外一般则由各个州和地方政府承担。根据 2010 年德国国家教育报告的数据，公共财政对学前教育的投入为 92 亿欧元，另外私人投入总经费为 34 亿欧元，合计 126 亿欧元，占国内生产总值的 0.5%，占教育总经费的 8.5%。

德国的学前教育机构既是社会教育机构，又是家庭幼儿教育的补充和支持。强调帮助家长更好地协调工作、学习和子女教育之间的关系。学前教育机构与其他家庭教育和教育咨询机构也常有合作。在幼儿园的日常安排中，家长参与幼儿园各项事务的讨论。

二、德国学前教育课程

德国是联邦制国家，国家教育部只有指导权，并无决策具体各州教育政策的权利。因此，德国的学前教育课程并没有全国统一标准，通常由各个州或者各地自行决定，课

① Autorengruppe Bildungsberichterstattung. Bildung in Deutschland. Bielefeld：W. Bertelsmann Verlag，2012：242.

程设置以游戏为主，注重环境创设，注重孩子自我需要的满足、自理能力及独立性的培养，强调幼儿自由发展，注重将规则意识融入日常生活。例如，柏林州《幼儿园促进法》规定，幼儿园的任务和宗旨为：促进儿童自我负责和群体生活能力的人格发展；应考虑每个孩子的个人需求以及不同的家庭生活背景；儿童应尝试并发展其运动、认知、社会和艺术能力，了解幼儿园以外的生活；促进儿童学会德语是学前教育的重要任务。

德国学前教育课程领域包括游戏、社会教育、语言教育、动作教育、韵律与音乐教育、图像与劳作性教育、事实与环境教育、实际生活与家政教育八个方面，每一个领域都有其目标要求。在学制上，德国的学前教育机构分为多种类型，有半日制，每天4~5小时，一般为上午，每月100小时以下；半日延长制，每天5~7小时，每月100~140小时；全日制，每天7~9小时，每月140~180小时；全日延长制，每天9小时以上，每月180小时以上。

混龄教育是德国学前教育的一个鲜明特色。由于德国的人口出生率一直在下降，所以混龄教育受到普遍欢迎。每个班级通常由0~6岁不同年龄段的幼儿混合组成。混龄的教育模式强调尊重幼儿个体差异，给幼儿提供了与异龄同伴交往的环境，大孩子学习照顾小孩子，有利于幼儿社会适应及人际交往能力的提高，促进儿童的全面发展，尤其是社会适应能力的发展。但混龄教育也受到班额大小、年龄比例搭配等因素的限制，另外，混龄教育对教师专业素质要求较高。

德国的幼儿教育非常重视幼儿的独立性以及社会适应能力的培养，但反感和排斥具体的知识内容的传授，尤其是“幼小衔接”。秉承了福禄培尔的自然主义教育哲学，德国的幼儿教育专家和教师都认为，游戏才是发挥幼儿潜能，培养幼儿能力的最好的方式，应该“从玩中学”。教师只是一个观察者和协助者，要充分发挥孩子们的天性。

为使儿童能够进行自由活动，德国的学前教育机构非常重视环境创设，提供真实自然的生活、学习与活动环境。在学前教育机构中，通常每个班都有一个活动室，还有各色各样的兴趣角，如玩具角、建筑角、图书角、生物角等。幼儿既可以自娱自乐，也可以结伴游戏。每个班的幼儿都有自己的活动室，班与班的活动室是互通的。在得到所在班级老师的同意之后，在不影响其他班级正常活动的前提下，孩子们可以自由地出入，随意地到幼儿园每个地方、每个角落进行活动。而有的活动室是公用的，如手工室、陶艺吧、作业室、运动室等。德国的学前教育机构还十分尊重儿童的私密空间，他们认为儿童是有个性的，是需要独处的，应该有个人的私密空间，以进行负面情绪的冷却或者是思考状态的培养。所以，在德国的学前教育机构中，都有别具匠心设计的空间，如利用植物搭建房子，供幼儿在其中思索。此外，德国的学前教育机构都设有户外活动场地，且充满了浓郁的自然气息。场地宽敞，或是在草坪上，或是在沙地上，配备有大型玩具和小型玩具，便于幼儿爬坐。教师在安排户外活动时，强调接触自然，培养他们的独立探索精神，强调孩子生活在一个与他息息相关的生态环境中。

德国的学前教育中，融合教育也是其特色之一，正常儿童与残障儿童共同接受教育。德国人相信，每个儿童都有发展的无限可能，每个孩子都应享受平等的权利。残障儿童尽管有身心的缺陷，但他们也应像正常儿童一样，所以在德国的学前教育机构中都有残障儿童入园，同时配有特殊教育教师，给予特殊儿童引导、帮助与治疗。融合教育能够帮助身心有缺陷的儿童更好地融入社会，同时也可以使正常儿童接触到不同的人群，增加社会交往能力，培养同情心和乐善好施的个性。

三、德国学前教育师资

德国的幼儿教师有两类：一类是通过国家资格考试认证的社会教育工作者，另一类是国家认可的教育专业人员。这两类幼儿教师承担了幼儿园的管理和教学工作。除了幼儿教师以外，还有作为教育辅助人员的保育员，他们负责帮助幼儿教师准备上课或游戏的用具，引导孩子做游戏和手工、唱歌跳舞，负责孩子的饮食卫生，看护患病孩子等。幼儿教师和保育员根据其不同的学历层次，享受国家规定的相应工资待遇。

德国幼儿教师一般由综合性大学、专科学校和各类职业学校培养，在学前教育机构中承担教育工作的教师必须拥有专科及以上学历，这一部分教师占70%以上。幼儿教师的培养没有全国统一的规定，由各州在《专科学校框架协议》的基础上制定《幼儿教师培养条例》。关于录取条件，《专科学校框架协议》规定，参加社会教育专科学校学习需已拥有中等毕业文凭或同等学力，并已获相关职业教育或经认证的同等资格。录取后，教师须接受2~6年的职业培训，获得专科、本科或硕士文凭。非全日制的学校学习时间更长，还需继续在职业进修学校接受1~3年的再进修。此外，毕业生还要参加1200小时的实习，可在不同的社会教育或护理教育机构中进行。实习结束后，需参加国家幼儿教师资格证书考试，通过考试才可获得从业资格证。各州的《幼儿教师培养条例》对此有详细规定。德国各联邦州都设有社会教育学进修学院，定期公布各种进修课程，幼儿教师可以根据各自情况报名参加各类培训班。

在培养学前教师过程中，保育员的准入标准相对较低。保育员只需接受2~3年的全日制职业培训和一段时间的见习实习即可上岗。德国的保育员中大约有三分之一在各类职业学校接受教育并参加保育员资格考试所要求的培训，三分之一只参加过保育员资格考试所要求的培训课程，还有三分之一的保育员没有资格证。

师幼比在德国各州之间有很大差异，在州内不同类型的托幼机构中也有所不同。一般来讲，移民人口子女或特殊儿童所在机构教师人数要高于普通机构。2006年，德国政府对师幼比作出了新规，指出各州应该参照统一的标准，保证1∶10的师幼比。但在具体的实行中，各州和各种不同类型的学前教育机构仍有差异，以柏林为例，2周岁以下儿童半日制幼儿园师幼比为1∶8，全日制幼儿园师幼比为1∶5，3~6岁儿童全日制幼儿园为1∶9，半日制幼儿园为1∶14。①

① 潘孟秋：《德国学前教育立法简况》，载《基础教育参考》2013年第13期，第65-71页。

第三节 德国学前教育的发展动向

一、德国学前教育面临的挑战

(一)统一管理与权责分配

目前，德国的学前教育不属于国家义务教育的范畴，并且德国教育部对各州的教育政策没有决定权，这在实际的运作中不可避免地带来了各自为政的局面。条件较好的州对学前教育投入相应地多，而条件不好的则会较少，这会带来各地学前教育发展不均衡的问题。各州的财政分配以及对家庭的支持和补助、学费高低也各不相同，难以保障全国各地幼儿教育机会的公平性。并且，中央政府也无法对学前教育机构的质量进行监控，教育质量、教育政策等皆会产生差异。

(二)财政投入不足，入园费用过高

德国虽然每年对教育都有巨额投资，但对学前教育的投入仍然不足。与欧洲其他国家相比，德国在学前教育经费上的投入相对较低。2008 年，OECD 对 25 个成员国 6 岁以下儿童教育质量进行了比较研究，德国排在第 14 位。排在前几位的主要是北欧国家，这些国家对学前教育的财政投入都达到或超过 GDP 的 1%，而德国对学前教育的公共财政投入只有 0.4%。①这个问题将限制德国学前教育未来的发展。此外，在德国接受学前教育，家庭需要不小的支出，尤其是有多个子女的家庭和移民家庭，这对他们而言是一项不小的开支。

(三)师资问题

首先，与欧洲其他发达国家相比，德国的学前教育机构从业人员学历偏低，专业水平有限。许多保教人员仅为专科学校毕业，具有硕士文凭的师资比例不高。这与世界总体大趋势有一定差距。其次，在德国的保教人员当中，有一半是兼职工作，兼职人员的比例非常高，这对学前教育机构中幼儿与相关教保人员之间关系的建立以及教学的持续性都会产生不利影响。再次，德国的学前教育机构中，男性师资缺失、相对经济地位不高，不利于幼儿身心成长。

---

① OECD. Starting Strong II: Early Childhood Education and Care. Paris: OECD Publishing, 2006: 339.

二、德国学前教育改革与发展趋势

(一)联邦政府增加投入，制订更详尽的学前教育计划

尽管学前教育计划由各州自行制订、实施并监管，联邦政府还是从政策方面积极推动德国学前教育的发展。政府投入更多的资金，资助学前教育发展。近年来，德国政府也通过一系列法案的出台来加强学前教育。例如，实现家庭与学前教育机构更紧密的联系，重视学前教育机构与小学间的衔接，注意特殊幼儿的整合教育，建立和父母教育的伙伴关系，加强学前教育机构与专业机构之间的合作等。

(二)增加托育名额，延长托育时间

为了使更多的适龄儿童获得适当的学前教育，德国政府致力于增加托育名额，2005年颁布了《日间托育扩充法》，旨在改善幼儿托育品质及满足父母的托育需要。法案的目标是在2010年以前增加23万个托育名额，使每个幼儿都能获得公平的托育机会，满足幼儿培养与教育的需要。2008年的《儿童促进法案》从法律上规定让更多3岁以下幼儿享受日托服务。此外，德国现存的学前教育机构普遍存在托育时间不足的问题，满足不了家庭的需要，德国政府也调整政策，增加投入，来延长托育时间，同时对低龄幼童(3岁以下)提供托管服务。育儿假(Elternzeit)政策也有所调整，选择休假在家的父母可获得每月100~150欧元的育儿津贴。

(三)提高教师职前职后培养质量

与欧洲其他国家相比，德国保教人员的专业水平偏低。在欧盟国家中，除德国和奥地利外，其他国家的学前教师中大部分具有大学学历，而德国大部分幼儿教师毕业于专科学校。为了提高教师的专业素养，德国政府在一些大学和学院开设进修课程，另外一些私人基金会也致力于为学前教师提供灵活多样的职后培训服务，希望改善学前教育质量。但由于经费投入不足，师资建设进展缓慢。

本章小结

德国的学前教育历史悠久，学前教育思想可以追溯至18世纪。19世纪初，德国出现了最早的幼儿保教机构，在英国幼儿学校运动的影响下，也出现了幼儿学校运动。1837年，福禄培尔创办了世界上第一所“幼儿园”。它强调释放儿童的天性，采用自然主义原则对儿童进行教育，幼儿园教育法很快在德意志各地开花，并推动了欧洲直至世界的幼儿教育发展过程。在它的带动下，学前教师培训事务也取得了长足的进步。20世纪以后，德国的幼儿园呈现出多元发展的态势。1990年，东德和西德完成统一。德国政府大力发展学前教育

事业，为此投入大量人力、物力和财力。

现今，德国的学前教育机构主要类型为幼儿园，幼儿园又分为多种形式，如普通幼儿园、小学附设幼儿园、户外幼儿园、特殊幼儿园等，此外还有托儿所、“白天的母亲”及其他辅助性幼托机构。

德国的学前教育并没有纳入国家义务教育体系，不属于教育部门管理，并非免费教育，家长必须承担部分费用。公立学前教育机构的经费主要来源于地方、州政府财政以及家长缴纳的学费。

德国的学前教育课程并没有全国统一标准，通常由各个州自行决定，课程设置以游戏为主，注重环境创设，注重孩子自我需要的满足、自理能力及独立性的培养，强调幼儿自由发展。学前教育课程领域包括游戏、社会教育、语言教育、动作教育、韵律与音乐教育、图像与劳作性教育、事实与环境教育、实际生活与家政教育。混龄教育是德国学前教育的一个鲜明特色。融合教育也是其特色之一，正常儿童与残障儿童共同接受教育。德国的幼儿教师既有通过国家资格考试认证的社会教育工作者和教育专业人员，也有作为教育辅助人员的保育员。

比较与思考

1. 混龄教育对幼儿发展的优势和弊端体现在哪些方面？

2. 德国的学前教育与法国的学前教育在“幼小衔接”的理念与实践上有何差异？如何评价？

推荐阅读

1. 翟葆奎、李其龙、孙祖复：《教育学文集·联邦德国教育改革》，人民教育出版社1991年版。

2. 李其龙、孙祖复：《战后德国教育研究》，江西教育出版社1995年版。

3. 彭正梅：《德国教育学概观——从启蒙运动到当代》，北京大学出版社2011年版。

资源链接

德国联邦教育部：https://www.bmbf.de/

下章预习重点

1. 俄罗斯学前教育机构的类型、特色。
2. 俄罗斯学前教育课程设置。
3. 俄罗斯学前教育的师资培养。

第五章　俄罗斯学前教育

学习目标

1. 教学重难点：俄罗斯国情、历史发展和世界地位对其学前教育的影响；俄罗斯学前教育制度的主要特色，对我国学前教育的启示。

2. 学习要求：了解俄罗斯学前教育的历史进程，熟知俄罗斯学前教育制度的特点，知晓俄罗斯学前教育制度的发展趋势。

内容提要

俄罗斯的学前教育起源于沙俄时期，1763 年，别茨科伊在莫斯科开办了第一所儿童教养院。19 世纪末，平民幼儿园开始出现。

现今俄罗斯学前教育机构类型有八种：幼儿园、托儿所-幼儿园、学前班、托儿所、特殊幼儿园、联合型幼儿园、特长幼儿园和儿童发展中心。公立性质的学前教育机构占绝大部分。

俄罗斯联邦《教育法》规定，学前教育不属于义务教育范畴，但实行的是免费制。联邦政府对学前教育机构投入大量资金，还通过实施专项计划的方式支持学前教育。

俄罗斯幼儿教师多为中等师范学校毕业，入职后可参加多种途径的培训。

俄罗斯联邦(The Russian Federation)，通称俄罗斯，由 22 个自治共和国、46 个州、9 个边疆区、4 个自治区、1 个自治州、3 个联邦直辖市组成，首都莫斯科。俄罗斯位于欧亚大陆北部，地跨欧亚两大洲，国土面积为 1707.54 万平方公里，是世界上面积最大的国家。俄罗斯军工实力雄厚，在国际政治事务上拥有强大影响力，是联合国安全理事会五大常任理事国之一，还是五个金砖国家之一。俄罗斯的学前教育起源于沙俄时期，苏联时期有了较大发展。目前的学前教育机构和教育方式、管理体系沿袭了苏联时期的很多传统，但近年来，联邦政府也在不断出台法令，推行学前教育改革。

第一节 俄罗斯学前教育历史承续

一、沙俄时期的学前教育

沙俄时期是1721年彼得大帝加冕为皇帝后，至1917年尼古拉二世退位为止的俄罗斯国家，同时也是俄罗斯历史上最后一个君主制国家，由罗曼诺夫家族统治。1763年，别茨科伊在莫斯科开办了第一所儿童教养院，收容孤儿，这是俄国最早的幼托机构。1802年，圣彼得堡近郊的葛岑村开设了儿童教养院。1837年，圣彼得堡开办了儿童收容所，教儿童识字、读书、唱歌。1860年，俄国第一批幼儿园在莫斯科、圣彼得堡兴办起来。1869年，在圣彼得堡发行了俄国最早的幼儿教育刊物《幼儿园》。19世纪下半叶，福禄培尔的幼儿园教育法传入俄国。1871年，圣彼得堡建立了福禄培尔学院，成为俄国历史上第一家幼儿教师培训机构。19世纪末，平民幼儿园开始出现。俄国政府推广孤儿院，招收流浪儿童。慈善团体也开始开办幼儿保教机构。1894年，圣彼得堡开办了俄国第一家免费平民幼儿园。1910年后，蒙台梭利的幼儿教育思想开始在俄国流行起来。

二、苏联时期的学前教育

苏联时期，在中央集权体制的领导下，学前教育有了迅速发展。苏联时期的学前教育可以分为两个阶段，第一个阶段为1917年十月革命至第二次世界大战之前，第二个阶段为战后苏联学前教育的改革。

1917年十月革命后，苏俄教育人民委员部学前教育局成立，统领学前教育事务。1919年苏共第八次全国代表大会规定了学前教育的两大任务，一是促进儿童全面发展，二是建立健全儿童保教机构。1932年，苏联颁布了幼儿园教学大纲草案，这是苏联的第一份学前教育大纲，规定了幼儿园的任务与教育内容，包括政治教育、劳动教育、体育、自然、音乐、美术、数学和识字。1944年，教育人民委员部修订了《幼儿园教育大纲》，对幼儿园的教育对象、性质和任务做出了详细规定。

第二次世界大战结束后，苏联的学前教育迎来了和平环境。20世纪50年代，苏联学前教育的改革重点是托儿所和幼儿园的一体化。1959年5月21日，苏联颁布了《关于改革幼儿教育制度的决定》，宣布将幼儿园与托儿所合二为一，统一命名为“托儿所-幼儿园”。1962年，苏联公布了第一个综合性的幼儿教育大纲——《幼儿园教育大纲》，将0~6岁儿童按分为七个年龄班。1962年、1970年、1978年和1984年，苏联分别对该大纲进行了四次修订。1989年，苏联公布了《学前教育构想》，旨在改革学前教育机构，对学前教育进行规范化、法制化和民主化改革。规定学前教育机构的类型为托儿所、学校幼儿园、托儿所-幼儿园和特殊幼儿园。

三、俄罗斯学前教育的发展

1991 年，苏联解体。俄罗斯政府于 1992 年颁布了《俄罗斯联邦教育法》，并于 1996 年对该法案进行了修订。该法案将学前教育列入国民教育体系，使之成为俄罗斯国民教育体系的基础和有机组成部分。此外，该法案还规定了普通教育大纲里包括学前教育大纲，教育机构类型中包括学前教育机构。

1995 年，俄罗斯颁布了《学前教育机构基础条例》，并于 1997 年对该条例进行了修订。该条例对学前教育机构的目的和作用进行了明确规定，将幼儿园划分为 6 种类型，即幼儿园、普通发展型幼儿园、补偿型幼儿园、托儿所、联合型幼儿园和儿童中心。

2000 年以后，俄联邦政府多次对《俄罗斯联邦教育法》中有关学前教育的规定进行较大的修订，特别是 2006 年 12 月总统普京签署了《关于修改对有子女的公民的入园杂费进行国家补助的法令》。2007 年 1 月，俄罗斯政府出台了奠定学前教育发展方向的文件《俄罗斯联邦 2007—2010 年学前教育发展综合措施》，明确指明了俄罗斯学前教育发展的两个基本方向：确保学前教育的普及性和学前教育的质量，2008 年 9 月，俄罗斯联邦政府出台了新修订的《学前教育机构基础条例》。

第二节 俄罗斯学前教育现状

一、俄罗斯学前教育体系

(一)俄罗斯学前教育机构

在 2008 年俄罗斯联邦政府新修订的《学前教育机构基础条例》中，将学前教育机构的类型定为八种：幼儿园、托儿所-幼儿园、学前班、托儿所、特殊幼儿园、联合型幼儿园、特长幼儿园和儿童发展中心。①

(1)幼儿园：招收 3~6 岁儿童，以普通教育为方向，实行基本的普通学前教育大纲，分为公立与私立两种，公立幼儿园分国立幼儿园和市政幼儿园两种，私立幼儿园数量很少。国立幼儿园的兴办和管理机构为联邦各行政机关，市政幼儿园的兴办和管理机

① 庄嘉嘉：《俄罗斯学前教育政策变迁研究 1991—2010》，南京师范大学 2012 年硕士学位论文，第 26 页。

构是地方机关或自治机构。公立幼儿园分为小班、中班和大班，每班有儿童 15~30 人不等，配有两名幼儿教师和一名助手。小班招收 3 岁的幼儿，注重对孩子进行基本生活知识的传授和简单劳动技能的训练。中班招收 4~5 岁的儿童，学习知识、技能和艺术类课程的。大班招收 6~7 岁的儿童，主要通过游戏活动，对儿童进行体育、智育和德育，促进儿童认知、个性和社会性的发展，为进入小学做好准备。

(2)托儿所-幼儿园：针对 2 个月至 3 岁的幼儿，主要为他们提供身体保育和看护，为儿童创造适应社会和早期社会化的条件。分为公立与私立两种，性质与幼儿园类似。

(3)学前班：针对即将读小学的大龄幼童，招收 5~6 岁儿童，同时结合年龄阶段里所必需的补偿性和综合性条件，优先确保普通教育机构对儿童教育尽早实施教育的可能性。

(4)托儿所：为儿童提供保育服务，实行基本的普通学前教学大纲，优先采取卫生、预防和保健措施。

(5)特殊幼儿园：也称补偿型幼儿园，主要招收生理和心理上存在一种或者多种缺陷，健康存在问题的儿童。

(6)联合型幼儿园：一种综合型的幼儿园，实施融合教育，既招收正常儿童，也招收身心有缺陷的儿童，为儿童提供保育和教育服务。

(7)特长幼儿园：此类幼儿园关注儿童某一方面技能的优先发展，如认知、语言、艺术、体育等才能。

(8)儿童发展中心：类似于培优性质的幼儿园，在教授知识以外，还培养儿童多方面的才艺。

在班级的划分上，既有同一年龄儿童的同龄班，也有不同年龄儿童组成的混龄班。按照儿童在园时间长短，可分为整日制(12 小时)、短日制(8~10 小时)、长日制(14 小时)、短期(3~5 小时)和昼夜(24 小时)时制，而工作制分为 5 工作日制和 6 工作日制。

(二)俄罗斯学前教育管理

俄罗斯联邦《教育法》确立了学前教育的普及性和免费性，但学前教育不属于俄罗斯学制体系的一部分，也不属于义务教育范畴，家长可以决定是否让孩子入读学前教育机构。

根据俄罗斯官方的统计数据，2008 年，俄罗斯联邦共有学前教育机构 45730 所，其中有 26610 所分布在城市，19120 所分布在农村；2009 年，俄罗斯联邦共有学前教育机构 45607 所，其中 26779 所分布在城市，18828 所分布在农村。从总体布局来看，城乡分布较为均匀。2010 年，俄罗斯联邦幼儿园的数量为 48057 所，其中 98%为市政和国立学前教育机构，只有 2%的私立及其他学前教育机构。①

① 王凤英：《21 世纪俄罗斯学前教育发展及特色探析》，载《外国教育研究》2011 年第 5 期，第 59 页。

在儿童入园率方面，整个俄罗斯联邦的适龄儿童入园率并不高，从2001—2009年，接受学前教育的儿童数量从424.6万人增加到了529.8万人，入园率也有了提高，在2007年达到了61.9%。据俄罗斯政府官方网站公布的数据，2010年，俄罗斯共有学前教育机构47213所，其中98%为公立性质。在园儿童547.3757万人，约占适龄儿童总量的59%。在园儿童中，1~3岁儿童占18%，1~3岁与5~7岁儿童各占41%。到2013年，俄罗斯学前教育机构的儿童数量约为620万人，0~7岁儿童的毛入园率为50.2%。到2014年，接受各种形式的学前教育的3~7岁的儿童人数为566万人，为该年龄段总儿童数的85.9%。

在师幼比方面，近几年，俄罗斯儿童入园率有所增加，然而幼儿教师却不断流失，导致师幼比不断下降。2012年，俄罗斯各学前教育机构的幼儿教师数量为62.6万人，幼儿数量是598万人，师幼比为1∶9.6。2013年，幼儿教师数量减少至58.8万人，幼儿数量增加到626万人，师幼比下降至1∶10.6。2014年，师幼比降至1∶10.9。①

根据《俄罗斯联邦教育法》规定，所有适龄儿童都应享受到免费的学前教育。2008年9月12日，俄联邦总理普京签署命令，批准实施《幼儿园工作规程》，此规程对幼儿园的性质、任务及类别进行了界定，并就幼儿园的工作组织、班级编制、教育过程、幼儿园管理、幼儿园资金和财产等方面内容做了详细规定。俄学前教育的办学原则为：俄罗斯公民可以按自己及儿童的需要选择不同形式和内容的学前教育服务。2013年3月29日，俄联邦学前教育标准制定工作小组召开会议，讨论新学前教育标准的制订方案。学前教育标准制定工作小组主席、联邦教育发展所主任阿斯马洛夫指出，鉴于目前不少幼儿教育机构有强化儿童知识学习、减少活动课程的趋势，新的学前教育标准应当保证让每位儿童享受到优质的学前教育；不让学龄前儿童接受任何测验、考试或者知识水平测试。学前教育标准的制定最重要的是应当考虑如何更好促进儿童的社会化，培养儿童的创造性、好奇心以及对于取得成绩的渴望。

俄学前教育机构以公办为主，同时允许社会组织和个人根据国家有关标准创办私立学前教育机构。由于公立幼儿园多为25~30人的大班，且入园困难，因此，俄罗斯联邦内私立幼儿园的数量近几年发展较快。俄罗斯的私立幼儿园由各单位、企业、社会团体组兴办，收费高昂(每月2万~7万卢布不等，约合750~2500美元)，招收的多位社会上层的子女。私立幼儿园属于非营利机构，政府对私立幼儿园提供税收优惠政策。创办私立幼儿园首先要在俄司法部注册局注册，再由俄各联邦主体教育主管机构对园舍、占地面积、卫生条件、活动设施(休息室、娱乐室、运动场所和用餐室)、医务室等方面指标进行审核评估。评审合格后，颁发学前教育办学许可证，许可有效期为5年。许可到期后，再次考核合格后方可继续办学。

从2000年开始，俄罗斯联邦政府积极普及学前教育。首先，联邦政府对学前教育

① 王艳艳、张丽：《近年来俄罗斯学前教育发展的现状、问题及改革措施》，载《比较教育研究》2015年第3期，第96页。

机构投入大量资金，将学前班阶段纳入到义务教育范围。2006年的《教育法》中特别强调了公民享有普及和免费的学前教育的权利，并对适龄儿童的法定监护人进行财政补贴。自《教育法》修订后，2007年俄联邦政府开始向有学龄前儿童的家庭发放入园杂费补贴，2008年平均补贴额为每月169.3卢布，2009年增加到224卢布，2010年上半年则为263.96卢布。2007年时获得补贴的孩子为380万人，2010年增加到491.2246万人。2009年，联邦政府预算用于学龄前儿童杂费补贴的资金达到81.2亿卢布，约合2.7亿美元。学前教育机构的人均财政预算拨款从2000年的7510卢布/年增长到了2010年的49000卢布/年。① 2011年，俄罗斯首次从联邦预算中拨出10亿卢布，支持联邦在未来五年内扩大学前教育机构的容量。2012年，又为学前教育机构校舍建设新增80亿卢布的财政贷款。2013年及2014年资助金额也大幅增加，拨款500亿卢布用于学前教育区域系统的现代化建设。②

此外，俄联邦政府还通过实施专项计划的方式支持学前教育。2007年3月，联邦政府推出了2007—2010年“俄罗斯儿童”专项计划。该计划由“健康一代”、“天才儿童”和“儿童与家庭”三个子项目组成。该项目旨在为俄罗斯儿童创造良好的生活和发展环境，为弱势群体儿童提供国家援助。整个项目计划耗资478.459亿卢布(约18.06亿美元)，其中联邦政府预算经费为101.017亿卢布，各联邦主体预算经费为363.15191亿卢布。项目目标包括：改善400万儿童的健康和生存状况；将幼儿死亡率降至9.3‰；为25.2%的残疾儿童家庭提供专业化的康复服务；创建、发现、扶持天才儿童国家体系，覆盖40%的学龄儿童。③

二、俄罗斯学前教育课程

2006年，俄罗斯批准出台了由瓦西里耶娃、盖勒鲍娃和卡玛洛娃等人修订的《幼儿园教育与教学大纲》(下文简称新《大纲》)，该大纲是在1985年苏联时期出版的大纲基础上修改而成的。新修订的大纲主张以儿童为中心，实行更人性化的学前教育，减弱政治对教育的影响，取消了在教学中硬性规定的知识学习，更加注重儿童的潜能的开发，培养幼儿的个性，根据年龄特点发展儿童心理和身体素质。大纲对各年龄班、各个领域、各个环节都规定了具体、精细与可操作的二级目标，以此作为教育教学工作的导向。新《大纲》采用要素教学法，将学前教育课程分为智育、体育、德育、劳动教育、

① 庄嘉嘉：《俄罗斯学前教育政策变迁研究1991—2010》，南京师范大学硕士学位论文，第29页。

② 王艳艳、张丽：《近年来俄罗斯学前教育发展的现状、问题及改革措施》，载《比较教育研究》2015年第3期，第97页。

③ 刘杉杉：《俄罗斯学前教育简况》，载《基础教育参考》2011年第15期，第30页。

文学、艺术-审美教育和游戏。①

(一) 智育

在智育方面，新大纲侧重儿童注意、理解、记忆、思维、想象、语言等能力的发展，主张让幼儿学会简单的比较、分析、总结，激发幼儿的求知欲。智育又分为三个领域：感觉、语言和数学。

1. 感觉能力

感知和了解周围世界是儿童智力发展的基础，新《大纲》主张通过引导幼儿认识周围的物质环境、社会生活现象和自然界的方式开展智力教育，在教学中使儿童形成对周围世界的整体状况的认识；发展其对周围事物的兴趣；了解日常物品的功能和用途；使幼儿形成关于自我、社会环境、自然现象和亲属关系的初步概念。

2. 语言能力

新《大纲》明确提出了各年龄班语言能力发展的基本目标，托班第一阶段的教学目标是激发幼儿学语的积极性，促进其发音器官的发育和听觉集中、声音反应能力的发展，使幼儿能够模仿一些最基本的词汇。托班第二个阶段的教学目标是帮助幼儿掌握正确的发声方式。小班阶段的教学目标是丰富幼儿的词汇，学习简单句。中班阶段的教学目标是让儿童掌握俄语字母的正确发音，能够叙述和创编小故事。大班阶段的教学目标是完善音位的辨别力和继续发展连贯性言语。学前班阶段的教学目标是培养儿童掌握书面文字的能力，学会把词划分成音节，再用音节组成词，由词组成句子，从而提供关于词和句子的最初概念。

3. 数学能力

新《大纲》强调结合幼儿的日常生活经验，充分利用幼儿园的课程资源，让幼儿通过参与各种各样的数学游戏活动掌握数量、形状、大小、空间、时间、计算等本数学知识和技能，形成初级的数学概念，强调数学教育过程要注重运用问题教学的方法，以发展幼儿的思维能力、创造能力；注重营造良好的数学情境，让幼儿在活动和交往中逐渐掌握基本的数学概念；注重锻炼幼儿解决日常生活中与数学有关的问题的能力。

(二) 体育

新《大纲》指出，体育教学的重要任务是培养儿童身体素质，发展儿童运动的协调性与平衡性；保证儿童精神饱满，情绪愉快；改善肌体的各项功能，培养儿童对各种力所能及的运动性活动项目的兴趣，并在此基础上培养儿童坚强的意志。新《大纲》强调了游戏的重要性，将运动游戏如篮球、足球、冰球、羽毛球、乒乓球、棒球等列入大班和学前班的教学科目。此外，在日常生活上，幼儿园必须创设有利的保健和卫生防疫条

---

① 李亚娟：《2006 年俄罗斯〈幼儿园教育与教学大纲〉修订的背景、内容与特点》，载《学前教育研究》2010 年第 6 期，第 40-43 页。

件，制定合理的日常作息制度，提供合乎要求的膳食，每天引领孩子们在户外散步，一年四季里有规律地采取锻炼的措施。

(三)德育

新《大纲》注重儿童的道德教育，教师应让儿童从了解自己的亲人开始，逐步了解亲戚、出生地、街道社区、村镇、城市，然后深入了解“国家”的概念。培养幼儿热爱祖国和人民的情操，养成正确的世界观。大纲强调，在德育过程中，要注重发展幼儿“爱”的情感、道德认知能力、行为辨别能力和社会公德品质；尊老爱幼，与人和睦相处。学前教育机构可以通过民俗的节假日活动和民间游戏、工艺美术活动等，将儿童吸引到传统文化教育活动中来。

(四)劳动教育

新《大纲》认为，劳动教育是发展幼儿基本能力和创造力的必要部分，是形成个体之间相互关系和品德修养的最重要手段。教师应让幼儿了解成人的劳动，或者直接参加幼儿园、家庭中力所能及的劳动，培养其基本劳动技能，帮助幼儿掌握生活必需的本领与技能，培养其责任心和自主性，形成自我服务能力，并获得自我实现的成就感。

(五)文学

新《大纲》非常重视文学教育，认为文学是幼儿智力发展和言语发展的方法与手段。文学教育的目标是帮助幼儿理解童话故事、诗歌作品的基本类型和特点，增加其文学方面的知识，培养其对艺术词汇的敏感性，让幼儿感受到诗歌歌词的节奏和旋律。在各个年龄阶段的文学教育中，列出了国内外童话、故事、诗歌、散文等文学作品及其创作者，以最大程度地培养儿童的创作兴趣与能力。

(六)艺术–审美教育

新《大纲》要求，从了解艺术开始，通过创设审美环境，开展造型活动和音乐活动，促进幼儿艺术审美能力的发展。新《大纲》针对各年龄阶段列出了适合该年龄阶段的翔实的学习目录，范围涉及古典、现代及具有民族特色的种种艺术形式；强调通过文学、艺术教育使儿童形成艺术技能的同时，培养幼儿浓厚的艺术兴趣。

(七)游戏

新《大纲》把游戏视为儿童社会化最重要和最有效的活动形式，认为游戏活动能够促进幼儿的身心发展，培养其创作才能，形成坚强的意志品质。新《大纲》按照幼儿发展的年龄特点确定了游戏的形式和内容。

三、俄罗斯学前教育师资

（一）职前培养

为形成多层次的师资的培养结构，1992 年，俄罗斯出台了《关于在俄罗斯联邦建立多层次高等教育的决议》。同年，俄罗斯教育部又出台了《关于建立多级结构的教师教育体制》，2001 年俄罗斯发布《俄罗斯 2001—2010 年连续教师教育体系发展纲要》，提出构建连续教师教育体系的构想，即由中等、高等和高等后教师教育之间相互衔接的教师教育体系，包括中等、高等和高等后教师教育机构，各类学校之间的协作网络，国家及地方教师教育行政管理机构，师资进修及再培训机构等组成部分。

目前，俄罗斯教师培养体系包括三种类型：中等师范学校、高等师范院校和非师范专业类院校。第一种是培养九年制学校的师资，招生中等教育毕业生，修业年限为三年。毕业后可授予中等专业教育职业技能证书，并可以从事当幼儿教师、保育员、小学教师或辅助人员等。高等师范院校招收完全中学毕业生或者是中等职业学校毕业生，学制分为三种：四年制毕业后发给学士学位证书，五年制毕业后发给教师证书，六年制毕业后发给硕士学位证书。毕业生有资格在各中等教育机构任职。高等师范教育主要由师范大学来承担，旨在促进学生的一般发展，保证其获得基本文化知识、基本职业知识及相关能力。

为了促进教师教育质量的提升，俄罗斯颁布了一系列的教师教育法规，制定了教师教育的相关制度。1994 年，俄罗斯颁布了《国家教师教育标准》。2000 年，对该标准进行了修订。2001 年，俄罗斯教育部发布了《俄罗斯 2001—2010 年连续教师教育体系发展纲要》，成为俄罗斯教师教育的政策基础。该纲要主要内容包括：(1)加强教师教育体系与社会需求的相互联系；(2)改善师资的培养质量；(3)为评判教师教育质量研制科学依据和科学的实践方法；(4)保证各级、各层次连续教师教育体系中教育内容、教学手段、教学形式及其教学方法具有衔接性；(5)完善连续教师教育体系中师资的国家考核制度；(6)为教师教育机构提供资源、物质以及技术和法规保障研制理论、科学方法、实际操作方面的手段。①

（二）职后培训

在 1992 年的《俄罗斯联邦教育法》中规定，教育工作者最少每 5 年进行职业再培训或者进修的权利。2001 年，俄罗斯国家杜马出台了《俄罗斯补充教育联邦法》。2006 年出台《2010 年前俄罗斯教育现代化构想》，提出了教师进修的组织、结构、内容原则。该构想明确提出由国家支付费用的业务进修不少于 5 年一次。

---

① 宋增元：《俄罗斯教师教育政策研究》，浙江师范大学 2012 年硕士论文。

目前，俄罗斯仍然保留了苏联时期建立的教师进修体系，最高层级的教师进修机构是已有 80 多年历史的国家教师进修学院，第二级是各地区的进修学院，第三级是各城市所开设的市立教学法研究指导中心。目前，俄罗斯已建立起多层次的教师进修系统，包括 191 所教师进修学院，近 5000 个教学法研究室，58 个师范学院和综合大学附属的学校校长进修机构，普通学校和校际的教学法研究联合小组以及国民教育领导干部进修学院等。88.8%的教师和 97.9%的校长不到 5 年就进修一次。①

除了正规的教师进修和再培训体系外，综合大学、师范大学、师范学院、跨领域的地区教育中心、教师教育中心还定期为教师组织讲座、讨论和问题答疑、闻际会议和教育讲演会，以便教师了解新的教学法、优秀教师的经验。远程教育形式也是提高教师专业技能的重要形式之一。同时，俄罗斯通过出版和发行大量有关科学教学法、教学、科普的读物和期刊，使边远地区的教师也能够了解到有关科学、教学论和教师实践方面的新信息。

在教师的考核方面，1993 年，俄罗斯联邦教育部批准《俄罗斯联邦国立、市级教育机构和组织教育工作者和领导者鉴定条例》。2000 年，俄罗斯联邦教育科学部修订了该条例。俄罗斯的教师鉴定建立在教师自愿基础上，不定期举行，鉴定结果同教师工资挂钩。2008 年，俄罗斯联邦教育科学部国家政策署再次修订该条例，明确了对教师技能鉴定的目的、任务、基本原则和鉴定程序。自 2011 年 1 月 1 日起，新的教师鉴定规则正式生效，明确了教师鉴定分为两部分，即强制性鉴定和自愿性鉴定。强制性鉴定每五年应进行一次，其特点是岗位认证，通过对教师职业活动进行评定，确定其是否胜任其岗位职位。自愿性鉴定是教师自愿要求确定其技能水平，有效期为五年。

第三节　俄罗斯学前教育的发展动向

一、俄罗斯学前教育面临的挑战

(一)入园率不高，入园难

适龄儿童入园率不高(约为 60%)和幼儿园入园难的问题是俄罗斯学前教育最突出的问题。据俄罗斯政府官方网站公布的数据，截至 2008 年年底，全俄共有 0~7 岁儿童 1180.9 万人。其中城市儿童为 830.1 万，农村儿童为 350.8 万。近几年，由于推行鼓励生育的人口政策和部分学前教育机构设施老化，全俄范围内出现了学前教育需求高峰，入园名额供不应求。2008 年有 150 万儿童等待入园，2009 年有 171.6 万儿童等待

① 姜晓燕：《俄罗斯教师教育体系》，载《中国民族教育》2013 年第 2 期，第 42-44 页。

入园，到2010年则有200万儿童等待入园。而到2010年，现有学前教育机构仅能接收83.2312万儿童。①在俄罗斯许多城市出现了出生便要排队等入园的现象，即便是排队也要等到两年后甚至是五年后才有机会入园，使家长们怨声载道。虽然与公立幼儿园相比，私立幼儿园条件好，但是昂贵的学费使得大部分家庭望而却步。

(二)幼儿师资不足，资质参差不齐

师资问题是当前俄罗斯学前教育中另一个难题。在俄罗斯，学前教育不属于义务教育的范畴，幼儿教师的待遇得不到国家政策的保证，因此无论是在收入上还是在社会地位上，都远不如义务教育阶段的教师。由于师资不够，师幼比高，因此幼儿教师往往超负荷工作，如此工作境况难以吸引新生力量，也导致了教师队伍老龄化严重。此外，俄罗斯的幼儿教师大多只具有中等师范文凭，受过高等师范教育的年轻人不愿意从事学前教育工作，这也使幼儿师资的平均素质不高，质量参差不齐。

(三)地区和城乡差异明显，教育不均衡现象突出

俄罗斯联邦内各地区由于经济水平的差异，导致各地的财政预算对学前教育的拨款额迥异。如在2008年时，各地区的学前教育人均财政预算最高的为莫斯科市(114000卢布/年)，而最低的为莫尔多瓦共和国(24900卢布/年)，相差近5倍。同时俄罗斯由于地广人稀，农村面积大，农村及偏远地区在教师数量上严重不足，在入园难度上更为困难，在教育质量上无法保证。

(四)法律不完善，监管模糊

作为一个庞大的联邦政体，俄罗斯联邦法律在实施过程中存在很多灰色地带。例如，联邦宪法规定了俄罗斯联邦具有教育的总领导权，但地方政府也有权管理各地的教育事务。再如，《教育法》规定政府应提供免费的学前教育，但联邦宪法和地方法律并没有规定幼儿园的免费教育，所以最高司法机构只能规定学前教育计划的实施可以免费，但学龄儿童维护方面可以收费。类似的情况还有很多。法律本身存在的不明确性严重影响了学前教育机构的管理及组织。

二、俄罗斯学前教育改革与发展趋势

(一)大力普及学前教育

俄罗斯联邦认识到人才基础的重要性，近几年开始大力普及学前教育，将其作为未来重要的教育任务。俄政府计划在将来投入更多的资金来首先保证学前教育真正的免费

---

① 刘杉杉：《俄罗斯学前教育简况》，载《基础教育参考》2011年第15期，第28-30页。

性质，更大程度地帮助学前儿童入园接受教育。首先，各市级政府加大对学前教育机构的财政预算，促进多种形式的学前教育机构的发展，缓解入园需求。其次，加大对非公立学前教育的支持，规范非公立的学前教育机构，将私立学前教育机构纳入公共预算范畴，同时争取将私立幼儿园纳入公共财政预算体系，以促进私立学前教育的发展和学前教育的多样化。再次，通过法律和政策的制定，对没有接受学前教育的儿童进行物质补偿。

(二)改善教师待遇，提高教师工资

俄罗斯各地区政府计划在未来几年里逐步提高学前教育工作人员的工资，改善其待遇，如给毕业生提供奖金和优惠政策，在生活方面给予补贴，五年一次可获得公费休养等。

(三)完善法律政策，整合调控管理

近年来，俄罗斯联邦政府多次召开会议，发布多项与学前教育相关的法令，加强联邦的宏观调控，协调城乡学前教育差距，将学前教育更加法律化、规范化。学前教育的良好发展离不开政策的完善，国家只有从宏观政策上制定专门学前教育政策，才能改变政策不完善对普及学前教育造成的影响。

(四)加强幼小衔接，发展新型的学前教育机构

2010 年年底起，俄罗斯各联邦主体发展现代化模式的学前教育项目，加强幼小衔接的连贯性，使每个儿童都享有接受初等小学教育课程的机会，保证儿童在进入小学一年级时能流利使用俄语和教学语言进行交流。

本章小结

俄罗斯的学前教育起源于沙俄时期，1763 年别茨科伊在莫斯科开办了第一所儿童教养院，这是俄国最早的幼托机构。1869 年，在圣彼得堡发行了俄国最早的幼儿教育刊物《幼儿园》。19 世纪下半叶，福禄培尔的幼儿园教育法传入俄国。1871 年，圣彼得堡建立了福禄培尔学院，成为俄国历史上第一家幼儿教师培训机构。19 世纪末，平民幼儿园开始出现，慈善团体也开始开办幼儿保教机构。1894 年，圣彼得堡开办了俄国第一家免费平民幼儿园。苏联时期，颁布了幼儿园教学大纲草案，这是苏联的第一份学前教育大纲，规定了幼儿园的任务与教育内容。第二次世界大战结束后，苏联的学前教育迎来了和平环境。1962 年，苏联公布了第一个综合性的幼儿教育大纲——《幼儿园教育大纲》。1991 年，苏联解体。俄罗斯政府于 1992 年颁布了《俄罗斯联邦教育法》，并于 1996 年对该法案进行了修订，将学前教育列入国民教育体系。1995 年，俄罗斯颁布了《学前教育机构基础条例》，并于 1997 年对该条例进修修订。2007 年 1 月，俄罗斯政府出台了奠定学前教育发展方向的文件《俄罗斯

联邦2007—2010年学前教育发展综合措施》。

2008年9月，俄罗斯联邦政府出台了新修订的《学前教育机构基础条例》，将学前教育机构的类型定为八种：幼儿园、托儿所-幼儿园、学前班、托儿所、特殊幼儿园、联合型幼儿园、特长幼儿园和儿童发展中心。在班级的划分上，既有同一年龄儿童的同龄班，也有不同年龄儿童组成的混龄班。按照儿童在园时间长短，可分为整日制(12小时)、短日制(8~10小时)、长日制(14小时)、短期(3~5小时)和昼夜(24小时)时制。

俄罗斯联邦政府出台的《教育法》确立了学前教育的普及性和免费性，但学前教育不属于俄罗斯学制体系的一部分，也不属于义务教育范畴，家长可以决定是否让孩子入读学前教育机构。在儿童入园率方面，整个俄罗斯联邦的适龄儿童入园率并不高，约为60%，公立性质的学前教育机构占绝大部分。从2000年开始，俄罗斯联邦政府积极普及学前教育。联邦政府对学前教育机构投入大量资金，还通过实施专项计划的方式支持学前教育。

2006年，俄罗斯批准出台了由瓦西里耶娃、盖勒鲍娃和卡玛洛娃等人修订的《幼儿园教育与教学大纲》，新大纲采用要素教学法，将学前教育课程分为智育、体育、德育、劳动教育、文学、艺术-审美教育和游戏。

目前，俄罗斯教师培养体系包括三种类型：中等师范学校、高等师范院校、非师范专业类院校。幼儿教师多为中等师范学校毕业，入职后可参加多种途径的培训。

比较与思考

1. 俄罗斯学前教育机构包括哪些类型？有什么区别？

2. 俄罗斯学前教育面临的主要问题有哪些？联邦政府对此采取了哪些应对措施？

推荐阅读

1. 安方明：《社会转型与教育变革——俄罗斯历次重大教育改革研究》，社会科学文献出版社2006年版。

2. 高凤仪、石湘秋：《当今俄罗斯教育概览》，河南教育出版社1994年版。

3. 高金岭：《俄罗斯基础教育》，广东教育出版社2004年版。

4. 肖甦、王义高：《俄罗斯教育10年变迁》，北京师范大学出版社2003年版。

5. 肖甦、王义高：《俄罗斯转型时期重要教育法规文献汇编》，人民教育出版社2009年版。

资源链接

1. 俄罗斯科学教育部：http://mon.gov.ru
2. 俄罗斯教育科学院学前教育战略研究所：http://do.isiorao.ru

下章预习重点

1. 芬兰学前教育的特点与经验。
2. 挪威学前教育的特点与经验。
3. 瑞典学前教育的特点与经验。

第六章　北欧三国学前教育

学习目标

1. 教学重难点：北欧三国国情、历史发展和世界地位对其学前教育的影响；芬兰、挪威和瑞典学前教育制度的主要特色，对我国学前教育的启示。

2. 学习要求：了解芬兰、挪威和瑞典学前教育的特点。

内容提要

芬兰、挪威和瑞典提供类型多样的学前教育服务，如幼儿园、日托中心，家庭日托、学前教育学校、学前班、游戏小组等。幼托机构常常采取混龄编班。

芬兰、挪威和瑞典的学前教育虽然并未纳入义务教育范畴，但基本是免费的教育，家庭只需负责少量支出。

在师资培养上，一般分为幼儿教师与保育员或助理教师两类。国家重视幼儿教师的职前和职后培养。

第一节　芬兰学前教育

芬兰共和国(Republic of Finland)，简称芬兰，首都赫尔辛基，位于欧洲北部，与瑞典、挪威、俄罗斯接壤，全国有三分之一的土地在北极圈内。芬兰是欧盟成员国之一，是高福利国家，人口只有500多万。它不仅经济发达、环境优美，而且教育水平在全世界处于领先地位。芬兰政府历来重视教育，并把对儿童的学前教育作为孩子早期教育的重要组成部分。在芬兰，学前教育不属于义务教育的范畴，学前教育的目标是通过创设学习与游戏的环境，激发儿童的创造力和想象力，并培养他们的学习兴趣，同时也为儿童创造同辈交往的机会。

芬兰是高福利国家，学前教育虽然并未纳入义务教育范畴，但却是基本免费的教育，费用由国家和地方财政负担，家庭不必支付。孩子入托入园时，家长只需填写申请表，附上收入及纳税证明，由市政府决定是否收费、收费多少，即使需要缴纳费用，学费也相当低，每个家庭都可以承受。

一、芬兰学前教育机构

在芬兰，儿童 7 岁开始进入综合学校，接受为期 9 年的基础教育。在此之前的教育经历被分成两段，一是 0~5 岁儿童接受的“儿童早期教育与养护”(Early Childhood Education and Care，简称 ECEC)，二是 6 岁儿童接受的“学前教育”(Preschool Education)。大部分的芬兰儿童在家接受家庭教育至 3 岁。在芬兰，妈妈们可以有长达 11 个月的带薪产假，最长的可享受 3 年的育儿假，政府还会根据情况发放育儿补贴，每月百余欧元，补助直至 18 岁。芬兰非常重视孩子天性的释放，不强制教育，而是重视孩子在游戏和玩耍中成长。

(一)日托中心

日托中心也叫育儿中心，分为全日制和半日制两种，招收 1~6 岁的幼儿。全日制每天开放 8~10 小时，半日制每天开放 4~5 小时。不同年龄段的班级师幼比不同，在 1~2 岁的儿童班中，师幼比为 1∶4；在 3~6 岁儿童班里，师幼比为 1∶7。日托中心的设施完善，条件优越，装备完善，为幼儿提供良好的学习和生活环境。

(二)家庭日托机构

家庭日托机构是设立在家庭中的幼儿保教设施，有公立和私立之分，方便有条件的家庭在照顾自己孩子之余，帮助邻近的家庭解决育儿需求。开办公立的家庭日托机构，需要进修过国家规定的学前教育专业课程，且有一定的工作经验，最多只能照看 4 名 7 岁以下儿童(包括自己孩子在内)。此外，有需要的家庭也可以联合其他家庭向政府租用一名保教人员，该保教人员会在几个家庭轮流施教，但这几个联合家庭的儿童不能超过 4 名。

(三)游戏小组

游戏小组是每周在游戏俱乐部或游戏场、图书馆等地为幼儿提供活动，有公立和私立两种形式。

(四)流动幼儿园

流动幼儿园多为半日制，每天开放 4 小时，主要为人口稀少地区 6 岁以下儿童服务，以便使更多儿童接受学前教育。

（五）学前班

学前班是专门为6岁儿童设立的，实行学前一年教育，主要为儿童的入学做准备。芬兰从2001年起对学龄前儿童实行免费学前教育，全国各地的市政当局有义务为本地区的学龄前儿童提供和安排免费的学前教育，包括免费的课本、学习材料及手工材料。学习内容包括语言、算术、环境和自然知识、卫生知识、艺术和文化等，主要目的是激发孩子们的学习兴趣，让孩子在游戏玩耍中学习上学后所需要的技能。学前班通常采取多种教学形式，除教师授课和小组活动外，主要以游戏玩耍和运动锻炼为主。

（六）特殊教育中心

此类机构的主要为身心有障碍的儿童提供诊断、治疗和教育服务。由儿童保教专家、中心教师和父母共同协作，制订儿童的康复训练计划。

二、芬兰学前教育课程

芬兰提倡自由教育，幼儿教育强调“快乐”，反对具体的知识灌输。2000年，芬兰政府颁布了《学前教育国家核心课程》。2003年制定了《儿童早期教育与养护国家课程指南》。核心课程划分为七个领域，分别是语言与互动、数学、道德与宗教、环境与自然探究、健康、身体与运动发展、文化和艺术。学校可以根据核心课程提出的学科领域，采用不同的教学方法，组织丰富多样的教育活动。

《儿童早期教育与养护国家课程指南》中明确写道，让孩子们在游戏和运动中学习、尝试和实践新事物，注重培养孩子的自信、社交能力和合作精神。幼儿教育的具体目标是：充分发挥家庭在幼儿教育中的作用，和家庭密切配合，共同促进儿童个性成长和身心的全面发展。给儿童创造良好的环境，支持儿童的各种活动，使儿童感受到安全、温暖和爱。以儿童的需要、家庭的文化传统、父母的宗教信仰为基础，促进儿童在身体、社会性、情感、艺术、智力、道德、宗教上的发展。增强儿童的责任感，培养儿童热爱和平、关心环境的精神。

（一）语言与互动

在日常沟通和学习中，引导儿童逐步成长为活跃的说话者和耐心的倾听者。鼓励他们讲述和谈论自己的感受、希望、意见和想法，参与语言互动并表达自己的看法和结论；通过童话、寓言、诗歌等为儿童提供享受所听到内容的机会；奠定儿童识字的基础和语感，为他们以后的阅读和写作打好基础。

（二）数学

引导幼儿学习分类、比较和排序的规则，探索并分析物体、人物、材料等在形状、数量及性能上的差异。教师应以日常生活为切入点，引导儿童关注日常看到的数学现象，教师应为儿童提供有助理解数学知识的刺激物，并重视儿童日常学习环境的创造。运用适当的教学法，发挥辅助设备和语言的作用，为儿童提供形成和理解概念的经验。

（三）道德与宗教

通过讨论或者角色扮演将道德教育融入具体的情景下，感受生活中的哲学问题，了解世界的概念，熟悉本国的文化、信仰和遗产，并学习理解不同国家和地区的文化与宗教。道德教育应该贯穿于所有活动与教学中，以发展儿童的自尊为起点，扩大到人际交往技巧、适应多元环境。人生观方面的教育，主要是培养儿童正确的思维方式，帮助儿童理清好坏、是非、真假等观念，发展儿童的思想道德素质。培养儿童处理好人与人、人与社会的关系的能力，培养他们宽容和节制、正义与公平、勇气和自我认同以及仁慈和关怀等品质。

（四）环境和自然

以儿童日常生活为情景，了解自然现象，理解周围世界，认识生物的多样性。引导儿童探究与环境相关的问题、现象和事件。在与儿童互动中，通过观察和感官的应用，鼓励并帮助儿童获取、理解环境信息，形成问题并寻求答案，认识人类行为对环境的影响，培养儿童爱护环境的意识和行为。

（五）健康与安全

使儿童在日常生活中形成良好的饮食习惯和运动习惯，有能力进行日常个人卫生护理。正确平衡休息与娱乐的关系，促进儿童身心和社会适应的全面健康发展。引导儿童注意自己的健康和个人卫生，通过鼓励和表扬来建立健康的饮食习惯和餐桌礼仪。在生活中解说某些行为的不当之处及危险后果，使儿童逐渐形成牢固的安全意识。

（六）身体和运动发展

利用游戏和体育活动等形式，促进儿童身体肌肉、器官的发展以及动作协调能力的提升。在日常的活动和游戏中，锻炼孩子的精细动作、动手能力和手眼协调能力，培养运动技能和控制能力。同时，在群体活动中鼓励儿童积极主动与其他儿童合作完成身体训练或游戏，引导儿童理解体育锻炼对于人们的健康的益处。

（七）艺术和文化

通过制作图片、音乐和手工、戏剧、舞蹈等为孩子们提供艺术体验和享受的机会，培养儿童的想象、创造和自我表达的能力。儿童音乐和其他艺术形式经验的积累是其情感、实践和认知形成和发展的重要依据。通过使用具有探索性的艺术活动和教具，帮助儿童收集自己和周围世界文化现象的信息，引导儿童进行初级的艺术创作，并欣赏自己和他人的作品，促进儿童审美和空间感的发展。引导儿童了解文化遗产及其多样性，珍视环境及其审美价值和文化价值。

户外活动是芬兰学前教育的一大特色，芬兰虽然天气寒冷，但他们格外崇尚户外运动，认为户外运动是提高身体素质，增强抵抗力的最好方式，在幼儿教育方面也不例外。孩子们甚至在几个月大时就被装在可躺可坐的雪橇或越野车中，跟着大人们去远足、滑雪。在学前教育机构中，孩子们一天中的大部分时间都在户外玩耍。幼儿园的户外场地通常很大，既没有塑胶地面，也没有昂贵的大型玩具，一般就是泥土、沙石、草坪、大树等天然场所。运动设施除了手推车、挖沙工具和容器外，大多玩具是用木头和废旧材料做成的，如秋千架、篮球架、滑梯、可攀登的斜坡或海盗船等。为了确保孩子在下小雨时或阳光强烈时还可以在户外活动，有些幼儿园还建了门廊和户外的小木屋。在户外的小木屋中，有各种木工用具、园艺工具、颜料，等等。室内的玩具和书籍有时也会被搬到户外，有木桌椅供孩子们在户外看书、画画。幼儿园与院子相连的门厅中，都会有挂成套雨衣、插雨鞋的架子。条件好的还会有烘干雨衣的专门房间或设备。即使是下雨天，孩子们也会装备齐全，去户外活动。

三、芬兰学前教育师资

教师在芬兰社会广受尊重，芬兰教师都接受过良好的教育，训练有素的教师和多种制度组成了强有力的芬兰教育系统。芬兰教育法规定，所有学前教育、义务教育、高等教育、成人教育的教师，都必须具备硕士以上学历，并通过教师资格考试，才能申请教师职位。

在芬兰的学前教育机构中，教师分为两类，一类为教师，另一类为保育人员。日托中心的教师具有学士学位，还要求在社会保障和健康领域取得第二学位。学习年限为3年，需要修满180学分，其中包括25个学分的教学实践。学前班的教师必须有学士学位或者主修过教育学。包括游戏小组指导员、儿童护理员等在内的保育人员的学历要求相对要低一些，但他们也需得到国家相关部门的资格认证。另外，负责对特殊儿童开展教育的教师还需接受另外的专门培训。

在职前教育方面，芬兰十分重视早期教师职前教育。教师不仅需要具备丰富的理论知识，而且需要一定的教学实践能力。在芬兰，大学教育系所按7∶1的比例录取学生，较之法律、医学课程更为严格，因此，申请者都是极为优秀的，这从源头上保障了教师的质量。在课程设置上，采用模块化的课程设计，分为必修课程和选修课程。在教学内容方面，既包括针对不同语言、宗教群体的专业要求，又有针对学习者个性化的内容，使学习者能够根据自己的特点有针对性地选择学习内容。教育实习是芬兰教师教育中相当重要的内容，准教师各阶段的学习都会紧密地与实习结合在一起。在芬兰，教师教育机构为学生提供实习机会，仅赫尔辛基大学教师教育系就有包括日托中心、学校、教育机构在内的近百个这样的单位，主要参与规划、指导实习生实习阶段的专业发展。另外，这些机构还需承担教育实验、短期在职进修等项目。

在职后培训方面，芬兰非常重视教师专业发展，为了保持专业能力，各级教育培训机构为教师提供了丰富多样的、各种层次的职后培养项目。教师既可以在现有工作单位接受培训，也可以进入培训机构或者大学进修，还可以参加教师交流会、工作室、主题培训、实地咨询培训、监管实践和指导。在培养经费上，2010 年以来，芬兰教育部每年投入 2100 万欧元，为教师培训提供了经费，包括学前教育教师。每年的培训时间应该是 3～10 天，但具体培训时长应取决于受训人员的实际情况，包括受教育水平、目前工作所需的能力等。另外，早期教育教师专业培训内容包括教学方法、教学实践、课程实施、语言和题材、监测和评估、交流和管理等方面。

四、芬兰学前教育的特点与启示

芬兰的教育世界一流，这与其教育特点是紧密相连的。

第一，芬兰倡导教育公平，在学前教育方面也不例外，确保了学前教育的起点公平、过程公平和结果公平。首先，芬兰没有重点学校和普通学校之分，政府在教育经费的投入上保证了公平，对各类学前教育机构都同样重视，保障了资源的合理配置。其次，不同阶层的孩子享有同等的受教育权。无论是城市孩子还是乡村儿童，无论是有钱阶层还是贫穷人家，孩子们都一样受到同等的待遇。再次，在课堂上，教师平等地对待每一个学生。

第二，芬兰的学前教育倡导快乐教育，寓教于乐。“游戏”是芬兰学前教育的一大特色，学校拥有相当的自由度和自主权，学校和教师自己可以决定教学进度和教学方法，教师们的创造力在教学中得到充分的施展。芬兰的教育学程不赶进度、不赶任务，不急躁不求快，强调一切以孩子个人的发展为中心。

第三，芬兰的学前教育拥有高水平的师资力量，保证了学前教育的质量。国家投入经费足，教育培训机构类型多样，教师职前培养机制健全，要求严格，职后培养途径多样，保证了教师专业的良性健康发展。

第二节　挪威学前教育

挪威王国（The Kingdom of Norway，Kongeriket Norge），简称挪威，首都奥斯陆，位于斯堪的纳维亚半岛西部，被称为“万岛之国”，领土与瑞典、芬兰、俄罗斯接壤。挪威是高福利国家，经济发达，人口 500 多万，国民享有优越的生活和教育条件，国家对教育投资的力度很大。

在学前教育方面，1995年挪威颁布了《日间护养机构的框架计划》，这是挪威第一个关于学前教育的框架计划。该框架计划包括了对日间护养机构有约束力的工作目标，对每日社会互动的质量要求，规定了学前教育的学科领域：社会、宗教和伦理；美学；语言；文本和沟通；自然、环境和技术；身体活动和健康。2006年，挪威展开了新一轮的教育改革。挪威教育研究部新颁布了《幼儿园教育内容和任务的框架计划条例》(*Framework Plan for the Content and Tasks of Kindergartens*)，代替了之前的《日间护养机构的框架计划》，并作为挪威国家学前教育指导新纲要，旨在促使儿童成为成功的学习者、自信的个体、负责任的公民，为儿童的终身学习奠定良好的基础。

一、挪威学前教育机构

(一)幼儿园

幼儿园是挪威最主要的学前教育机构，招收0~6岁儿童，分为公立和私立两种办学形式，公立幼儿园由政府资助，受政府管理。在时间上，挪威现在几乎全部为全日制幼儿园，入园时间一般为上午9:00至下午5:00。

(二)家庭日托机构

家庭日托机构是设立在家庭中的幼儿保教设施，也有公立和私立之分，是方便有条件的家庭在照顾自己孩子之余，帮助邻近的家庭解决育儿需求。对于幼儿的名额有限制，算上自己的孩子在内，托管的3岁以上幼儿不能超过5名。

(三)开放式幼儿园

由于北欧地广人稀，为解决偏僻地区的幼儿教育问题，政府负责接送孩子们到固定的地点学习和玩耍。

(四)课后托管班

挪威的义务教育年龄始于6岁，因此，小学附设了课后托管班，针对1~4年级的低幼儿童，为其提供课后的娱乐和游戏活动。

二、挪威学前教育课程

2006年的《幼儿园教育内容和任务的框架计划条例》明确地阐述了幼儿园的存在价值，以及如何促进儿童的发展。在第一部分“导论”中明确了幼儿园的目的、价值以及任务——幼儿园应提供一个尊重人类价值和多元文化差异的环境，促进儿童社会公共意识的提升，引导幼儿形成关心他人、传播共同责任等基本价值理念……幼儿园的教育活动应遵循性别平等的原则，为儿童提供平等的机会参与活动。同时，要培养儿童学会尊重生活、在每日生活中不断构建可持续发展的理念，以及保护自然文化遗产、保持健康的责任感。“幼儿园的基本价值之一还包括宽容和尊重……要为儿童的终身学习、在未来社会中的行动力奠定基础。”①

与1996年的《日间护养机构的框架计划》相比，《幼儿园教育内容和任务的框架计划条例》在“教育内容及学习领域”方面做出了重大调整与修订：合并新增幼儿园教育内容，对学习领域结构进行了重新调整，并由原来的五个增加到七个。此外，强调了教师的知识、态度、能力对儿童发展的重要性，重新提出了每个学习领域教师的指导要求。

在幼儿园教育内容上，《幼儿园教育内容和任务的框架计划条例》指出，幼儿园教育内容主要包括三个方面：保育、游戏和学习。除此之外，还单独列出了两项学习内容：社会能力的培养和语言能力的培养。社会能力是指儿童在不同的情境中以积极的态度与他人互动的能力，包括了理解社会情境和过程、移情、观点采择、解决问题冲突、合作学习等能力。语言能力则是指儿童能把语言作为自身交流、思考以及表达的一种工具。

《幼儿园教育内容和任务的框架计划条例》将幼儿的学习领域增加到七项：交流、语言与文字；身体、运动与健康；艺术、文化与创造性；自然、环境与技术；伦理、宗教与哲学；社区与社会；数字、空间和形状。把原来“社会、宗教与伦理”领域拆分为两个独立的学习领域——“伦理、宗教和哲学”领域和“社区与社会”领域，并新增加了“数字、空间和形状”领域。还规定了每个学习领域的发展目标以及教师指导要求。此外，该条例还重新补充调整了原有指导纲要的领域结构，对领域结构划分更加科学和完善。

挪威幼儿园大部分为混龄教育，一般10个月至3岁为一组，3~6岁为一组。这种异龄的结构编制有利于儿童自主学习的形成。儿童在自然的情境下主动模仿、学习或展示，会产生良好的学习效果。

在具体的课程教授上，挪威并不以知识传授为主，而是注重儿童天性的成长，给其充分的自由。游戏是挪威幼儿主要的学习内容。班级重视环境创设，班级都有许多大小不同的游戏室，有游戏角、图书角、绘画角、音乐角等活动区域，儿童可以任意挑选自己喜欢的项目来玩。在日常生活或教育活动中，儿童有权发表自己的独到见解，并可与教师进行平等的交流。教师总是以亲切和蔼的态度对待每一个儿童，认真倾听他们不同的声音，耐心地回答他们的每一个问题。所有儿童都享受平等的待遇。教师从不用对知识技能掌握的好坏来甄别儿童，而是用欣赏的目光去看待每一个儿童，充分尊重儿童积极的个体行为，允许儿童按自己喜欢的方式行事，从不强迫儿童。此外，挪威重视户外

① Framework Plan for the Content and Tasks of Kindergartens[S]. The Ministry of Education and Research, Norway, 2006: 7.

活动，无论春夏秋冬，无论风霜雨雪，孩子们都会穿上特制的防雨或防雪服到户外去玩，快乐地享受自然。

三、挪威学前教育师资

挪威的学前教育师资分为三种，即机构领导、教学教师和助理教师。挪威的幼儿园法规定，幼儿园教师和主管教学的领导人必须经过学前教师教育培训，或接受过其他的大学教育，具备从事儿童工作的资格和相关的教育学知识和能力。1971 年挪威颁布了第一部《学前师资教学大纲》，1975 年颁布了《师范教育法》。经过一系列变革，2003 年颁布的《幼儿师范教育大纲》成为指导学前师资教育的纲领性文件。

学前教师必须是大学或学院的师范专业，接受为期 3 年的全日制学习，修满 180 个学分，完成者将获得大学本科学历。教学主管教师若未接受过学前师资教育，必须进修学前教育的相关知识，获得在幼儿园任职的专业能力。当前，也有很多幼儿师范学院提供非全日制的课程，最常见的是四年修满 180 个学分。这种课程的招生对象是没有受过正规学前师资教育的幼儿园助理教师。除了理论的学习之外，还安排了实践的机会。学前教育专业的师范生实习期有 20 周，其中 18 周在幼儿园实习，此外还要到小学 1～4 年级和校外活动中心实习。

对于已入职的幼儿教师，国家也为其提供种类多样的职后培训机会，教师可以在现任工作岗位上接受培训，也可以进入相关的大学、学院或培训机构完成在职进修。

四、挪威学前教育的特点与启示

（一）政府对学前教育的经费投入力度大

挪威是高税收、高福利国家，财政资助是挪威政府保持学前教育质量的一大保证，同时，也是政府调控学前教育的重要手段。挪威中央政府对学前教育的资助有两大类：一类是普通用途的资助；另一类是用于特殊目的的专项拨款。2006 年，政府对学前教育的投资为 148 亿克朗。政府的资助创造了较为公平的学前教育制度，节约了家庭开支，促进了适龄儿童入园率的增长。

（二）家园共育式的教育方式

挪威鼓励家长参与学前教育，宪法规定，家长有对孩子照顾、抚养的义务。幼儿园和家庭是儿童成长的两大环境，为保证儿童有良好的成长环境，挪威规定，每所幼儿园都必须有家长理事会和合作委员会。家长理事会要维护并推动家长共享的利益，合作委员会则开展咨询业务，与幼儿园积极开展有关幼儿培养的讨论，增加幼儿园与地方社区的联系。

（三）宽松的育儿政策

挪威人口较少，且生育率一直处于不断地下降中，政府采取了多种措施鼓励生育，同时制定很多措施，让家长有更多的时间陪伴孩子。例如，挪威的产假为高薪水假期，既可选择80%薪水的52周产假，也可选择全薪的42周产假。此外还可以休育儿假。不仅妈妈可以休假，爸爸也可以休假，在家照看孩子。对于16岁以下孩子，家庭都有权领受家庭津贴。这种宽松的育儿政策增强了亲子关系，减少了育儿的经济和心理负担，有利于家庭为孩子创造更好的成长环境。

（四）倡导教育公平

挪威是一个多元文化国家，文化的多样性同样影响着幼儿园。挪威政府规定，幼儿园必须平等地为每一位孩子提供适合他们文化背景的教学环境，不管这些孩子有多大年纪、是男孩还是女孩、能力强弱、社会家教背景高低、信仰何种宗教，幼儿园要根据幼儿的文化背景提供适宜的课程。此外，对于偏僻的农村地区，政府为其提供流动性的学前教育服务。对于困难的家庭，可以申请享受政府补贴或免费的学前教育。对于身心有障碍的儿童，政府为其配备了特殊教育教师，享受与正常儿童同等的教育权利。

第三节 瑞典学前教育

瑞典王国(Sweden)位于斯堪的纳维亚半岛，首都为斯德哥尔摩。它西邻挪威，东北与芬兰接壤，是北欧最大的国家，人口约1000万。瑞典是一个高度发达的资本主义国家，是欧盟成员国之一，环境优美，国民享受高福利待遇。政府对学前教育的投资巨大。学前教育机构多为政区承办的公立机构，私立学前教育机构约占四分之一。瑞典的学前教育虽然不属于国家义务教育的范畴，并不是免费教育，但是学前教育的费用非常低廉，一般的家庭均负担得起。

一、瑞典学前教育机构

瑞典提供多种形式的学前教育服务。儿童从1岁就可以进入学前教育机构。服务的时间也很长，全日制的机构很多，从早晨6:30即可入园，9点左右开始游戏和教学活动，下午5点左右放学。

（一）学前学校

学前学校是瑞典的主要幼儿教育机构，实行全日制，为1~5岁的儿童提供照管和教育。学前学校多为公立性质，由国家提供资金，受教育部门的监督。

(二)家庭日托机构

家庭日托机构是设在家庭中的幼儿托管服务机构，与挪威和芬兰的家庭日托机构类似。从业者需具有一定的幼儿保育知识，获得国家的认可。在照顾自己孩子之余，帮助邻近的家庭照看孩子。此外，家庭也可以请专业的保教人员到家中照看孩子。

(三)学前班

瑞典的学前班附设于小学内，招收6岁儿童，旨在加强学前教育和基础教育之间的衔接，教育是免费的，属于国家义务教育的范畴。

(四)开放式学前教育学校

开放式学前教育学校主要招收1~5岁的幼儿，为低收入家庭和移民家庭开设。

二、瑞典学前教育课程

第二次世界大战以后，许多国家都把发展基础教育放在优先考虑的地位。瑞典将课程改革作为其学前教育改革的核心内容，通过提高课程质量促进学前教育事业的发展。自从1998年6月瑞典颁布《学前学校国家课程》(*National Curriculum for Pre-school*)以来，瑞典学前教育卓有成效。根据《学前学校国家课程》，学前教育的目的是“为儿童创设一种平等、公平的高质量学前教育环境，从而提高义务教育之前的早期教育质量”。学前教育机构的任务是照管、抚养儿童，并使儿童学习基本的生活常识。从儿童本位出发，要求重视儿童个性，保护儿童权利，还要求研究儿童的需要、能力等特点，根据孩子的需要开展整体课程内容。另一方面强调以儿童视角定义课程，充分与孩子协商，培养孩子的自尊心和社交能力，因材施教。

瑞典的学前教育的目标是以终身学习为理念的，强调要让儿童在体力、认知、社会性、情感等方面得到和谐发展。其具体目标是：(1)促进儿童的学习能力，增强儿童的社会性，丰富儿童的情感，促进儿童体力、语言和智力的发展；(2)丰富儿童的经验，增长儿童的知识，使儿童在了解、热爱本民族的文化的基础上，尊重、接受多元文化；(3)帮助儿童认识周围环境，培养良好的自我意识，建立自信心；(4)促进儿童身心健康成长；(5)培养儿童的民主精神，形成乐于助人的品质，提高儿童与人合作的能力，增强儿童的责任感。

在具体的课程上，瑞典的学前教育重视日常生活的学习，从每天的生活起居、传统节日、天气变幻等方面引入具体的有关习惯、语言、卫生、健康等内容的学习。每天的课程包括学习字母、数字、猜谜语、唱歌、绘画等内容。学前教育机构的教室被划分为很多活动区域，如科学区、绘画区、图书区、积木区、阅读区等。儿童可以根据自己的兴趣选择，也可以组成游戏小组一起游戏。同其他北欧国家一样，瑞典的学前教育也非常推崇室外活动，户外活动空间也被划分为不同的区域，如玩沙区、玩水区。在这些区域内，配备废旧材料和木头制成的秋千、椅子、滑梯等。此外，课程也不仅限于幼托机构内部，教师会经常带领儿童进行远足、划船、游泳、参观博物馆等。

三、瑞典学前教育师资

在瑞典，学前教育工作者分为教师和教师助理，属于公务员，职业稳定且具有较高的社会地位。瑞典很重视对幼儿园教师进行职前培养和在职培训。在职前培养方面，成为一名幼儿教师，必须在瑞典完成相应的师范教育或者获得欧盟成员国颁发的同等文凭。一般而言，幼儿教师需在高等教育学院接受2年至2年半的高等教育，此外需在相应的机构完成实习，毕业后还需要参加国家考试以获得幼儿教师职业资格。教师助手则要在中等学校接受半年以上的专业培训，工作以后可继续深造，转为教师。保育员的文凭和学历要求相对较低，在中等护理学校接受1学期或1年教育，即可申请做教师助理，毕业后取得相应的资格证书。此外，瑞典重视男女教师的合理搭配，瑞典男性幼教工作者所占的比例比较高，课程标准中要求男性幼教工作者的比例不得少于28%。

在职后培养方面，国家为幼儿教师的专业发展提供了多种课程。为了确保课程标准的有效实施，国家教育署组建了教师在职培训机构。全国划分成几大区，建立多个在职培训中心。国家拨专款用于开办和支付各区的在职培训活动。每个教师一年中有一周带薪学习期，教师可自由选择培训形式，每年接受在职21～40课时的岗位教育。同时，国家还组织了包括校长在内的教育行政人员的继续培训。另外，指派调研员指导实际课程教学中出现的问题，并及时反馈给国家课程研究的顾问团，从而改进课程标准的设定。

四、瑞典学前教育的特点与启示

（一）提倡多元、民主式教育

瑞典是一个多民族国家，社会文化呈现出多元文化特色，因此，瑞典政府十分重视向儿童传递民主价值观，教导儿童尊重不同民族的文化特色和风俗习惯。在学前教育权利上，政府明确指出，不能因儿童的性别、种族、宗教信仰、身体缺陷等因素而区别对待，每个儿童享有同等的生命自由权和受教育权。

（二）家园共育

瑞典的学前教育注重家庭与幼儿教育机构的联系，瑞典的家长参与幼儿园的日常活动和管理。幼儿园不仅经常召开家长会，举行聚餐，讨论和处理幼儿园的日常事务，而且家长还可以与孩子们一起玩耍，中途探视等。幼托机构更鼓励家长充分地表达自己的意见和建议，积极地参与教学评价。

（三）幼儿本位，完善的课程评价体系

瑞典学前教育以儿童的本体需求为出发点，注重儿童潜能的开发和释放，课程以游戏为主，强调寓教于乐。此外，教育部门还对学前教育质量进行定期和系统的监控、记录和分析，确定课程内容是否与课程目标一致，调查促进儿童学习与发展所采取的教学方式是否合理等，监管儿童在不同的目标领域所获得的发展。

本章小结

芬兰、挪威和瑞典地处北欧，都是高福利国家，学前教育虽然并未纳入义务教育范畴，但基本是免费的教育，家庭只需负责少量支出。

北欧国家提供类型多样的学前教育服务，如幼儿园、日托中心，家庭日托、学前教育学校、学前班、游戏小组等。学前教育理念非常重视孩子天性的释放，不强制教育，而是重视孩子在游戏和玩耍中成长。幼托机构常常采取混龄编班，在学前教育课程方面，国家制定了培养目标和发展纲要，同时对教学效果进行动态性的全面评价。学前教育非常重视户外活动，使儿童在游戏中增强体魄，接触和热爱自然。在师资培养上，一般分为幼儿教师与保育员或助理教师两类。前者负责幼儿的教育，后者负责幼儿的保育。国家幼儿教师的资质有严格要求，需具有大学文凭，且取得国家教师资格证书。在教师的职后培训上，国家也非常重视，保证了幼儿教师的专业技能发展。教师待遇较好，属于公务员。在管理上，强调家园共育的理念，幼儿家庭参与幼托机构的管理。

比较与思考

挪威、瑞典和芬兰同为北欧国家，它们的学前教育有什么异同？

推荐阅读

1. 陈之华：《芬兰教育——全球第一的秘密》，中国青年出版社 2011 年版。
2. 康建朝、李栋：《芬兰基础教育》，同济大学出版社 2015 年版。
3. 方彤：《瑞典的基础教育》，广东教育出版社 2004 年版。
4. 顾耀铭、王和平：《当今瑞典教育概览》，河南教育出版社 1994 年版。

资源链接

1. 芬兰教育与文化部：http://www.minedu.fi

2. 挪威教育部：https://www.regjeringen.no/en/dep/kd/organisation/minister-of-education-and-research

3. 瑞典教育部：http://www.skolverket.se

下章预习重点

1. 美国学前教育机构的类型、特色。

2. 美国学前教育课程设置。

3. 美国学前教育的师资培养。

第七章 美国学前教育

学习目标

1. 教学重难点：美国国情、历史发展和世界地位对其学前教育的影响；美国学前教育制度的主要特色；美国学前教育未来发展态势。

2. 学习要求：了解美国学前教育的历史进程，熟知美国学前教育制度的特点，知晓美国学前教育制度的发展趋势。

内容提要

美国最早的学前教育始于19世纪，1826年欧文在美国建立了幼儿学校。19世纪50年代，福禄培尔的幼儿园教育法传入美国。1860年，皮博迪在波士顿创办了美国第一所英语幼儿园。

现今美国的学前教育分为三类：学前班、日托中心和保育学校。学前班是小学的预备班，招收5~6岁儿童，分公立和私立两种类型。日托中心招收2周~4岁儿童，多为私立性质，主要提供保育服务。保育学校招收3~4岁儿童。

在幼儿教师的培养和培训上，“全美幼儿教育协会”制定了完善的幼儿教师专业标准，幼儿教师必须有相应的文凭为依托，不同层次的教师实行差异化的培养制度，必须通过国家的资格考试取得执教资格证才能上岗，且经常要接受相关机构的监督和资格审查。幼儿教师的职后培训制度分为两类：一类是新进教师的入职培训，另一类是在职教师的专业发展培训。

美利坚合众国(The United States of America)，简称美国，位于北美洲中部，首都为华盛顿。美国是一个高度发达的资本主义超级大国，其政治、经济、军事、文化、创新等实力领衔全球。美国拥有健全的法律制度、健康的生活环境、顶尖的教育资源。美国是一个移民国家，本为英国在北美建立的十三块殖民地。直到1776年，经过独立战争才形成了主权国家。1864 年南北战争后，美国才真正从领土和制度上完成了统一。美国最早的学前教育始于 19 世纪。

第一节　美国学前教育历史承续

美国的历史并不算悠久，其最早的学前教育始于 19 世纪。由于和英国千丝万缕的历史渊源，美国早期的教育体制都沿袭了英国的教育传统。

一、美国学前教育的萌芽

曾在英国创办幼儿学校的欧文于 1824 年来到美国，在印第安纳州进行空想社会主义实验，建立“新和谐村”，并于 1826 年建立了幼儿学校，这是美国最早的学前教育实践。此后，美国的许多州也纷纷效仿，建立了幼儿学校。19 世纪 30 年代，美国的幼儿学校风靡一时。但此时的幼儿学校多为慈善性质的幼儿教育机构，政府对其没有资助。此时，美国兴起了公立学校运动，后来幼儿学校被合并进初等学校。

19 世纪 50 年代，福禄培尔的幼儿园教育法传入美国，主导了美国 19 世纪后半期的幼儿教育发展。1855 年，玛格丽特・迈耶・舒尔兹(Margarethe Meyer Schurz)夫人在威斯康星州的瓦特镇创办了美国第一所幼儿园。舒尔兹夫人是德国移民，她的幼儿园采用德语教学，沿用了福禄培尔的教学法，最初招收的也多为德国移民的后裔。

1860 年，伊丽莎白・皮博迪(Elizabeth Peabody)在波士顿创办了美国第一所英语幼儿园，采用英文教学，招收美国儿童，这是美国第一所真正意义上的幼儿园。后来皮博迪还积极向舒尔兹夫人求教，并亲赴德国参观访问，学习幼儿教育方法。1868 年，皮博迪夫人创办了美国第一所幼儿师范学校。

19 世纪 70 年代，美国的公立学校运动兴起，也带动了学前教育的发展。1873 年，美国的第一所公立幼儿园在圣路易斯市建立。并被其他各州纷纷效仿。到 19 世纪末 20 世纪初，美国的公立幼儿园以达到 2996 所，各大城市都建立了公立幼儿园。这类幼儿园一般附设于小学内，促进了幼小衔接。

19 世纪 70 年代后，美国的慈善幼儿园迅速发展起来。此时美国出现了更严重的贫富差距，社会矛盾加剧，济贫需求激增。1889 年，昆西・肖(Quincy Shaw)夫人在波士顿创办了第一所慈善幼儿园，实行免费教育。在此之前，她就建立了幼儿师范学校。在她的推动下，慈善幼儿园在美国发展起来，到 19 世纪八九十年代，美国的各大城市几乎都兴办了慈善幼儿园。在这一时期，教会也开始兴办幼儿园。1877 年，美国的“圣三一会”(Trinity Church)在俄亥俄州托雷多市建立了第一所教会幼儿园。此后，其他地方也陆续开办教会幼儿园。

二、美国学前教育的初期发展

20 世纪初，在世界教育领域刮起了两大风潮，一是欧洲的“新教育运动”，二是美国的“进步主义教育运动”。在这场教育革新运动中，美国的学前教育也进一步发展。进步主义幼儿园运动的领导者是布莱恩(Anna Bryan)、坦普尔(Alice Temple)和希尔(Partty Hill)。她们提倡以儿童为中心，重视教育与生活的联系，重视幼儿游戏。

欧洲新教育的一些主张也传到美国，其中影响力最大的是蒙台梭利的幼儿教育理论。1912 年和 1915 年，蒙台梭利曾两次访美，她的《蒙台梭利方法》也被译为英文在美国出版，并引起热销。1913 年，美国的蒙台梭利协会成立。但 1915 年后，美国国内的教育派别对蒙台梭利方法提出了批评与质疑，蒙台梭利热迅速降温。

美国的保育运动此时也有了新进展。1915 年，受到英国麦克米伦姐妹创办的保育学校的影响，美国建立了第一所保育学校，此后保育学校运动在美国蓬勃开展起来。其中杰出的领导者为伊利奥特(Abigail Eliot)和怀特(Edna White)。她们分别在波士顿和底特律创办了保育学校。1919 年，美国第一所公立保育学校诞生。

20 世纪上半叶，美国的儿童日托机构也发展起来，并很快与幼儿园、保育学校形成鼎立之势。日托所主要为幼儿提供身体方面的看护，目的是为了满足那些因父母需要工作无暇顾及的孩子。

三、战后美国学前教育的发展

第二次世界大战后，美苏争霸开始，美国政府为了赢得未来的人才基础，决定大力发展教育事业，学前教育也因此振兴。

1965 年，美国制订了“开端计划”(Head Start Programme)，旨在实现学前教育机会均等，使 90%以上 3~5 岁的儿童能够接受学前教育。联邦政府拨款为贫困家庭 3~5 岁的幼儿提供一年以内的保育和学前教育，教学内容包括游戏、文化知识等，保育时间为每天 3~4 小时。“开端计划”实施后，美国开端计划中心大幅增加，数十万幼儿因此受惠。1981 年，美国政府通过了《开端计划法案》，将“开端计划”纳入了法制化轨道。联邦政府不断增加对“开端计划”的投入，到 21 世纪初，美国为“开端计划”的投资超过 50 亿美元。这项计划虽然也有不足之处，但从总体效果而言，它促进了美国幼儿教育的提高，尤其是贫困家庭和弱势群体儿童，幼儿整体的学习能力得到了提高，素质有了提升。

20 世纪 80 年代以后，美国开始了新一轮的教育改革运动。首先是蒙台梭利教育法再次进入公众视野，引起了美国社会的广泛关注，许多幼儿园开始用蒙台梭利法进行教学。此外，蒙台梭利学校也兴办起来，培养蒙台梭利教师，合格者颁发资格证。

此外，美国颁发多项法案促进学前教育的发展。1990 年，美国通过《儿童早期教育法》(*Early Childhood and Education Act*)，决定每四年为儿童保育工作拨款8.25亿美元。2000年，美国出台的《早期学习机会法》，旨在提高父母教育的有效性，促进儿童的入学准备。2002年，美国颁布《不让一个孩子掉队法》，拨款9亿美元用于“阅读优先”项目。同年，全美幼儿教育协会发表《早期学习标准：为成功创设条件》，提出了早期学习标准。2005年美国政府出台《儿童保育法》，2007年美国颁布《开端计划促进入学准备法》，2011年推出《力争上游——早期教育挑战》计划，提供500万美元以鼓励并支持各州制订可行性计划，实施一致性、综合的学前教育改革。

奥巴马总统上任伊始，就提出了“0~5岁教育计划”，每年由联邦政府拨款100亿美元来促进各州普及学前教育，使每个儿童不分贫贱在幼年时期都能获得平等的教育。该计划还设立了总统幼儿学习咨询委员会，这是美国有史以来最高级别的学前教育领导机构，主要职责为促进联邦政府和州政府水平项目之间的对话与联动，宣传早期教育的最新研究成果，加强与各州的合作。

第二节　美国学前教育现状

一、美国学前教育体系

(一)美国学前教育机构

目前，美国的学前教育分为三类：学前班、日托中心和保育学校。

1. 学前班(Preschool)

美国的学前班是小学的预备班，招收5~6岁儿童，为他们提供小学前的预备教育。学前班分公立和私立两种类型，为期一年。学前班多附设于小学，不属于义务教育的范畴，但受国家资助，实行免费制。

2. 日托中心(Day Care)

美国日托中心的服务对象是出生后2周~4岁的儿童，多为私立性质，全日制，费用主要由家长承担。主要提供保育服务，一日活动以游戏为主。日托中心由各州政府的社会服务部(Department of Social Services)管辖，必须具有各州颁发的营业执照，执照的标准由州社会服务部门制订，有完整详细的法律法规制约，具体由执照办公室监督实施，其中对从业人员、建筑、设施、食品、教师和孩子的比例等都有严格的规定，以保证所提供的服务、活动、软件和硬件都能达到要求的标准。

日托中心按年龄一般分成三个级别：婴儿班(infant，1~12个月)、幼儿班(toddler，1~3岁)和大班(preschool，4~5岁)。婴儿班的师生比为1∶4，孩子需要自己携带配方(或母乳)、辅助食品、尿不湿等，老师负责按一定的时间间隔喂孩子和换尿布，每个婴儿有自己固定的小床，也有适合婴儿的小秋千、小按摩椅之类的给不会走的婴儿用，还有一块比较开阔的区域给大一点的婴儿爬。幼儿班的孩子则分成两组，一组是刚会走路的孩子(1~2岁)，师生比为1∶5；另一组是大一些的幼儿(2~3岁)，师生比为1∶8。大班师生比为1∶10，从这个年龄段开始起渐渐强调智育，学习认字母、算术和读书等。

3. 保育学校(Nursery School)

保育学校招收3~4岁儿童，多为半日制。保育学校不仅仅为儿童提供身体看护，而且还将知识文化教育融入其中，促进儿童全面和谐发展。保育学校分为公立和私立两种类型，公立保育学校包括附设于公立小学内的和由政府“开端计划”出资兴办的保育学校。私立保育学校主要由基金会、教会、福利机构、民间团体等组织出资兴办。对于来自贫困家庭、弱势家庭、移民家庭等弱势群体儿童，可以申请减免学费，每周孩子的托管费由家庭收入水平而定，其余由州政府补贴，4岁时可以申请上公立小学的免费学前班。

(二)美国学前教育管理

美国实行的是联邦制，根据宪法修正案第十条的规定，各州保留对教育管理的权利，即联邦教育部对全国教育具有统领的权利，但具体的事务由州负责，这样就形成了分权制的教育管理体制。

联邦教育部的主要职能为：保证国民的公平受教育权利，支持各州的教育事务，对全国教育事务进行监督和评价。各个州政府对州内的教育事务拥有决策权。在学前教育方面，各个州制定相关的法律、规章和制度，对学前教育的体制、财政来源、职责范围、学校设施、师资要求和培养等都有具体的要求。此外，各个州还成立了州教育委员会，由民选产生或州长聘任，教育委员会是常设决策机构，它负责教育政策的制定和执行，对州内的学校和教育效果进行监督，并提供相应的咨询服务。

除了联邦政府和州政府的教育领导和决策外，在具体的教育事务的运作中，州政府一般将其委托给地方教育行政当局负责，这些地方教育行政当局构成了美国的学区。学区与行政区并不一定一致，是按照学生的人数和地理位置来进行统筹的，规模大小也不同，小的学区可能不办学校，需要到邻近的学区就学。

近年来，美国联邦政府加大了对学前教育和保育服务的监管和投资力度，美国学前教育机构的行政管理出现了从分管型到整合型转换的趋势，将学前教育机构进行统一或协调管理，以提高学前教育政策和目标的一致性。

二、美国学前教育课程

(一)学前教育课程的流派

美国的学前教育课程模式种类繁多，美国幼儿教育的课程研究专家斯泰斯·戈芬指出，参加“开端计划”实验的课程模式有 12 种之多。在杰保罗·鲁普纳林和詹姆斯·约翰逊的《幼儿教育课程》一书中，列举了 16 种课程模式。美国幼儿教育专家莉莲·凯茨曾经指出：“美国几乎所有的学前学校和幼儿园都在 50 个州的独立监管和不同政府部门的监督和管理之下。无论是从传统还是从政策上来说，美国对这些教育机构的监管都没有对课程内容和实施做出具体的规定，尽管这些监管机构会提供一些总的指导和建议。因此美国并不存在一个为学前学校和幼儿园提供的国家性课程。”①总体而言，美国的学前教育课程可以分为三大流派：一是浪漫主义流派，二是文化传递主义流派，三是进步主义流派。

1. 浪漫主义流派

浪漫主义流派对应的发展理论是成熟理论，起源于卢梭，后经弗洛伊德和格赛尔发展。浪漫主义流派认为，先天的成熟和后天的学习是决定儿童心理发展的两个基本因素。根据这种理论，纳斯和霍奇斯提出了发展成熟论学前课程模式。它强调游戏的作用，发展儿童的自信心、创造性和敏感性。在教学方法上强调开放式教学，尊重儿童的兴趣。

2. 文化传递主义流派

文化传递主义流派对应的发展理论是行为主义，认为教育的任务就是传递知识。文化传递主义流派的教育目的是加快儿童的学习速度，提高儿童的学习技能。在教学方法上，文化传递主义流派要求教师要制定严格的教学大纲，教学过程教师处于主导地位，采取强制性教学法。

3. 进步主义流派

进步主义流派对应的发展理论是建构主义，理论源泉是杜威，倡导内发论和外铄论的统一，将人的天赋与环境的作用视为同等重要的地位。他们并不重视教育在儿童发展中的作用，而只是要求儿童“从做中学”，进行实验探索。在教学方式上，教师处于引导者的地位，鼓励儿童以小组的方式自行探究，教师对儿童提出的问题给予解答即可。

（二）美国学前教育课程标准

美国联邦政府对学前教育提出了纲领式的标准。2000 年，克林顿政府签订了《2000 年目标：美国教育法案》，推行以结果为导向的教育改革，倡导对学生给予高的期望和目标，要求学生达成高的学业成就，此举引发了美国“基于标准的改革”的新高潮。

总体而言，美国的学前教育课程目标可以概括为一下几个方面：

（1）激发儿童的好奇心，以儿童个体发展的水平为基础，充分发挥他们的潜力，鼓励他们在各方面都得到发展。

（2）鼓励儿童与他人合作，帮助儿童学会友好地与同伴交往，能够相信成人，并能

① 李敏谊：《试析美国幼儿教育课程模式的理论流派及其启示》，载《比较教育研究》2007 年第 11 期，第 70 页。

对成人的各种要求作出反应，拥有责任感。

(3)帮助儿童理解并尊重本国文化传统和其他儿童的种族文化。

(4)鼓励儿童发现问题、解决问题，能够表达自己的需要，学会与人分享和合作。

(5)发展儿童的社会性和情感，培养儿童的艺术技能和认知技能。

(6)提高儿童肢体运动的准确性、手眼动作的协调性，发展儿童的独立精神和探索精神。

(7)培养儿童学习的技能，如学前读写算的技能，但不要强迫他们去学习。

(8)通过游戏丰富儿童的知识经验，并帮助儿童对知识经验进行总结、分类，增进儿童的友谊，发展儿童的自尊心、想象力和创造力。

但美国的教育体制是由各州主管教育事务，因此，全国性的课程标准只是一种指导原则，为各地制定标准提供参考和依据。每个州根据全国课程标准制定相应的州课程标准，为州内公立学校的课程提供指导，促进幼儿教育课程的规范化和统一化，提高教育质量并提供评价的基础。针对4~5岁幼儿的学前教育课程标准分为几个方面，即语言、数学、科学、社会、艺术等，各个州有所差别。①

(1)语言：培养儿童的语言意识，激发儿童的阅读乐趣，使儿童掌握独立阅读所需要的基本技能与策略。使儿童掌握高频出现的词汇，提高儿童倾听及对不同形式文本的理解能力；激发儿童听故事的乐趣，能够使故事中的人物与事件与自己的生活经历、艺术创作和写作活动相联系，并且能够对故事进行改编和表演；创造机会，提高儿童口语表达的能力，帮助儿童学会用口语和文字表述自己的经历及观点；促进儿童参与语言游戏活动的兴趣；培养他们听懂儿童读物且作出回应的能力；培养儿童阅读与写作的概念、能力和策略。

(2)数学：培养儿童对于数量的概念，阅读和写出数字，能够理解数字及数字表示的量的意义；数出一个集合中的物体数量；会使用序数词(第一到第十)；识别相同数量的集合。学会两个人平分东西，并作出解释。

(3)科学：观察并比较动物的外形、生长、变化相似性与差异性，通过观察动物的和动作描述其相似性与差异性。观察并掌握有关天气的概念，辨别不同的天气特征，包括降水、风、温度、云等。学会观察并理解常见物体的属性，能够识别不同物体的材质，识别一些常见物体和生物体。学习使用合适的测量工具，观察并描述各种工具和计量单位的使用方法和用途

(4)艺术：培养儿童的创新性和批判性思维能力，提高理解和创作艺术的敏感度，运用各种感官体验、感觉和了解周围的环境。能够识别并说出色彩，熟悉一些基本的艺术材料，如蜡笔、油画棒、铅笔等，识别不同类型的线条，如直线、曲线、粗线、细线，并能自己进行创作，描绘自己的生活环境。

---

① 宋占美：《课程标准化背景下美国学前教育课程实践与存在问题的研究》，华东师范大学2012年博士论文，第74-94页。

(5)社会：识别、重视与尊重自己与他人的相似性和差异性，如性别、种族、特殊需要、文化、语言、历史和家庭结构等。理解自己在家庭及班级中的关系、角色及需要遵循的规则。在提出问题与参与装扮游戏中能够利用自己的肢体语言和社会性语言进行表达和交流。通过探索过去、现在的一些习惯和传统来了解不同的文化。参与一些活动，帮助别人融入到社区中。

在安排这些课程时，要注重劳逸结合，游戏与上课穿插进行。保育学校和日托中心大班的一日安排大致如下：

7:45—8:15	入园，自由活动
8:15—8:30	问候时间，一日安排
8:30—8:55	洗漱、早餐
9:00—9:20	小组活动/主题活动
9:30—9:45	晨间谈话(如日期、天气、故事等)
10:00—10:45	区角学习(如艺术、操作、游戏、积木等)
10:45—11:00	点心时间
11:00—11:45	室外游戏
12:00—12:30	午餐
12:30—13:00	文学和故事
13:00—13:40	午休

半日制幼儿园在午休后，幼儿即可离园，全日制下午安排大致如下：

14:00—14:40	集体活动
15:00—15:40	个人自由活动(如七巧板、操作、读书等)
15:45—16:00	点心时间
16:00—16:30	圆圈活动(如唱歌、讲故事)
16:30—17:00	室外游戏
17:00	离园

(三)美国学前教育课程模式

1. 高瞻课程/海伊斯科普课程模式

高瞻课程模式以“主动学习”为教学设计的核心，此课程始于1962年，当时是美国密歇根州海伊斯科普佩里学前教育(High/Scope Perry Preschool)科研项目的一部分，是由韦卡特等人发起的早期儿童教育课程。此课程创设的起源是帮助处境不利的学前儿童为进入小学做好准备，是“开端计划”的重要组成部分，逐渐成为美国被运用得最为广泛的学前教育课程。

高瞻课程的发展经历了三个阶段。第一阶段，课程设计者关注儿童的知识和技能的提高，为进入小学做准备。第二阶段，高瞻课程将提高儿童自我学习能力作为目标。第三阶段，高瞻课程将皮亚杰的心理学应用于教学实践，强调教师以适合儿童发展水平的方式帮助儿童增强认知能力。

高瞻课程模式的一日日程是由"计划—做—回忆"、小组活动、大组活动、户外活动等环节组成，以主动学习为核心。"计划—做—回忆"的顺序不能颠倒，是主动学习的保证机制，是美国学前高瞻模式的核心环节，允许孩子表达自己的意愿，同时使成人密切地参与到整个过程中。整个课程规划为四个步骤，分别为：(1)计划时间：表达意愿。执行计划之前，教师会与孩子沟通，帮助他们在脑海中形成关于计划的框架，产生如何执行的想法。(2)工作时间：执行意愿。孩子制订好计划之后，就进入到了"做"的时间，"做"在一日生活安排中时间最长，教师只对儿童进行必要的监督。(3)收拾、整理时间。执行完活动之后就进入到收拾和整理的时间，孩子需要把材料和器材归还原处。(4)回忆时间：反思成果。这一过程是"计划—做—回忆"的总结阶段，是对计划和执行的反思，孩子在这一阶段回顾他们已经完成的和经历过的事情，以各种各样恰当的方式表达他们工作时间的经历，或者重新考虑所遇到的问题。

高瞻课程中重要的组成部分还有分组活动，一种是小组活动，教师提出并创建活动，儿童参与其中。教师为儿童提供新的材料，引发孩子的兴趣，鼓励他们以不同的方式使用这些材料，让孩子充分地思考和联想。另一种是大组活动，儿童与教师一起唱歌、跳舞、做游戏、表演乐器、阅读等，与同伴和教师分享观点，表达自己的想法。

2. 银行街课程/河滨街课程模式

银行街模式的创始人是米切尔(L. S. Mitchell)。受到浪漫主义和杜威进步主义的影响，米切尔于1916年成立了教育实验处，即银行街教育学院的前身。1919年约翰逊(H. Johnson)成立了银行街儿童学校(即银行街教育学院的实验学校)。1930年，教育实验处和其实验学校搬到纽约银行街69号，此后，该项研究被称为"银行街模式"(Bank Street Approach)。银行街模式旨在通过儿童和环境之间的互动以及儿童认知和情感之间的互动，进而促进儿童的全面发展，而不是单纯强调某一方面的学习。因此，该模式到1971年又正式重新命名为"发展-互动"模式。

针对不同年龄段的儿童，银行街课程模式分为不同的课程单元。

第一种为家庭中心教育课程。此课程是银行街教育学院为6个月~4岁儿童建立的保育中心。家庭中心开设的课程分为七类，包括艺术活动、积木拼搭、戏剧表演、战争游戏、感官体验、音乐与运动、户外活动。

第二种为儿童学校课程，是银行街教育学院儿童部面向3~14岁孩子开设的，课程依据儿童的年龄被划分为低年级、中年级和高年级三级，分别针对3~5岁、6~10岁和11~14岁年龄段的孩子。为增强3~5岁与6~10岁两个年龄段儿童课程间的衔接性，中、低年级的课程在门类上是一样的，都包含了社会、读写、数学、科学、西班牙语、艺术和手工、音乐、图书馆教育、体育9类，但在各类科目培养目标在层次上是有区别的。高年级儿童课程涉及社会、读写、文学、写作、数学、科学、西班牙语和法语、艺术和手工、音乐、乐理、合唱与演奏、图书馆教育和体育，共13类科目。无论是中、低年级，还是高年级，社会课程是银行街课程方案的特色和核心，目标在于培养儿童对学习的兴趣，建立儿童的好奇心，获得社会生存的知识和技能，促进与他人合作的精神，培养儿童成为尊重多元文化、善于解决问题的民主社会的公民。①

第三种为夏令营课程与课外活动。银行街教育学院的夏令营活动是纽约市最早的市区全日营，面向4~14岁的儿童，教育理念是以儿童为中心，与社区教育相结合，夏令营组织各类校外学习和游戏活动，让孩子在社会活动和实际经验中学习，为孩子综合素质的培养创造条件。

此外，银行街课程注重丰富的环境对儿童的教育作用，提倡为孩子们创造丰富的学习环境，为孩子提供学习人类世界和自然世界的机会。

银行街课程实施主要利用主题网和课程轮这两个工具。课程轮类似于我们平时所说的课程网络图，中间是所选择的主题，轮辐之间的空间是教师设计的各个活动。课程实施主要按照以下步骤进行：(1)选择主题；(2)确定目标；(3)教师学习与主题有关的内容，并收集资料；(4)开展活动；(5)家庭参与。在课程评价上，银行街课程方案主张用宽泛的评价方法，立足于理解儿童如何了解属于自己的世界，为儿童提供一系列的自我表达的机会。在评价内容上，以具体技能和学科知识作为评价的基础。②

3. 蒙台梭利课程模式

蒙台梭利课程的教学理念为促进儿童内发性的内在的发展，促进儿童潜力的开发。蒙台梭利十分重视遗传素质和内在的生命力，她认为，儿童具有内在的活动力，促使儿童不断地发展。另一方面，蒙台梭利也相信环境对儿童的发展起到举足轻重的作用。她将对儿童的自发冲动进行压制还是引导，看成是区分教育优劣的分水岭。在蒙台梭利的教育体系中，感官教育占有特别重要的地位。自由、作业和秩序是蒙台梭利教育的三根主要支柱。她认为，自由、作业和秩序是通过作业而紧密联系在一起的，所以，以自由和作业为基础建立起来的秩序，所显示出的是儿童规律和节奏的自然发展的状态。

蒙台梭利课程以培养儿童形成身心协调发展的人格为目标，通过作业的方式，让儿童把内在的生命力表现出来，在作业过程中培养儿童的注意力，在自由和主动的活动中让儿童自我纠正，使儿童在为其设置的环境中成为具有特质的人。

蒙台梭利教育中，课程的设计和实施是在对儿童生理和心理的发展特点、发展顺序与需要进行深入研究的基础上进行的，主要体现在以下几个方面：(1)对课程的编排采取了齐头并进的方式，各种不同领域、不同联系的活动大部分都同时开始。(2)根据儿童能力的发展，蒙台梭利课程分为多个领域，主要有日常生活、感官、数学、语言、历史地理、文化科学、艺术表现等领域。强调感官教育和儿童辨别事物能力的教育，以此促进儿童语言和数学学习的发展。(3)教育活动主要分为集体教育活动和个别教育活

① 郑小贝、洪明：《美国银行街教育学院儿童课程的特点与启示》，载《基础教育》2012年第3期，第56-57页。

② 刘蕊、陈友娟、李亚娟：《美国银行街课程方案简介》，载《早期教育》(教师版)2008年第8期，第14-15页。

动。集体教育活动主要通过主题教育的形式进行，个别教育活动主要通过区域教育活动的形式进行。(4)蒙台梭利课程注重教学环境的创设，通过教师提供的“有准备的环境”，指导儿童在工作中正确使用教具，并制定儿童在工作中对教具和材料的使用规则和常规，尽可能地发展和完善儿童的独立性和自律能力。

4. “儿童适宜发展课程”(DAP)模式

“儿童适宜发展课程”全称为《0~8 岁儿童适宜发展课程》(*Developmentally Appropriate Practice in Early Children Programs Serving Children from Birth through Age*)，该课程是“全美幼儿教育协会”(National Association for Education of Yong Children, NAEYC)于 1987 年正式声明的一套幼儿教育准则，并在 1997 年进行了一次修订，它实则并不是一种完善的课程体系，而是为实施者和政策制定者提供了甄别合理与不合理儿童教育方法的工具。美国许多州政府教育局将 DAP 作为政策决定、评价和辅导本州幼教机构的标准，以指引该州幼教质量前进的方向。

DAP 将幼儿年龄区分为 0~3 岁、3~5 岁、5~8 岁三个年龄段，强调幼儿教师在决定什么教育方法是对幼儿最有益的过程中必须具备这样三种知识：幼儿发展和学习适宜性方面的知识；关于幼儿个体差异方面的知识；关于社会、文化背景方面的知识。强调课程必须注重孩子整体的发展，整合性的教育则包含五个要素：(1)创造一个充满关怀的学习环境；(2)增进幼儿的发展与学习；(3)建构适当的课程内容；(4)评价幼儿的学习与发展；(5)与家庭建立双向的沟通关系。①

三、美国学前教育师资

(一)美国幼儿教师专业标准

美国幼儿教育的从业者包括儿童早期教育专业人员、儿童早期教育者、儿童早期教师、儿童早期教育助教、儿童早期教育预备教师、助手、指导者、家庭访问者、儿童发展助手和保育人员等。2001—2003 年，“全美幼儿教育协会”分别公布了三套修订后的幼儿职业准备标准，分别是初级许可证计划(2001 年)、高级计划(2002 年)和副学士学位计划(2003 年)。在 2009 年新修订并颁布的《幼教从业人员专业准备标准》的基础上，“全美幼儿教育协会”(NAEYCA)制定了新的学前教师教育标准——《初级和高级儿童早期教育专业认证标准》(*Standards for Initial and Advanced Early Childhood Professional Preparation Programs*)。该标准分为两个层次：初级和高级。初级标准针对副学士和学士层次的学前教师教育专业，高级标准则针对硕士和博士层次的学前教师培养。主要内容包

① 张家政、杨晓萍：《美国 DAP 方案的发展历程及其对我国幼儿园课程改革的启示》，载《学前教育研究》2007 年第 6 期，第 62 页。

括六大标准①：

标准一：能够促进儿童的发展和学习。理解幼儿的特征与需要、儿童发展与学习等方面相互影响，为儿童创建健康的、相互尊重的、支持性和具有挑战性的环境。

标准二：能构建家庭和社区的和谐。知晓、理解并重视儿童的家庭和社区的复杂性、重要性，能够使家庭和社区相互支持，使二者参与儿童的发展和学习活动。

标准三：能够观察、记录和评价幼儿及家庭的发展，理解评价的目的和作用，能应用观察、建立档案和其他恰当的评价工具和方法，通过系统观察、建立档案和其他有效的评价策略，对儿童的发展与学习产生积极影响。

标准四：运用适宜、有效的方法在儿童和家庭之间建立联系，知道并理解有效的幼儿教育策略和工具，反思自己的实践，促进每个幼儿积极发展。

标准五：运用内容知识建构有意义的课程。掌握学术科目的内容知识和相关课程资源；理解并能运用学科知识内容领域中的中心概念、探究工具和知识结构；能够运用自己所掌握的知识、早期学习标准和其他资源来为每位儿童设计、实施和评价富有意义的、具有挑战性的课程。

标准六：具有专业精神，具备自我认同感，积极参与幼儿教育工作；遵守相关的专业伦理和标准；积极参与学习和培训，从而改善自己的实践；在早期教育中能够经常进行反思和批判性思考，并且时刻准备挺身而出为幼儿、家庭和幼儿教育倡言。

基于以上标准，全美幼儿教育协会还对幼儿教师提出了更为具体的学科知识要求，幼儿教师应具备六大领域的普通知识准备。②

1. 语言和读写知识的准备标准

幼儿教师应拥有广泛的、以研究为基础的语言和读写方面的知识和技能，以达到促进幼儿在语言和读写的发展。详细标准为：(1)促进幼儿探索环境，为学习阅读和写作打下基础；(2)促进幼儿交谈能力的发展；(3)帮助幼儿获得新词汇；(4)使幼儿体验语言、阅读和写作的过程；(5)使幼儿将阅读和写作同愉悦、享受、技能发展等联系起来；(6)帮助幼儿理解故事和文本的含义；(7)促使幼儿用语言、阅读和写作完成自我意图的表达；(8)使幼儿学会使用各种印刷及非印刷资源；(9)使幼儿将字母与发音联系起来。

2. 艺术知识的准备标准

幼儿教师应通过艺术知识的教育，为幼儿提供高质量、富有意义的艺术经验，以能够促进幼儿艺术经验的发展。详细标准为：(1)增进幼儿与他人的音乐互动；(2)使幼儿能够通过非正式的游戏来表达、阐释对世界的理解；(3)使幼儿学会唱歌、游戏和创作音乐；(4)使幼儿能够对节奏、音调等音乐特征做出反应；(5)使幼儿运用音乐表达

① 苟顺明：《新世纪美国学前教师教育课程改革透视》，载《外国教育研究》2013 年第 7 期，第 68-69 页。

② 朱宗顺：《美国幼儿教师教育标准及启示》，载《教师教育研究》2006 年第 4 期，第 76-78 页。

感情和需要。

3. 数学知识的准备标准

幼儿教师应有数学知识的准备，应使幼儿获得有关数学的知识概念和技能，并循序渐进地促进幼儿数学技能的发展。

4. 体育知识的准备标准

幼儿教师应具备身体锻炼和体育知识，使幼儿能够进行重复的官能运动，展示身体技能，在参与过程中获得快乐。

5. 科学知识的准备标准

幼儿教师以应促使幼儿对周边事物产生探索的兴趣，帮助幼儿获得对事物进行描述、比较、分类、分等和整理的经验，教会幼儿使用工具，展开简单的调查，能够与他人合作和分享。

6. 社会知识的准备标准

幼儿教师应促进幼儿懂得地理、历史、经济、社会关系等方面的知识。

(二)美国幼儿教师的职前培养

美国对幼儿教师的培养非常重视，标准高、课程全、要求严，幼儿教师必须有相应的文凭为依托，且必须通过国家的资格考试取得执教资格证才能上岗，还经常要接受相关机构的监督和资格审查。

美国的幼儿教师分为正式教师、教师助理、保育员等级别，获得副学士学位和学士学位的毕业生主要承担幼儿机构的保育和教育工作，也可以在学前班成为教师助理或保育人员；获得硕士学位的毕业生可以成为学前班、幼儿园的骨干教师、指导教师或幼儿保育主任，甚至可以成为幼儿教育方面的专家等。

对于不同层次的从业者，培养制度是有差异的。美国的幼儿教师的职前培养都是在综合性大学的教育学院或者文理学院进行，没有独立开设的幼儿师范大学或学院。成为幼儿教师，首先要具有四年制综合性大学或者文理大学的文凭，而且美国的大学第一年和第二年是不分专业的，学生修完通识课程并取得相应学分，才有资格申请学习教师教育阶段的专业课程。对于助理教师而言，社区学院可以提供两年制的幼儿教师课程，获得副学士学位。硕士学位则要提供关于幼儿教育实践的证明。

“全美幼儿教育协会”对幼儿教师的学历分为六个级别：(1)正在专业人员指导下从事幼儿教育工作，同时参加职业培训以期取得学位或通过专业评定的人员。(2)已完成“儿童发展助理”职业培训课程，通过直接评价取得“儿童发展助理”证书的人员，或已完成一年制的幼儿教育课程并取得相应教学证书的人员。(3)已取得幼教专业的两年制学位；或已取得相关学科的两年制学位，并完成30个学分的儿童发展及幼儿教育课程(包括300个小时的幼儿教育实际工作经验)的人员；或具有与“全美幼儿教育协会”所要求的两年制学位相当的知识、能力及素养的人员。(4)已取得符合“全美幼儿教育协会”要求的学士学位；或已取得州政府颁发的教学证书；或已取得相关学科的学士学位并完成30个学分的儿童发展及幼儿教育课程，并有300个小时的幼儿教育实际工作经验(其中必须包括婴儿、幼儿园或初级小学教学经验各150个小时)；或具有与"全美幼儿教育协会"所要求的学士学位相当的知识、能力及素养的人员。(5)已取得符合"全美幼儿教育协会"要求的硕士学位或具有与其相当的知识、能力及素养的人员。(6)已取得符合"全美幼儿教育协会"要求的哲学博士或教育博士学位，或具有与其相当的知识、能力及素养的人员。①

(三)美国幼儿教师的资格认证

获得了大学文凭只是成为幼儿教师的学历要求，若想成为正式的幼儿教师，还必须通过国家幼儿教师资格认证。美国的教师资格认证制度是法定的职业准入制度，在各州从事幼儿教师行业必须持有效证书。

美国是联邦制国家，尽管各州在幼儿教师任教资格方面的规定差异较大，幼儿教师认证方式没有统一标准，但是美国的幼儿教师资格认证还是要从两个方面进行。

(1)教师资格认证的考试。获得大学文凭的申请者需经过考试，获得幼儿教师资格证书。考试对幼儿教师的知识和能力均有要求，必须掌握基础知识和技能、专业知识和技能、创新和实践能力。在美国公立幼儿园，教师资格证书的发放有统一标准，申请者除了修完必修的专业课程和实践课程外，还必须Praxis考试。Praxis是教师资格考试，共有三项内容，幼儿教师需参加其中两项。一是职前技能评估，包括阅读、写作和数学的笔试与计算机测试，师范院校会利用这一测试来判断学生是否可以进入教育行业；二是教师教学科目知识和教学技能技巧，包括早期儿童教育科目知识、学习和教学原则、基础科目(英语、语言艺术、数学、科学、社会科学)五大领域的知识。在美国的公立学校系统中，幼儿教师要求获得州一级的教师许可证。

(2)专业团体认证。美国有许多教师资格认证机构，首当其冲的是"全国教师教育认证委员会"(National Council for the Accreditation of Teacher Education，简称NCATE)，它所制定的认定标准对于教师机构及其教育课程计划具有一定的约束力和引导作用；其次是直接对教师个体予以约束、鉴定的机构，这类机构很多，比如"全美幼儿教育协会"，它主要是为幼儿教育制定方案标准和认定指标，再如"全国专业教职标准委员会"(National Board for Professional Teacher Standards，简称NBPTS)，是专门负责制定教学专业标准的，并为达到标准的教师颁发资格证书。它在美国的教师教育和教师资格认可方面发挥着十分重要的作用，时至今日已经成为美国教师专业化发展的"领头羊"。再次就是专门负责考试的机构，如"教育考试服务中心"(ETS)，它主要向社会开放四种类

① 辛哲：《美国幼儿教师资格制度及其启示》，载《教育测量与评价(理论版)》2015年第4期，第21页。

型的考试，通过考试筛选教师，提高教师的教学水平。①

美国幼儿教师资格种类和级别划分细致，证书方面也是如此。目前，证书主要有州教师资格证书和国家教师资格证书两种。州一级的教师资格证书标准不一，发放证书的程序与规格也各不相同。国家级教师资格证书的获得则要经历三个阶段：其一，毕业前，师范生需参加州举行的涉及学科专业的考试，并要完成一年的合作性教学和实习；其二，参加州证书考试；其三，通过国家教师资格认证机构的认证。

对学士学位、硕士学位幼儿教师资格的认证，主要由“全美幼儿教育协会”和“全美教师教育认证委员会”联合负责，而对于两年制社区学院的副学士学位幼儿教师资格的认证，则由“全美教师教育认证委员会”(NCATE)负责。接受职前培养的准幼儿教师可采用“进阶式”的方法获得相应的幼儿教师资格证书，即在取得幼教执照的基础上逐级申请临时教师资格证、初级资格证、中级资格证、国家高级资格证，各层级的标准则是由“全美幼儿教育协会”、“全美专业教师标准委员会”(NBPTS)、“美国州际新教师评估与支持联合会”(INTASC)联合制定的。为了促进教师专业化水平的不断提高，许多州已经取消了终身教师的资格证书，并要求教师资格证书每隔一定的年限进行重新认证。②

(四)美国幼儿教师的职后培训

美国的幼儿教师在入职以后还要接受国家的监督和审查，以保障教学能力的不断提升。幼儿教师的职后培训制度分为两类：新进教师的入职培训和在职教师的专业发展培训。

1. 新教师入职培训

从20世纪80年代以来，美国开始重视新任幼儿教师的入职培训。因为，一方面，新任幼儿教师对工作还不太熟悉，需要培训以熟悉幼儿保教的实际操作。另一方面，美国教师资格认证体系取消了终身制的教师证书，新任幼儿教师执照只是临时证书，有效期只有2~3年时间，为了取得下一阶段的执照，他们也需要入职培训。

新任幼儿教师的入职培训由各州教育部门管理，具体由幼教机构或当地学区的教育督导负责，一般有三种形式：(1)教学导师制培训，又可分为非正式导师制和正式导师制两种形式。非正式导师是临时性的，由幼教机构指派，新教师也可自选。正式导师则由幼教机构或学区指派，职责是为新人教师进行教学示范，开展互动、家长沟通等方面的指导，使新教师尽快获得有关教学技巧、师生相处的方法以及与家长沟通的技巧。(2)目标介入式培训，这种培训为短期培训，针对教学内容开展。(3)督导评价，督导

---

① 辛哲：《美国幼儿教师资格制度及其启示》，载《教育测量与评价》(理论版)2015年第4期，第20页。

② 赵培：《美国幼儿教师职前培养的经验及启示》，载《教育实践与研究》2015年第22期，第71页。

通过听课，对新任教师的教学能力进行评价和反馈，促进新教师教学技能的丰富与提高，一般一年中有三四次这样的评价。此外，新入职的幼儿教师还可加入一些专业团体机构，通过与专业成员的互动得到相应支持，帮助自己解决新入职工作中的问题。新教师的入职培训一般历时两三年，以新教师获得正式教师资格证为准。①

2. 在职教师的专业发展培训

在职幼儿教师的专业发展培训归各州教育部门负责，具体由幼教机构与社会各教育机构合作实施。有专业发展学校培训、个人导向专业发展、观察与评价、教学探究活动以及各种技术和教学支持培训等形式。幼儿教师专业发展培训主要有：第一，教育部门设立的教师专业发展小组提供的培训。第二，学区根据不同的主题设立不同的小组开展的培训。第三，大学提供的培训课程，以满足个人导向的专业发展为主，可为没有学士学位的幼儿教师提供培训和课程。第四，观察与评价模式，即通过现场督察、同行指导和教师评价等方式，为幼儿教师专业发展提供支持。第五，探究培训模式，包括教师研究小组、教师调查、教师合作组等，重视在职幼儿教师就自身教学中的一些问题开展研究。②另外，“儿童发展协会”(Child Development Association，简称CAD)也是一个重要的学前教师进修组织，它为幼教、保育人员提供培训课程，进行能力评估并颁发证书。

第三节　美国学前教育的发展动向

一、美国学前教育面临的挑战

美国的学前教育虽然位居世界先进行列，经费充足、设施完善、课程多样、师资完备，但仍存在不少问题，面临诸多挑战。

(一)学前教育公平问题

美国教育两极分化严重，学前教育的不均衡现象突出。虽然目前美国教育的整体质量呈上升趋势，但是中低收入阶层与高收入阶层学生接受教育的质量和取得的学业成就之间的差距在急剧扩大，尤其是非裔和拉丁美裔学生辍学问题非常严重。据美国儿童保护基金会统计，美国孩子进入学校没有充分的入学准备，来自低收入家庭的儿童在进入学校的时候其词汇量只有中产阶级学生的四分之一。美国教育统计中心发布的数据显

① 王晓岚、丁邦：《美国学前教育师资培养的方式、特点及其启示》，载《学前教育研究》2010年第10期，第50页。

② 王晓岚、丁邦：《美国学前教育师资培养的方式、特点及其启示》，载《学前教育研究》2010年第10期，第50页。

示，贫困家庭的儿童认知技能较低。

(二)学前教育质量堪忧

2015年世界经济合作与发展组织(OECD)公布的《教育概览》报告中称，美国4岁儿童中有66%入学接受学前教育。在全球越来越关注幼儿学前教育的情况下，美国与其他发达国家相比，远远低于平均值。美国3~4岁儿童的入学率从2005年到2013年并没有发生太大变化，但全球发达国家学前教育入学率的平均水平上升显著，4岁儿童的平均入学率从2005年的72%上升到2013年的88%，3岁儿童平均入学率从2005年的52%上升到2013年的74%。但是，在美国，3岁儿童的入学率在2005年为39%，到2013年仅为41%。《华盛顿邮报》2014年5月13日报道，各州对学前教育的资助已从人均5043美元降低到了人均4026美元。虽然过去的学前教育入园率一直在提高，但大多都是以牺牲质量为代价的。报告发现，在2013年入园的儿童中，有41%参加州立学前教育项目的儿童所接受的教育质量并不高，课堂规模与师资均未达到全美幼儿教育协会的标准。

(三)幼儿教师素质与待遇问题

据美国劳工部统计，美国幼儿园教师的收入远远不及学前班及小学1~3年级教师的收入。同时，由于学前教育教师待遇低下的原因，美国幼儿园教师在就职前五年之内的人才流失现象非常严重。而且幼儿教师质量参差不齐，各个州对教师资格的认证和准入标准的不同，导致了幼儿教师的素质不一。由于待遇不高，导致美国高中毕业生中学习成绩位列后面的学生才选学前教育专业，这种低起点的教师培养与选拔阻碍了学前教育整体质量的提升。

二、美国学前教育改革与发展趋势

(一)普及学前教育

扩大适龄儿童入园率，普及学前教育的覆盖范围成为美国政府未来的发展目标。政府试图将普及教育作为促进教育公平、满足社会需求的有效手段，因此普及3~4岁幼儿教育，将此作为大力改革与发展学前教育的首要目标。迄今，美国大部分州几乎都为年满4岁的幼儿提供免费的学前班教育，但是3岁以下儿童的免费学前教育服务还比较少。此外，少数族裔、贫困家庭等弱势群体的幼龄子女如何享受学前教育，也成为美国未来致力于实现教育公平的一大重要任务。

(二)提高学前教育质量

在普及学前教育的同时，提升教育质量成为美国学前教育未来发展的另一大议题。

低质量的学前教育成为影响美国未来劳动力素质的隐患，因此，针对早期教育机构质量低下的现状，美国政府采取行动，包括设立专项资金，并加大拨款力度，加强机构师资建设，强化对各种早期教育机构的质量监测与评估等，致力于为社会提供并补充优质的学前教育资源。

(三)促进幼小衔接

近年来，美国小学生在PISA测试中的成绩并不令人满意，与其世界经济、政治领跑者的角色十分不相称。出现这一现象的原因，部分是因为美国的学前教育与小学教育的衔接问题。早在2002年，全美幼儿教育协会发表《早期学习标准：为成功创设条件》的声明，为各州开发并实施适宜性的早期学习标准提出了四个方面的要求。到2005年7月，美国已有近40个州制定了早期学习标准，并强调早期学习标准和“K—3”(即幼儿园至3年级)标准一体化。“幼小衔接化”问题受到越来越多的重视。

(四)加强监督管理

近年来，美国的学前教育行政管理出现了集中化的趋势。美国的学前教育由各州负责，但容易造成各自为政的局面，且造成管理体制和标准不统一。美国联邦政府加大了对学前教育和保育服务的监管力度。

(五)更新教学设备与教学手段

随着全球网络技术的发展，美国非常重视学前教育的信息化程度，幼教机构配备现代化的设备，每个教室都连接了多媒体网络，有校方或者学区教育主管部门购买了大量的教育软件及网络资源，教师及儿童可以很容易地使用网络及教育软件。

本章小结

美国的历史并不算悠久，其最早的学前教育始于19世纪。由于和英国千丝万缕的历史渊源，美国早期的教育体制沿袭了英国的教育传统。1826年欧文在美国建立了幼儿学校，这是美国最早的学前教育实践。19世纪50年代，福禄培尔的幼儿园教育法传入美国，主导了美国19世纪后半期的幼儿教育发展。1860年，伊丽莎白·皮博迪在波士顿创办了美国第一所英语幼儿园，采用英文教学，招收美国儿童，这是美国第一所真正意义上的幼儿园。19世纪70年代，美国的公立幼儿园兴起，慈善幼儿园也发展起来。20世纪初，在“进步主义教育运动”的带领下，进步主义幼儿园运动兴起，保育运动此时也有了新进展。20世纪上半叶，美国的儿童日托机构也发展起来。第二次世界大战以后，美国实行了一系列幼儿教育改革。

目前，美国的学前教育分为三类：幼儿园、日托中心和保育学校。学前班是小学的预备班，招收5~6岁儿童，分公立和私立两种类型，为期一年。学前班多附设于小学。美国日托中心的服务对象是出生2周~4岁的儿童，多为私立性质，全日制，费用大部分由家长承担，主要提供保育服务。保育学校则招收3~4岁儿童，多为半日制。

美国实行的是联邦制，根据宪法修正案第十条的规定，各州保留对教育管理的权利，即联邦教育部对全国教育具有统领的权利，但具体的事务由州负责，这样就形成了分权制的教育管理体制。近年来，美国联邦政府加大了对学前教育和保育服务的监管和投资力度。

美国的学前教育流派可以分为浪漫主义流派、文化传递主义流派和进步主义流派。为了提高学前教育质量，美国政府还制定了学前课程标准，该标准是一种指导原则，全国性的课程标准为各地制定标准提供参考和依据，每个州根据全国课程标准制定相应的州课程标准。美国学前教育课程模式有多种，较为多见的有高瞻课程/海伊斯科普课程、银行街课程/河滨街课程模式、蒙台梭利课程模式和“儿童适宜发展课程”(DAP)模式。

美国有完善的幼儿教师专业标准，由“全美幼儿教育协会”制定。幼儿教师必须有相应的文凭为依托，对于不同层次的从业者，培养制度是有差异的，且必须通过国家的资格考试取得执教资格证才能上岗，还经常要接受相关机构的监督和资格审查。美国的幼儿教师在入职以后还要接受国家的监督和审查，以保障教学能力的不断提升。幼儿教师的职后培训制度分为两类，一类是新进教师的入职培训，另一类是在职教师的专业发展培训。

比较与思考

1. 简要概括美国学前教育的发展历程及不同时代的特点。
2. 美国学前教育课程的模式有哪些?
3. 美国幼儿教师培养制度对我国的启示有哪些?
4. 美国学前教育存在哪些亟待改善的问题?

推荐阅读

1. 林秀锦:《美国的早期保育与教育》，江苏教育出版社2006年版。
2. [美]乔治·莫里森:《当今美国儿童早期教育》，王全志译，北京大学出版社2004年版。
3. 史静寰:《当代美国教育》，社会科学文献出版社2012年版。
4. [美]苏珊·纽曼:《学前教育改革与国家反贫困战略：美国的经验》，李敏谊、霍力岩译，教育科学出版社2011年版。
5. 滕大春:《美国教育史》，北京人民教育出版社2001年版。

资源链接

1. 美国教育部：http://www.ed.gov/
2. 全美幼儿教育协会：http://www.naeyc.org/
3. 全美专业教学标准委员会 http://www.nbpts.org
4. 美国教育咨询中心 http://www.ncei.com
5. 美国国家教育统计中心 http://nces.ed.gov

下章预习重点

1. 加拿大学前教育机构的类型、特色。
2. 加拿大学前教育课程设置。
3. 加拿大学前教育的师资培养。

第八章　加拿大学前教育

学习目标

1. 教学重难点：加拿大国情、历史发展和世界地位对其学前教育的影响；加拿大学前教育制度的主要特色；加拿大学前教育未来发展态势。

2. 学习要求：了解加拿大学前教育制度的特点，知晓加拿大学前教育制度的发展趋势。

内容提要

加拿大的学前教育不属于义务教育的范畴，学前教育机构有幼儿园、日托中心和学前班。幼儿园一般附设于公立小学，满5岁的儿童可以入读。日托中心可以划分为公立与私立两种类型。私立的日托中心又可分为家庭日托和“蒙台梭利”日托中心。学前班招收为2岁半以上的幼儿。

在幼儿教师的培养上，幼儿教师职前培养需接受四年的高等教育，大学毕业后经过一年的专业培训获得专业资格证书。在职后培训方面，幼儿教师每年进修两次，每两年进行一次专业知识和考核。

加拿大(Canada)是英联邦国家之一，首都渥太华，领土面积为998万平方千米，是世界上仅次于俄罗斯的第二大国。它西抵太平洋，东迄大西洋，北至北冰洋，东北部和丹麦领地格陵兰岛相望，南方和西北方与美国本土接壤，素有“枫叶之国”的美称。加拿大地广人稀，经济发达，国民生活水平富裕，教育条件良好。

一、加拿大学前教育体系

加拿大拥有完善的教育体制，是全世界教育经费最高的国家之一。加拿大教育部成立于1967年，是负责教育管理的政府部门。义务教育的年龄阶段为6～16岁，学前教育不属于义务教育的范畴。加拿大全国没有统一的教育制度，学校大多数是省立的，各省对该省的教育组织机构、学制、考试制度和经费等都有明确的规定。

在加拿大，儿童入幼儿园的年龄各省差异不大，约为4~5岁，学前教育机构有幼儿园、日托中心和学前班。

（一）日托中心

加拿大的日托中心可以划分为公立与私立两种类型，主要为2~5岁幼儿提供保育服务。公立的日托中心多为全日制，孩子在园的时间一般为上午七八点到晚上六七点。有的日托中心需要孩子自带午餐，有的日托中心则提供午餐。

私立的日托中心又可分两种，一种是设在家庭中的家庭日托，另一种则是“蒙台梭利”日托中心。家庭日托是有资质的家庭在照顾自己孩子之余，帮助社区其他家庭照看儿童，保育人员须经过国家审核，有培训经历。各个省对于可接受的儿童数量有详细规定。例如，魁北克省规定，每个家庭日托机构不得超过6个，包括自己的孩子在内。新不伦瑞克省规定，如果招收2岁以下的幼儿，不得超过2名；如果招收3岁以下的幼儿，不得超过3名；如果招收6岁以下的儿童，不得超过5名，均包括自己的孩子在内。

“蒙台梭利”日托中心也在加拿大受到欢迎，顾名思义，该学前教育机构是以蒙台梭利的教育理念来对儿童进行启蒙教育，配备有专业的教师和玩教具。与家庭日托机构相比，“蒙台梭利”日托中心在教学安排等方面更加系统、正规，孩子能够学习数字、字母、阅读、写作、音乐、数学、科学和手工制作等方面的知识和技能，从而为以后入读小学做准备。但是，这种日托机构的收费较高。

（二）幼儿园

加拿大的幼儿园不单独设立，一般附设于公立小学，满5岁的儿童可以入读。幼儿园不分年龄班，实行混龄教育。教师的配置是流动的，校长根据工作需要，对教师任职年级进行调整，这学期带幼儿园，下学期也可能带六年级的学生。幼儿园的作息时间与小学一致，一般是上午8:45到下午3:15，需要自带午餐。幼儿园的课程主要是为了幼小衔接的顺利过渡，侧重文化知识方面的教育，从而为儿童入读小学做准备。

（三）学前班

学前班一般由教会、政府机构、社区中心等主办，入读的一般为2岁半以上的幼儿。孩子自带点心，一次的时间为2个半小时左右，每周去的次数比较灵活，可以选择去两次或三次。

二、加拿大学前教育课程

加拿大是个多文化、多民族的移民国家，呈现出多元文化结构的特征。因此，在学前教育中，加拿大注重多元文化的融合。加拿大的学前教育立足于儿童，课程设置注重启发性教学，开发儿童的潜能，极其注重孩子们的个性化发展，充分尊重、信任儿童。加拿大学前课程实施的核心是鼓励儿童接触社会、接触事物，使儿童通过自我探索，获得直接经验，从而形成自己的情感、态度和价值观，丰富对世界的认知。

加拿大学前教育的目标为让幼儿学会自我约束，在规定时间内完成一定的任务；学会尊重和包容别人，接受有其他不同人群的存在；树立健康的教育理念；促进好奇心的培养，树立自信，帮助他们寻找问题的答案。在这个基础上，学前教育应是一种综合性的学习，使幼儿在生活中学习，获得更丰富、实用的知识经验，强调幼儿在真实生活情境中的学习，重视发展幼儿解决实际问题的能力。

加拿大幼儿园课程的内容包括语言、数学、艺术、科技以及个人和社会发展五大领域。加拿大以儿童认知发展为本，在教学方法上，教师以观察和倾听儿童为主，以儿童为本，让儿童成为课程真正的主人。教师采用灵活多样的教学形式，营造轻松愉快的课堂气氛，调动儿童的积极性，鼓励儿童发表自己的意见。在课堂中，教师主要扮演的是组织者和监督者的角色，而不是领导者、决策者的角色。教学的内容包括幼儿诗歌、游戏、讲故事、食品、动植物、季节知识、人际交往等。不同的学科领域采取不同的实物教学法。例如，在数学领域中能恰当使用卷尺、天平、体温计、时钟等生活中常用的测量工具；在科学和技术领域，幼儿要学习恰当地使用一些常见工具，同时学习制订一些具体计划并执行这一计划；在个人和社会发展领域，则鼓励幼儿对居住区进行实地考察，认识社区内公园、商店、医院、运动场、图书馆等的不同作用，识别医生、店员、消防员、警察、邮递员等不同职业的工作内容。大多数活动通过有计划的课程教学实施，训练儿童获得口语、听力、讨论技巧，鼓励儿童在活动中自主探索学习，这给儿童提供充分自由的发展空间，让儿童从“做”中学会自己管理自己。此外，加拿大的学前教育还非常重视幼儿的互动学习，鼓励他们通过共同游戏、小组项目以及与环境互动获取各种感性的直接经验，并通过主动的探索活动得到发展。教师并不全权指导，而是让幼儿能从错误中吸取经验，增强克服困难的信心。

加拿大的学前教育非常重视环境对儿童的塑造，强调教育环境的多样与丰富。不同年龄的幼儿有不同的学习需要，加拿大要求幼托机构的设计必须考虑儿童的成长需求，环境创设要全方位、多元化。对于3岁以上的幼儿，室内活动环境则起码要有八种：一是“艺术”环境，即若干有助发展视觉及听觉等感官机能的环境；二是“戏剧”环境，即若干包含角色扮演及想象活动的环境；三是“玩具”环境，即若干可让儿童游戏的玩具；四是可让儿童营造其自身空间的大件玩具；五是宁静的阅读环境；六是供1~2人短暂静处的空间；七是玩水设施；八是玩沙及质感认知设施；九是科学学习设施；十是积木及益智游戏；十一是运动神经机能活动及围圈圈集体活动；十二是有轮子玩具及构建类玩具。①

这些情境又容于三大空间之内：一为活动室，供儿童进行日常活动，其中又可分为不同的活动区，如科学区、图书区、阅读区、美工区、数学区、游戏区、积塑区、玩沙区等；二为运动室，供儿童进行大动作的体力活动，在适当时可以当作休息室，要求可容纳 12 张卧褥用于孩子们小睡；三为静修室，可容纳 3~4 名儿童，用作对孩子的个别辅导。

三、加拿大学前教育师资

在职前培养方面，加拿大对教师的要求特别高，幼儿教师需接受过正式的高等教育，一般学制为四年，大学毕业后经过一年的专业培训获得专业资格证书。幼儿教师必须知识面广，综合能力强。尤其是幼儿园教师，由于幼儿园是附设于小学的，因此实际上幼儿园教师具备执教小学的资质。幼儿园园长必须具有丰富的学前专业经验和经过有关管理方面的学习培训。对于保育员，需要有两年的学前教育专业的文凭。

在职后培训方面，加拿大规定，教师每年进修两次，每两年进行一次专业知识考核。对教师的资格认证、处罚，则由专门的管理学院负责，管理学院是独立于学校、教育局、法院之外的机构。教师必须接受社会监督，一旦接到举报，一经查实，由管理学院对教师进行处罚，最高处罚是开除。

不过，在加拿大，幼儿教师的待遇并不理想。由于各省的规定和财政状况不同，因此差异较大。

四、加拿大学前教育面临的挑战与发展趋势

(一) 缺乏统一的学前教育体制

加拿大是一个多元文化国家，各个省对省内的教育制度享有决策权，虽然这给予各个省很大的自由空间，但却不利于国家对全国学前教育机构进行统一管理。尤其在财政、师资和课程上，水平参差不齐，不利于实现教育公平。

(二) 政府财政投入不足

相比于其他发达国家，加拿大政府对学前教育的投入是非常不足的，而且不稳定，

① 张丹枫：《加拿大学前教育的环境要求与教学模式》，载《生活教育》2009 年第 6 期，第 63 页。

各个省的财政状况也不尽相同，这更加导致了财政分配的不均衡，造成保教学位不足、保教费用高昂、教师待遇差等问题。

（三）保教服务收费高，供不应求

这一问题直接与政府的财政投入相关。因为财政投入不足，导致保教机构收费高昂，许多家庭无力承担多名子女的保教费用。而且保教机构的数量也跟不上需求。加拿大 5 岁以下儿童保教费用主要由家庭承担，政府只对低收入家庭儿童进行补助。部分省的保教机构收费高昂，甚至高于大学的学费。政府对儿童家庭的保教费用补助不管是惠及面，还是补助额度都远远无法满足儿童家庭的需要。

本章小结

加拿大的学前教育不属于义务教育的范畴，全国没有统一的教育制度，各个省对省内的学校、学制、经费等都有明确的规定。

学前教育机构有幼儿园、日托中心和学前班。幼儿园一般附设于公立小学，满 5 岁的儿童可以入读。幼儿园不分年龄班，实行混龄教育。日托中心可以划分为公立与私立两种类型，主要为 2~5 岁幼儿提供保育服务。私立的日托中心又可分两种，一种是设在家庭中的家庭日托，另一种则是“蒙台梭利”日托中心。学前班招收为 2 岁半以上的幼儿，家长可灵活掌握入读次数和时间。

在课程方面，加拿大是个多文化、多民族的移民国家，因此，在学前教育中，加拿大注重多元文化的融合。加拿大学前教育的目标是让幼儿学会自我约束，学会尊重和包容别人，树立健康的教育理念，树立自信，强调幼儿在真实生活情境中的学习，重视发展幼儿解决实际问题的能力。加拿大幼儿园课程的内容包括语言、数学、艺术、科技以及个人和社会发展五大领域。加拿大的学前教育非常重视环境对儿童的塑造。

在幼儿教师的培养上，加拿大对教师的要求特别高，职前培养需接受四年的高等教育，大学毕业后经过一年的专业培训获得专业资格证书。幼儿教师必须知识面广，综合能力强。在职后培训方面，加拿大规定，教师每年进修两次，每两年进行一次专业知识考核。对教师的资格认证、处罚由专门的管理学院负责。

比较与思考

加拿大的学前教育面临的挑战有哪些？

推荐阅读

1.《2020年加拿大儿童保育目标》：Child care 2020. Child Care in Canada by 2020：A vision and a way forward. http://childcare2020.ca/sites/default/files/Vision Child Care2020Nov3ENG_.pdf

2.《早期学习与发展框架》：CMEC Early Childhood Learning and Development Working Group. CMEC Early Learning and Development Framework. http://www.cmec.ca/9/Publications/in-dex.html? search Cat=13&search Yr=2014

资源链接

加拿大教育部：http://www.edu.gov.on.ca/

下章预习重点

1. 日本学前教育机构的类型、特色。
2. 日本学前教育课程设置。
3. 日本学前教育的师资培养。

第九章 日本学前教育

学习目标

1. 教学重难点：日本国情、历史发展和世界地位对其学前教育的影响；日本学前教育制度的主要特色；日本学前教育未来发展态势。

2. 学习要求：了解日本学前教育的历史进程，熟知日本学前教育制度的特点，知晓日本学前教育制度的发展趋势。

内容提要

日本最早的学前教育可以追溯至明治维新时期。1876 年，东京女子师范学校附属幼儿园成立，这是日本近代第一所公立幼儿园。1893 年，新潟市开办了日本第一家托儿所。

现今，日本的学前教育机构主要有幼儿园和保育所两种类型，两种类型都有公立和私立之分。幼儿园和保育所分别为文部省和厚生省管辖，实行二元制的管理体制。

日本重视幼儿师资的培养和培训。幼儿教师许可证主要包括专修许可证、一类许可证和二类许可证三种资格证书。新进教师需要进行为期一年的在职研修，在职教师的研修有多种途径和类型。

日本(Japan)位于亚洲东部、太平洋西北部，由北海道、本州、四国、九州四大岛及 7200 多个小岛组成，主体民族为和族。日本经济发达，教育水平居世界前列，国民普遍拥有良好的教育、较高的生活水平和国民素质。日本的学前教育可以追溯至明治维新时期。现今日本的学前教育不属于义务教育的范畴，家长需支付学费。

第一节　日本学前教育历史承续

日本最早的学前教育可以追溯至明治维新时期。在明治维新前，日本不存在学前教育机构和设施，幼儿主要在家庭中接受教育。明治维新对日本的教育进行了改革，学前教育开始走上日本的教育舞台。第二次世界大战后，日本的学前教育进入平稳发展期。

一、日本学前教育的萌芽

1876年(明治九年)，东京女子师范学校附属幼儿园成立，这是日本近代第一所学前教育机构，也是第一所公立幼儿园，归文部省管理。该幼儿园招收3~6岁幼儿，主要为社会上层阶级的子女。1882年，东京女子师范学校附属幼儿园增设分园，招收社会低收入阶层的子女，这是日本第一所平民性质的幼儿保育机构。

1893年，在新潟市，日本的第一个托儿所开办。此后，东京等地也陆续出现了托儿所。

1899年，日本文部省制定了第一部幼儿园规程《幼儿园保育及设备规程》。该规程规定了幼儿园的性质是对儿童进行保育的机构，保育内容包括游戏、唱歌、谈话、手工等。该规程还规定了幼儿园应配备相关的设备。

19世纪末，福禄培尔的幼儿园教育法传入日本，影响了日本的幼儿园的发展。福禄培尔的恩物被引入日本的幼儿教育。1879年，日本幼儿教育家关信三编写了《幼儿园二十例游戏》，将福禄培尔的恩物逐一介绍，配有详细的使用说明和图例，此外，还介绍了福禄培尔发明的幼儿体操、歌舞游戏等。

二、日本学前教育的初期发展

20世纪初，日本文部省修改《小学校令》，允许在小学里附设幼儿园。1911年，文部省再次修改《小学校令》，扩大了幼儿园的规模，延长了保育时间，给予幼儿园一定的自主权。

1926年，日本文部省颁布《幼儿园令》，这是日本历史上第一部幼儿园法令，标志着日本的学前教育逐步法制化、规范化。该法令规定，3岁以上的幼儿即可入园，在特殊情形下，不满3岁的幼儿也可入园。幼儿园里还可附设托儿所，学时上也可自由决定。不过，《幼儿园令》在执行的过程中受到很大阻力，很多规定并未真正落实。

20世纪以后，日本的托儿所也得到发展，在东京、大阪、京都等地都陆续开设了公立托儿所。私立托儿所也不断发展壮大，数量慢慢赶超了公立托儿所。到第二次世界大战结束前，日本的托儿所已有2000多所。

三、战后日本学前教育的发展

第二次世界大战后，日本进行了一系列民主化改革。1947年，日本颁布《教育基本法》和《学校改革法》，为教育改革正本清源。根据这两部法典，日本的幼儿园强调保育，促进幼儿身心发展，幼儿园的目标是培养幼儿的集体观念、自主精神，学习一些生活常识，正确认识世界，培养民主观念。

1948年，日本颁布了《保育大纲》，这是日本第一个国家学前教育大纲，确立了以儿童为本的幼儿教育思想。1956年，日本文部省对该大纲进修调整，颁布了《幼儿园教育大纲》。该大纲强调幼小衔接，但由于过于重视知识学习，在日本国内造成了应试教育的倾向，因此遭到社会批评。在这种情况下，文部省不得不再次修改大纲，1964年，颁布了新的《幼儿园教育大纲》，旨在纠正幼儿园小学化的倾向。新大纲重新确立了儿童本位主义的幼儿教育，要求以激发幼儿潜能进行教学，培养儿童的正确的人生观、价值观和世界观。1989年，日本文部省重新修订了《幼儿园教育大纲》，提出幼儿园要通过营造合适的环境来教育幼儿，强调游戏在幼儿教育中的重要性。

第二次世界大战以后，日本还多次提出了幼儿教育振兴计划。1962年，日本制订了第一个幼儿教育振兴计划——《振兴幼儿教育七年计划》，扩大学前教育规模，提高入园率。1972年，文部省制订了第二次幼儿教育振兴计划——《振兴幼儿教育十年计划》，实行减免保育费的制度，促进入园率的提升。1991年，文部省制订了第三次幼儿教育振兴计划，目标是普及幼儿教育，提高3~5岁幼儿的入园率，重视3岁以下幼儿的保育。2001年，日本制订了第四次幼儿教育振兴计划——《面向幼儿教育的充实——幼儿教育振兴计划》，针对日本日益严重的老龄化社会和生育率逐渐走低的趋势，制定了新的学前教育目标。

2004年，日本中央教育审议会发表了《关于幼儿教育、保育一体化的综合机构》的咨询报告。2005年，中央教育审议会又发表了《关于适合环境变化的今后的幼儿教育的应有状态——为了幼儿的最佳利益》的咨询报告。报告提出，要在正确认识日本学前教育现状的基础上，了解到发展的不足，并有针对性地提出解决的措施。2006年，日本《教育基本法》正式公布施行，首次把幼儿教育纳入其中。遵照《教育基本法》的基本精神，2008年3月，文部省颁布了新的《幼儿园教育要领》，强调幼儿教育的奠基作用，进行幼儿课程改革。2012年，少子化社会对策会议颁布了《关于儿童育儿新体系的基本制度》，明确了国家和地方政府在建立育儿新体系中应承担责任，促进保教一体化的发展。

第二节　日本学前教育现状

在日本，学前教育并不属于义务教育范畴，学费由家庭负担。现今日本的学前教育机构主要有幼儿园和保育所两种类型。在管理上，实行国家和地方两级管理体制。幼儿园和保育所分别为文部省和厚生省管辖，是二元制的管理体制。

一、日本学前教育体系

（一）日本的学前教育机构

1. 幼儿园

日本的幼儿园分为国立、公立（县、市）和私立三种，招收3~6岁的儿童。国立幼儿园由国家设立，主要附设于国立大学；公立幼儿园由市、镇、村设立，主要附设于公立小学；私立幼儿园由学校法人、其他法人及个人等设立。国立幼儿园的经费由国家负担，公立幼儿园的经费则由地方政府支持。国立和公立幼儿园的收费较低，而私立幼儿园的收费较高。现今日本的幼儿园以私立幼儿园为主，约占70%。幼儿园多为半日制，开放时间为上午9:00左右至下午1:00左右。

2. 保育所

日本的保育所分公立和私立的两种，招收0~6岁的儿童。公立的保育所主要是由县立和市镇村设立，私立保育所则主要是由社会福利法人、公益法人、宗教法人和个人设立。由于保育所是一种福利机构，所以收费比较便宜，地方和国家的补贴较大。保育所多为全日制，开放时间为上午7:00左右至下午6:00左右。

3. 其他学前教育机构

除幼儿园与保育所之外，日本还有许多其他类型的学前教育机构，如课外兴趣班、补习班、儿童资询所、儿童馆等机构和设施。

（二）日本的学前教育管理

日本的现行教育行政制度是国家和地方两级管理体制。国家教育行政机构是文部省，它总体负责全国的各项教育事务。文部省下设多种教育审议会，负责具体某一方面的教育审议、评价，提出研究报告。地方的教育行政机构为各都道府县市町村的教育委员会，由它具体负责经费、人事、教学、课程和师资等方面的事务。

日本现在实行的是保育与教育并行的二元制学前教育体系。幼儿园归文部省管辖，而保育所则归厚生省管辖。近年来，日本不断促进保教一体化的统一。2010年，日本内阁会议通过了《儿童、育儿新体系的基本制度案纲要》，提出要实现幼儿教育方面财政、制度、管理等方面的一体化，推进幼儿园、保育所一体化，提供多样化的保育服务。

二、日本的学前教育课程

2008年，日本文部省修订《幼儿园教育要领》，确定了新的幼儿园课程的国家标准，展开了新一轮的学前教育课程改革。《幼儿园教育要领》规定："因为作为幼儿的自发活动的游戏是培养幼儿身心协调发育的基础的、重要的学习，所以，要以指导游戏为中心，综合完成第2章规定的目标。"①由此可见，游戏成为日本幼儿园课程的重心。

《幼儿园教育要领》的第2章将幼儿教育分为"健康"、"人际关系"、"环境"、"语言"和"表现"五个领域，其中每一个领域又分为"目标"、"内容"和"注意事项"三个部分。其主要宗旨是重视孩子自身的各种感受(视觉、听觉、嗅觉、味觉、触觉)，重视游戏和生活的体验，重视大人和儿童的关系，逐步养成生存所需要的各种能力。

(1)健康领域：培育幼儿健康的精神和身体，能够在游戏中充分地活动身体，参加户外活动，养成健康的生活习惯和个人卫生习惯，做力所能及的事，能够预防疾病的发生，在灾害发生时知道应对的方法。

(2)人际关系领域：培养幼儿的自主能力和与他人的交往技能，关心他人，与人为善，乐于分享，善于交友。

(3)环境领域：培养幼儿对周围各种环境的好奇心和探求心，热爱环境，热爱自然，并善于探索周围的事物，丰富听、视、触、嗅、味等各种感觉。

(4)语言领域：培养幼儿用自己的语言表达所思所感，学会聆听，体验语言交流的喜悦，喜欢绘本和故事，愿意与人交流，能用语言准确表达自己的意愿，向人表达问候。

(5)表现领域：培养幼儿表现自己的感受，具有丰富的感情和表现能力，感受生活中的事物，感受不同物质的质感并表达自己的体验。

三、日本的学前教育师资

日本十分重视幼儿教师的培养和提高，并通过法律来不断提升教师的素质。对于不同的学前教育机构，幼儿教师的资格认证和待遇不同。1998年，文部省修订的《教育教员许可法》，对幼儿教师的资质、教师专业发展与培训、职责与权利、法律责任等方面已有详细、明确的规定。

(一)幼儿教师的职前培养

目前，日本的幼儿教师许可证主要包括专修许可证、一类许可证和二类许可证三种

① 王幡：《论日本学前教育中的"五个领域"》，载《国外教育研究》2014年第1期，第85页。

资格证书。取得幼儿教师许可证的途径主要有以下两种：第一，完成学历要求，在国家认定的大学修完规定学分；第二，通过都道府县举办的教育职员检定考试。到2006年，日本认定的具备开设幼儿教师培养课程资格的大学为151所，短期大学为224所，大学院(即研究生院)为82所，还有文部科学大臣指定的培养机关和专科学校等37所。

对于学前教育专业的硕士学位的人员，修满许可证规定学分可获得专修许可证。无论何种专业，具有学士学位的人员且修满规定学分可获得一类许可证。不论专业，具有大学学习两年以上的经历，修满62学分，且修满许可证规定学分的人员可以获得二类许可证。在课程的设置上，必修课的教师职业科目占全部课程的70%左右，学科教育占全部课时的11%，选修课占19%。并且，教师职业科目涉及职业思想的培养，人文、自然、社会等各方面综合知识，以及理解幼儿身心发展规律所必需的教育学及心理学方面的知识等。①

取得幼儿教师许可证的另一种途径是参加教育职员检定考试。检定考试由各都道府县的教育委员会举行，根据规定可以取得幼儿教师的一类许可证和二类许可证。

在日本，幼儿教师许可证是成为幼儿教师的最基本条件。但若想成为一名真正的幼儿教师，还要通过录用和选拔考试。日本《教育公务员特例法》第11条规定：公立学校的校长及教师的录用和升职，全部需要通过选拔。因此，日本各都道府县都会举行幼儿教师候选者选拔考试。选拔的内容和方法虽然各地有所不同，但大体相似，即至少进行两次选拔考试。两次通过考试才可以成为准教师，等待教育部门的分配。考试成绩一年之内有效。②

(二)幼儿教师的职后培训

在“终生学习”思想的指引下，日本已将幼儿教师教育的重心转移到职后研修。日本的幼儿教师进修机关主要是各都道府县市设立的教育研修中心和新制教育大学等。日本规定，新进教师需要进行为期一年的在职研修，在从事幼儿教育工作若干年后，通过讲习、函授、进修等途径，获得一定的学分，并经教师资格认定测验合格后，获得高一级资格证书。

从进修的地点上分，日本幼儿教师的在职研修可以分为园内研修和园外研修两种。园内研修即在工作所在的幼儿园进行。园外研究指离开工作单位，参加研修机构举办的研修班和各种讲座、交流会等。从进修时间来看，日本幼儿教师的在职研修可以分为短期和长期。短期研修从半天到一个月以内不等，中期研修从一个月到一年不等，而长期研修则可长达一至两年。从进修形式来看，有自主研修和共同研修、脱产研修和半脱产

---

① 何京玉：《日本幼儿教师教育制度及其对中国的启示》，载《外国教育研究》2008年第12期，第28页。

② 何京玉：《日本幼儿教师教育制度及其对中国的启示》，载《外国教育研究》2008年第12期，第30页。

研修、面授和函授等。

《教育公务员特例法》规定，新进教师必须在工作初的一年内进行为期一年的研修。一边在园内接受实际工作指导性进修（每周 2 天，一年至少 60 天），一边到园外的教育研修中心等机构研修（每周 1 天，一年至少 30 天）。此举旨在帮助新教师更快地胜任幼儿园工作，提高教师素养。

第三节　日本学前教育的发展动向

一、日本学前教育面临的挑战

（一）保教一体化问题

日本的学前教育机构有幼儿园和保育所两种，前者侧重幼儿的教育，归文部省管辖；后者侧重幼儿的保育，归厚生省管辖。这种二元化的管理体制给日本的学前教育带来一定的困扰。首先是制度的不统一，两个部门分而治之，相关的政策和法令都不相同，服务宗旨、招生对象、作息时间等方面都有差异，客观上不利于教育平等化。

（二）学前教育的不均衡问题

在地区差异上，日本的学前教育机构多集中在大城市，很多偏远和农村地区没有相应的学前教育机构。在类型差异上，日本的私立幼儿园占据了目前学前教育的大半，其收费较高，给家庭育儿带来了经济负担。

（三）幼小衔接问题

日本社会曾对“幼儿园小学化”倾向展开激烈论战，后来确立了以游戏为主导原则的课程方案。但最近十几年，日本的小学教育又出现了新问题，即低年级的学生不能够安静下来上课的问题，特别是新入学的一年级学生不能安静地坐在教室里、不能耐心地听老师讲课等问题尤其明显。因此，有人认为这是学前教育造成的问题，幼小衔接出现了断层。

二、日本学前教育改革与发展趋势

（一）促进保教一体化进程

鉴于保教各自为政的局面，日本政府正在着力统一二元制，将二者整合。比如，设立集幼儿保教一体化的幼儿园，并对家庭育儿给予指导和帮助，缩小幼儿园和保育所之间的差距，在行政管理上尽量使二者在功能、目的、性质、师资、课程等方面更加相似，招收的儿童的对象和年龄适当放宽。

（二）完善学前教育方针

根据学前教育发展的形式和国情的变化，日本政府积极制定新的政策和法令，完善学前教育，改善学前教育的设施，增加教师编制，提高教师待遇，建设幼儿园的信息化网络，促进适龄儿童入园率的提升，对困难家庭、偏远地区和弱势群体进行资助。

（三）加强幼小衔接

为了使幼儿更好地适应小学学习，日本公立的幼儿园和小学增加了相互间的交流活动。修改后的《幼儿园教育要领》和《保育所保育指针》都规定，加强与小学的合作是幼儿园和保育所的义务。

（四）构建幼儿园、家庭、社区幼儿教育网络

家庭、社区、幼儿园（保育所）在幼儿的成长中缺一不可。日本注重协调三者的关系，构建统一的服务网络，加强三方的联系与交流，通过三方协作促进幼儿教育的发展。幼儿园等机构需要在原有的基础上增加新的机能，以弥补家庭、社区所缺失的教育能力，家庭与社区也应该在幼儿园等机构的扶助下，通过终生学习、振兴措施等来提高自身的教育能力。

本章小结

日本最早的学前教育可以追溯至明治维新时期。1876 年，东京女子师范学校附属幼儿园成立，这是日本近代第一所学前教育机构，也是第一所公立幼儿园。1893 年，在新潟市，日本的第一个托儿所开办。19 世纪末，福禄培尔的幼儿园教育法传入日本，影响了日本的幼儿园的发展。1926 年，日本文部省颁布《幼儿园令》，这是日本历史上第一部幼儿园法令。第二次世界大战后，日本的学前教育进入平稳发展期。

现在，在日本，学前教育并不属于义务教育范畴，学费由家庭负担。学前教育机构主要有幼儿园和保育所两种类型。在管理上，实行国家和地方两级管理体制。幼儿园和保育所分别为文部省和厚生省管辖，实行二元制的管理体制。

2008 年，日本文部省修订《幼儿园教育要领》，确定了新的幼儿园课程的国家标准，展开了新一轮的学前教育课程改革。游戏成为日本幼儿园课程的重心。《幼儿园教育要领》的第二章将幼儿教育分为健康、人际关系、环境、语言和表现五个领域，其中每一个领域又分为目标、内容和注意事项三个部分。

日本重视幼儿师资的培养和培训。幼儿教师许可证主要包括专修许可证、一类许可证

和二类许可证三种资格证书。但若想成为一名真正的幼儿教师，还要通过录用和选拔考试。新进教师需要进行为期一年的在职研修，在从事幼儿教育工作若干年后，通过研修可以获得高一级资格证书。研修形式有多种途径和类型。

比较与思考

1. 日本学前教育面临哪些挑战？日本是如何应对的？
2. 试比较我国与日本的“幼小衔接”问题，并给出自己的见解。

推荐阅读

1. 李永连：《日本学前教育》，人民教育出版社1991年版。
2. 李永连、李秀英：《当代日本幼儿教育》，山西教育出版社1997年版。

资源链接

1. 文部科学省：http://www.mext.go.jp/
2. 厚生劳动省：http://www.mhlw.go.jp/

下章预习重点

1. 韩国学前教育机构的类型、特色。
2. 韩国学前教育课程设置。
3. 韩国学前教育的师资培养。

第十章　韩国学前教育

学习目标

1. 教学重难点：韩国国情、历史发展和世界地位对其学前教育的影响；韩国学前教育制度的主要特色；韩国学前教育未来发展态势。

2. 学习要求：了解韩国学前教育的历史进程，熟知韩国学前教育制度的特点，知晓韩国学前教育制度的发展趋势。

内容提要

韩国最早的学前教育机构可以追溯至1897年日本人开办的釜山幼儿园。1916年，韩国兴建了第一所国民幼儿园——中央幼儿园。

幼儿园和保育中心是韩国当今最主要的学前教育机构，幼儿园招收3~6岁的儿童，分为公立和私立。保育中心为0~6岁幼儿提供保育服务，也分公立和私立两种。

在幼儿教师的职前培养方面，韩国幼儿园教师主要由各级师范大学(学院)负责培养。在幼儿教师的职后培训方面，韩国政府提供了多种途径和培训类型。

韩国位于东亚朝鲜半岛南部，总面积约10万平方公里，首都为首尔。韩国三面环海，西濒临黄海，与胶东半岛隔海相望，东南是朝鲜海峡，东边是日本海。韩国是20国集团和世界经合组织(OECD)成员之一，也是亚太经合组织(APEC)和东亚峰会的创始国，是亚洲四小龙之一。韩国是世界上人口密度最大的国家之一，人口出生率和生育率均居世界低位。近年来，韩国学前教育产业保持了30%左右的年增长速度，增长态势迅猛。

第一节　韩国学前教育历史承续

一、学前教育的初创

韩国最早的学前教育机构可以追溯至1897年，当时，日本人在韩国首先开办了幼儿教育机构，这就是韩国的第一所幼儿园——釜山幼儿园，但该园招收的是日本儿童，使用日语教学。1914年，美国传教士在韩国创办梨花幼儿园，使用韩语教学，招收韩国幼儿。1916年，韩国兴建中央幼儿园，这才是韩国真正意义上的第一所国民幼儿园，管理者、教师均为韩国人，招收韩国幼儿。因此它才算是韩国幼儿教育的真正起始。此后，韩国的幼儿教育机构虽然在不断地发展之中，但因国家处于半殖民地的状态，国家无暇顾及幼儿教育事业的进展。

二、学前教育的发展

1946年，韩国摆脱了殖民统治，开始走上独立发展的道路。政府也日益重视幼儿教育事业的发展，致力于提高幼儿的入园率。1949年，韩国颁布了第一部教育法规，规定了学前教育的目的、目标和对象，将学前教育纳入了学校教育体系。1950年，韩国又出台了《国立幼儿园设置计划》，但由于朝鲜战争的爆发并未付诸实施。当时主要由总督府的内务局社会课负责指导和监督，幼儿园、托儿所的发展处于缓慢地自然地发展阶段。

三、学前教育的振兴

第二次世界大战结束之后，韩国取得了真正的独立与和平，国家的教育事业开始步入正轨，学前教育也迎来了春天。韩国政府通过一系列法令的颁布，将学前教育规范化。

1961年，韩国政府制定并公布了《儿童福祉法》，规定“保护人因工作繁忙、或疾病无力养育其子女时，可委托托儿所进行保育”。托儿所属于儿童福利设施之一。1962年，韩国政府颁布了《幼儿园设施基准令》，规定了幼儿园的设施标准。从1967年开始，韩国政府明文规定，从国库和地方费用中支付40个托儿所的各种补助费。1969年，韩国又出台了《幼儿园教育课程令》，规定了幼儿园的课程目标和内容。在20世纪60年代，韩国的国立和公立幼儿园取得了快速增长。

20世纪70年代，随着人口的增长和对幼儿保教的需求，公立幼儿园已经不能满足需求，政府开始发展私立幼儿园。1978 年，私立幼儿入园率为 5.3%，1980 年，幼儿入园率升到 7.3%。

20 世纪 80 年后，韩国的幼儿教育事业进入了高速发展时期。1982 年，韩国颁布《幼儿教育振兴法》，开展了学前教育的普及工作。1980 年，韩国修改了 1961 年由保社部制定的《儿童福祉法》，扩大了保育范围，原来保育对象主要以贫困家庭子女、弃儿、流浪儿为中心。修改后的《儿童福祉法》规定，保育对象面向全国幼儿，并对幼儿课程进行改革。20 世纪 80 年代后期，韩国就业女性大幅增长，韩国政府制定了《岗位托儿制度》，来解决家庭的后顾之忧。

20 世纪 90 年代以来，韩国的幼儿教育事业加速发展，保育机构比幼儿园的发展更加迅速。1990 年，韩国通过了《婴幼儿保育法》，将儿童的保教工作纳入正规化、法制化的管理轨道。针对城市和乡镇幼儿教育事业发展的不平衡、公立幼儿园和私立幼儿园发展的差异性等具体情况，韩国政府采取了一系列措施。例如，逐年增加教育投资，广泛设立幼教机构，以扭转乡村幼儿园、公立幼儿园发展的滞后局面。1993 年，政府增设了 101 所幼儿园；1994 年，又增办了 75 所幼儿园。1996 年年底，韩国共有幼儿园 8900 所，在园幼儿 552000 多人，但全国幼儿入园率仅为 27%，其中 3 岁幼儿的入园率为 8.7%，4 岁幼儿的入园率为 26.8%，5 岁幼儿的入园率为 42.2%。为了进一步推动幼儿教育事业的发展，提高幼儿的入园率，从 1997 年，韩国政府决定扩大对幼儿教育机构经费投入的比例，将幼儿教育经费的投入比例从 1997 年的 0.9%增加到 2005 年的 5%，力求 90%以上的适龄幼儿都能够入园接受教育。①

第二节 韩国学前教育现状

一、韩国学前教育体系

(一)韩国的学前教育机构

1. 幼儿园

幼儿园是韩国当今最主要的学前教育机构，招收 3~6 岁的儿童。幼儿园分为公立和私立两种，公私比例约各占一半。幼儿园办园形式多样，有国立幼儿园、公立幼儿园、私立幼儿园和教会幼儿园。其中国立幼儿园、公立幼儿园数量少、条件好、收费低、保教质量高。私立和教会办的幼儿园数量多、条件略差、收费高、保教质量良莠不齐。

---

① 李圣南、高爽：《新兴的韩国幼儿教育》，载《幼儿教育》1998 年第 7-8 期，第 50 页。

从学时上分，韩国的幼儿园有全日制、半日制和临时制之分。传统上的韩国女性婚后大多不再工作，在家做全职太太，因此幼儿上午在幼儿园学习，中午回家吃饭，下午在家由妈妈安排学习和活动。近年来随着社会的进步，越来越多的妈妈们也希望重回职场，因此，对全日制幼儿园的需求不断上升，韩国也在努力扩大全日制幼儿园的规模，增加幼儿在园时间，提高教育质量。

2004 年日韩国颁布了《幼儿教育法案》，提出从教育部所属的幼儿园开始，逐步实行从半日制向全日制过渡，扩大全日制幼儿园的规模，以确保未满 6 周岁儿童都能接受优质的幼儿教育。《幼儿教育法案》还明确规定，幼儿在入小学前可免费享受一年的学前教育，否则将视为违法。低收入家庭可以获得政府幼儿教育补贴。

2. 保育中心

韩国的保育中心是为 0~6 岁幼儿提供保育服务的机构，每天开放 12 小时，每周开放 6 天，从性质上讲，分为公立和私立两种，属于保健福利部管辖，以普及社会保健福利为目的。

此外，韩国还有其他形式的机构为家庭提供幼儿的保教服务，如家庭日托中心、课后补习机构等。

(二)韩国的学前教育管理

1. 管理体制

在韩国，学前教育实行的是保教分治的体制，儿童的保育和教育分别由不同的部门负责。在管理的职责上，学前教育又分为国家和地方两个层面。

首先，在儿童保育的问题上，在国家层面，由国家性别平等和家庭部统筹规划，负责 0~6 岁的儿童保育，制定相关法令，对儿童保育机构进行资助，对相关师资开展培训等。在地方层面，则由各地的性别平等部门具体管理儿童保育工作。

其次，在儿童教育的问题上，在国家层面，由教育和人力资源部进行管理，主要是负责幼儿园的各项事务，制定相关法令，对幼儿园进行资助，对相关师资开展培训等，同时为低收入家庭提供资金资助。在地方层面，由各地的初等教育部门具体管理幼儿园的各项事务。

2. 财政扶持

近年来，韩国政府不断加大对学前教育的投资。韩国政府认识到儿童保教工作不仅仅是家庭的责任，也是教育体系的一部分，更是有效的社会投资政策工具，是能消除贫困儿童问题，迎战全球经济竞争。为此，学前教育成为整个社会投资政策的一个核心。2004 年，韩国“老龄化与未来社会统筹委员会”(Presidential Committee on Agingand Future Society)制定了第一份国家儿童保育扶持计划方案。2005 年，该委员会提出第二份国家儿童保育扶持计划方案，提出了儿童保育政策的主要目标，并且提出了全面的保育支持计划，提出增加保育机构和幼儿园、减轻家庭育儿费用的负担，提高保育服务质量的措施。在韩国政府的大力扶持下，韩国学前教育得到迅速发展。到 2010 年，韩国的保育费用几乎翻了两番。此外，韩国政府还根据家庭收入水平对儿童教育和保育进行分层性支持。

2011 年 5 月，韩国总统发表国民讲话，宣布自 2012 年起，所有 5 岁以下儿童家庭均可享受政府同等的教育财政支持，经费由政府直接拨发到幼儿所在幼儿园，教育补助为每月 20 万元韩币/人，到 2016 年将达到每月 30 万韩元/人。这项普遍的资助政策到 2013 年 3 月将扩展到 3 岁及 4 岁幼儿。同时，韩国政府也开始对 0~2 岁幼儿实施免费儿童保育计划。①

从 2013 年 2 月起，韩国政府实施"Nuri"项目，努力提高 3~5 岁幼儿的教育质量。其中，提出政府应加大对学前教育的投入力度，基本实现 3~5 岁幼儿的保育教育免费。"Nuri"出台后，保育机构与幼儿园的管理实现一体化。根据 3~5 岁幼儿的受教育机构类型，国民可以申领财政补助。就读保育机构的儿童，其家庭可以申领幼儿保育费。就读幼儿园的儿童，其家庭可以申领幼儿园学费。没有入读学前教育机构的儿童，采取家庭抚育的家庭可申领养育津贴。三种补助的金额差别不大。国民可以到居民中心申领，也可通过网络登录指定网站申领。随着 Nuri 课程(the Nuri Curriculum)的实施，韩国受资助儿童的范围进一步扩大。这意味着韩国政府把义务教育的范围扩大到学前一年。这一举措不仅减轻家长的教育负担，也加强了幼小衔接，对提高韩国婴幼儿教育和保育质量，逐步缩小婴幼儿教育中存在的差距起到了积极作用。

3. 提升质量

在大力发展学前教育机构的同时，韩国政府也注重加强保教质量，实行幼托机构的认证制度，组织专家对其进行评估。从 2003 年开始，韩国政府开始对全国的幼托机构采用认证制度，并从 2005 年起全面实施。儿童保育机构认证制度已经被写入儿童保育法。韩国的保育机构大多为私立，政府对其具有监督管理的权利，目前，韩国政府列出了几十个可供评估的项目，鼓励保育机构自愿参加认证，可以自行对 5~7 个项目进行评估。申请评估时，保育机构可以先自行评估，然后国家会组织专家对其进行现场评估，如果鉴定合格则给其颁发资质证书。从 2008 年起，韩国幼儿园开始实行质量认证制度。为了推动保育机构与幼儿园参与认证和评估过程，政府开始设法将评估结果与机构基本补贴制度和教职员工的薪金挂钩。

二、韩国学前教育课程

韩国幼儿园的招生对象主要是 3~5 岁的幼儿。韩国学前教育的目标旨在为孩子的成长提供适宜的教育环境，以此促进幼儿身心全面、健康的发展。为了达到上述目标，韩国政府制定了学前教育的课程标准，并以此为基础，在幼儿园教育中设置具有趣味性

---

① 刘云艳、岳慧兰、杨晨晨：《韩国的学前教育政策：现状、问题及其启示》，载《外国教育研究》2013 年第 7 期，第 53 页。

的、多元化的课程内容，采用多元化的、适合学前教育的教学方法。2011 年 7 月，韩国的教育科学技术部和保健福利部完成了 3~5 岁儿童统一教育课程的开发，该新课程改革的方向是将幼儿教育和保育提到同等地位。自 2012 年起，对儿童采用统一的教育课程。Nuri 课程以培养儿童的基本能力和正确的品德，培养民主的公民为目的。新课程标准的实施基准为每天 3~5 小时。此外，它还充分考虑到与 0~2 岁婴幼儿标准保育课程的婴幼衔接以及与小学课程的幼小衔接，并与小学阶段课程内容相连接而运作。Nuri 课程内容划分为五大领域：运动健康、社会交往、自然探索、交流沟通和艺术鉴赏。具体目标分别如下：

(1)运动健康领域：认识自己的身体，能够协调、灵活地进行基本的运动；热爱体育活动；知道必要的安全保健常识，懂得保护自己，保持身体健康。

(2)社会交往领域：认识、接纳自己，学会尊重自己，理解他人与自己的不同并进行自我调整；珍惜、关爱家人，学会与他人共同生活，关心社会。

(3)自然探索领域：培养幼儿对周围的事物和现象的兴趣，培养好奇心和求知欲；进一步开发对数学问题的探究，体验数学的趣味性；能自主探究日常生活和游戏中蕴含的科学现象。

(4)沟通交流领域：能基本理解他人的观点并顺畅表达自己的观点，初步掌握倾听、会话、阅读与书写的简单技能。

(5)艺术鉴赏领域：感受并发现自然和生活中的美，能够表达自己感受到的美；学会欣赏艺术作品。

韩国的幼儿课程主要采用主题活动方式开展。每年的上半年为上学期，下半年为下学期。不论是公立还是私立幼儿园，每学期开学前，幼儿园都要把学期计划和周教学计划发给家长。此外，韩国政府也非常重视教学质量的提高。在教学上，幼儿园的教学活动主要是以幼儿的自由活动为主；在教室的设计上，分成多个明显的活动区域，在不同的活动区域设置不同的材料和玩具，让幼儿根据自己的兴趣自由选择活动；在师幼关系上，注重建立起相互尊重、相互信任的师幼关系。教师鼓励孩子们发表自己的见解，以此充分调动孩子们探索事物的积极性和主动性，发展他们的创造性思维。

幼儿课程注重爱国主义教育。培养幼儿热爱自己的国家，热爱自己的民族。幼儿园里除了有完善的设施外，环境创设具有鲜明的民族特色与爱国主义氛围。民俗文化、民族礼仪、民族艺术、民族节日教育的环境创设随处可见。幼儿活动室通常都很大，民族特色突出，每间教室、幼儿活动室、教师办公室、园长室、接待室以及幼儿生活的各个场所，都挂有韩国国旗。幼儿园活动区多样，摆放着韩式家具、民族服装、传统茶道等用具，幼儿可以在美术区装饰国旗，在建构区拼搭民族建筑积木，到音乐区表演民族乐器，到活动区参观民俗文化和制作民间饮食。此外，陈列韩国历史文化的博物馆、图书馆、美术馆、纪念馆、展览馆、烈士陵园等爱国主义教育基地免费向社会开放。

礼仪教育是韩国幼儿教育的另一大特点，韩国幼儿教育从小培养儿童尊老爱幼、尊师敬长、互敬互爱的礼仪和习惯。在幼儿保教机构中，将礼仪教育同日常生活教育融合在一起，有的幼儿园专门开辟了礼仪室。例如，教师和幼儿一起穿上鲜艳的民族服装，学习茶道。教师教幼儿如何泡茶、倒茶。有的幼儿园还开辟了家政活动室，让幼儿学做小主人、小厨师，做好餐点，请小朋友品尝。还有的幼儿园专门设置混合班或开展混龄活动，培养幼儿们相互照顾、团结合作的精神。

三、韩国学前教育师资

韩国政府对于幼儿师资的培训也非常重视，韩国学前教育机构的教师可分为教师与保育员两种类型，其中幼儿教师又可分为一级教师和二级教师两个级别。保育员分为一级、二级和三级。韩国规定，负责3~5岁幼儿教育的幼儿园教师必须从两年制专科大学或四年制普通大学的幼儿教育相关专业毕业。从两年制专科大学相关专业毕业的人员可获得二级幼儿教师资格证，从四年制普通大学相关专业毕业的人员则可取得一级幼儿教师资格证。韩国对保育员的学历要求相对较低，具有高中学历，经过1000小时以上的培训课程进修，即可获得三级保育员资格证。大学专科毕业，进修1000小时以上的人员可以获得二级保育员资格证。专科大学毕业，具有二级保育员资格证，且具有三年以上保育工作经验的人员可以获得一级保育员资格证。

国立、公立幼儿园教师是国家公务员编制，韩国《教育公务员法》第2条规定，国立、公立学校或机关教员或助教为教育公务员，享受公务员待遇。教育公务员的退休年龄为62岁，特殊条件可放宽为65岁。幼儿教师的工资待遇受政府保障，为了稳定幼儿教育师资队伍，韩国政府一直在提高幼教工作者的待遇，幼儿教师的待遇在不断增长。

在幼儿教师的职前培养方面，韩国幼儿园教师主要由各级师范大学(学院)负责培养。韩国的幼儿教师必须参加国家统一组织的幼儿教师资格考试，获得资格证书才能被聘为幼儿园教师。从1995年开始，韩国在大学增设幼儿教育专业，适当扩大招生比例，为学生开设了许多专业理论课，如"儿童发展"、"幼儿教育论"、"幼儿园课程论"。此外，还设了许多实用性课程，如"幼儿语言教育"、"幼儿音乐教育"、"幼儿美术教育"、"玩教具设计与制作"等，同时还有扩大学生视野的选修课，如"现代教育技术"、"社会关系"、"美学"等课程，以培养学生的兴趣爱好，发展学生的能力。

在幼儿教师的职后培训方面，韩国政府也提供了多种途径和培训类型。韩国规定，幼儿教师在工作后，每三年便要进入政府创办的教育培训机构接受脱产培训一年，其费用由政府承担。培训的类型包括：第一，晋升性培训，是幼儿教师为获得晋升而必须参加的培训。晋升培训项目为期30天(180小时)或更长。第二，一般性培训，该类型的培训用以扩展教师在教育理论和实践方面的素养，一般性培训为10天(60小时)或更长时间。第三，调整性培训，这种培训是专为新教师而设的，目的是使他们能够尽快熟悉幼儿保教工作。第四，提高性培训，专为在岗教师而设，提高教师幼儿教育的技能。另外，韩国国立教育大学还开办特别培训课程，学期两年，毕业后授予硕士学位。

在Nuri课程启动实施后，韩国政府为了确保在职教师及预备教师准确理解和把握Nuri课程的精神，并在实际教学实践中全面、正确地贯彻课程理念，国家教育科技部对全国的幼儿教师发放了指导用书，即《解说五大领域的教育目标、内容的说明书》、《解释各领域内容范畴及所应用的教育原理的指南手册》和《介绍教师指导方法的教师用书》。

韩国政府还对幼儿教师分批进行培训。先从大班幼儿教师开始，再分批次扩大到中班和小班幼儿教师。2012年，各道、市教育厅组织大班幼儿教师的培训，定期进行集合研修，共进行9次，人均接受培训时间须满15小时。此外，韩国中央保育信息中心还组织远程培训，每位研修教师需接受30次远程培训。只有接受了15小时集合培训且参加了30次远程培训并在考核中成绩合格的教师，才有资格成为Nuri课程的教师。

第三节 韩国学前教育的发展动向

一、韩国学前教育面临的挑战

(一)保教分离，供需不平衡

韩国的幼儿园设立的初衷是为了分担家庭育儿负担，针对的对象是全职妈妈，多采取半日制。保育机构设立的初衷是解决双薪家庭的育儿需求，实行全日制。但现实却造成了两种困境：一是半日制幼儿园不能完全满足父母的育儿需求，而且随着越来越多的妈妈重返职场，公立的幼儿园更显示出保教时间不足的弊端；二是全日制保育机构疏忽了对幼儿进行必要的教育。

(二)幼小衔接问题

韩国的幼儿园附设于小学，是小学的预备班。但保育机构却不重视文化知识的学习，因此与小学教育相分离。这必然会给入读保育机构的儿童造成一定的学习困难，不利于教育公平的发展。

(三)幼儿教师资质参差不齐

不同类型的幼儿教育机构在教育内容、时间、方法、条件、教师素质等方面存在差异。与幼儿教师相比，保育员的要求较低，资质有待进一步提高。

二、韩国学前教育改革与发展趋势

(一)保教机构的统一

韩国政府近年来一直致力于统一幼儿保教机构，延长幼儿园的服务时间，增加全日制幼儿园，以满足家庭的需求。

(二)加大政府投入

韩国政府通过一系列改革措施，颁布多项政令，加大对弱势儿童和贫困家庭的扶持力度，并为所有的适龄儿童家庭发放学前教育补助，目的是为了提高适龄儿童的入园率，提高人口素质，促进教育公平。

(三)提升师资水平和保教质量

韩国政府非常重视幼儿教师的培养和培训，对幼儿教师的准入制度要求越来越严格，职后培训上也投入大笔经费，保证教师的专业发展，促进幼儿保教水平的提高，保证教育质量。同时，对幼儿教育开展多方面、多层次的研究。

本章小结

韩国最早的学前教育机构可以追溯至1897年。1916年，韩国兴建中央幼儿园，这才是韩国真正意义上的第一所国民幼儿园。1946年，韩国摆脱了殖民统治，开始走上独立发展的道路。第二次世界大战结束之后，韩国取得了真正的独立与和平，国家的教育事业开始步入正轨，学前教育也迎来了春天。韩国政府通过一些列法令的颁布，将学前教育规范化。

幼儿园是韩国当今最主要的学前教育机构，招收3~6岁的儿童，分为公立和私立两种。韩国的保育中心是为0~6岁的幼儿提供保育服务的机构，每天开放12小时，每周开放6天，从性质上讲，也分为公立和私立两种。

在韩国，学前教育实行的是保教分治的体制，儿童的保育和教育分别由不同的部门负责。在管理的职责上，学前教育又分为国家和地方两个层面。近年来，韩国政府不断加大对学前教育的投资。在大力发展学前教育机构的同时，韩国政府也注重提高保教质量。

2011年7月，韩国的教育科学技术部和保健福利部完成了3~5岁儿童统一教育课程的开发，该新课程改革的方向是将幼儿教育和保育提到同等地位。Nuri课程内容划分为五大领域：运动健康、社会交往、自然探索、交流沟通和艺术鉴赏。幼儿课程注重爱国主义教育，培养幼儿热爱自己的国家，热爱自己的民族。礼仪教育是韩国幼儿教育的另一大特点。

韩国政府对于幼儿师资的培训也非常重视，韩国学前教育机构的教师可分为教师与保育员两种类型，其中幼儿教师又可分为一级教师和二级教师两个级别。保育员分为一级、二级和三级。公立幼儿园教师是国家公务员编制，在幼儿教师的职前培养方面，韩国幼儿园教师主要由各级师范大学(学院)负责培养。在幼儿教师的职后培训方面，韩国政府也提供了多种途径和培训类型。

比较与思考

韩国的学前教育机构有什么特点？又存在哪些弊端？

推荐阅读

黄亨奎：《韩国学前教育》，吉林人民出版社 2005 年版。

资源链接

韩国教育部 http://www.moe.go.kr/

下章预习重点

1. 澳大利亚学前教育机构的类型、特色。
2. 澳大利亚学前教育课程设置。
3. 澳大利亚学前教育的师资培养。

第十一章　澳大利亚学前教育

学习目标

1. 教学重难点：澳大利亚国情、历史发展和世界地位对其学前教育的影响；澳大利亚学前教育制度的主要特色；澳大利亚学前教育未来发展态势。

2. 学习要求：了解澳大利亚学前教育的历史进程，熟知澳大利亚学前教育制度的特点，知晓澳大利亚学前教育制度的发展趋势。

内容提要

1895 年，新南威尔士州成立了幼儿园联盟，创办了澳大利亚的第一所幼儿园。

现今澳大利亚的学前教育机构有幼儿园、学前班、全日制日托中心、家庭日托、课后托管班、工作单位日托、儿童游戏小组等形式。澳大利亚幼儿教育与保育体系表现出双轨制的特点，幼儿教育体系由教育、科学和培训部主管，幼儿保育体系则由家庭社区和原住民服务部主管。

澳大利亚的幼儿教师由综合大学的教学学院（系）培养，幼儿教师的职后培训由各州政府负责，形式有职业培训和远距离教育等。

澳大利亚（Australia）全称为澳大利亚联邦（The Commonwealth of Australia），位于大洋洲，首都墨尔本，是英联邦国家之一，居民大多是移民，是一个多元文化国家。澳大利亚地广人稀，风景优美，资源丰富，经济发达，国民生活水平高。澳大利亚是联邦制国家，教育事务由各州负责。

第一节　澳大利亚学前教育历史承续

一、澳大利亚学前教育的初创

澳大利亚的居民多为欧洲移民，19 世纪末，随着欧洲幼儿园运动的兴起，这种新的幼儿教育方式也传入澳大利亚。1895 年，在新南威尔士州，幼儿园联盟成立，领导了澳大利亚的幼儿教育运动，创办了澳大利亚第一所幼儿园。此外，幼儿园作为一种新的教育形式，在澳大利亚各个州广泛传播。此时的幼儿园多为慈善性质的，目的是为了促进社会改革和儿童的教化，为澳大利亚幼儿园的后期发展奠定了基础。

二、澳大利亚学前教育的发展

20 世纪以后，澳大利亚的工业发展起来，社会对劳动力的需求增加，许多妇女开始走出家庭，走上工作岗位，因此，家庭对社会育儿的需要也相应提高。慈善性质的幼儿园数量已经无法满足社会的需要。

1938 年，澳大利亚政府开始提供幼儿保教服务，在每个州成立一所示范性的幼儿教育与健康中心，这是澳大利亚最早的公立幼儿园。

20 世纪 60 年代，一些州政府开始设立公立性质的幼儿保育和教育机构。这些机构多为慈善组织和私立机构开办，受到州政府的监督，独立自负盈亏。

20 世纪 70 年代后，澳大利亚联邦政府开始意识到，日益发展的工业水平需要提高劳动者的素质，并且妇女解放运动的发展也使更多的女性不再愿意担任全职妈妈。此时的联邦政府开始采取措施促进幼儿早期教育的发展。1972 年，澳大利亚成立了学前教育委员会，同时联邦劳工与全国服务部通过了《儿童保育法》(*Child Care Act*)，由政府出资帮助非营利性幼儿保教机构的发展，此外，还规定了幼儿保育师资标准。

20 世纪 80 年代后，澳大利亚政府转变了对幼儿保教机构的资助模式，根据招收的幼儿数量来进行补助。

20 世纪 90 年代后，澳大利亚政府开始对营利性的幼儿保教机构进行资助，并先后出台了一系列法案促进幼儿教育的发展，同时开始对幼儿保教机构进行监督。

第二节　澳大利亚学前教育现状

一、澳大利亚学前教育体系

澳大利亚的幼儿教育并未纳入国家的义务教育范畴，义务教育的起始年龄为6岁，6岁前的儿童可以在家接受教育，也可以选择入读学前教育机构。因此，幼儿上不上幼儿园，完全由父母做决定。即使父母选择让孩子接受学前教育，也可以根据情况选择弹性学制。澳大利亚的学前教育机构有幼儿园、学前班、全日制日托中心、家庭日托、课后托管班、工作单位日托、儿童游戏小组等形式。

(一)澳大利亚的学前教育机构

1. 幼儿园

澳大利亚的幼儿园是为3~6岁幼儿提供保教服务的机构，分公立和私立两类。公立幼儿园多有政府和机构资助，学费相对便宜些，私立幼儿园教学质量好，但学费较高。从在园时间长短上可分为全日制和半日制两种。幼儿园由家长代表和其他有关人士组成的委员会管理。幼儿一般在进入小学前两年进入幼儿园，3~4岁儿童每周入园2天；4~5岁儿童参加幼儿园的学前班，每周入园3天。各个幼儿园中每个不同年龄的孩子可以自由确定、选择入园的时间。幼儿园每天工作的时间为上午9:00至下午2:30或3:00，家长为自己的孩子提供午饭。

2. 学前班

学前班是为第二年即将上小学的孩子设的幼儿园，在年龄和名额上有限制，招收5岁的幼儿，主要进行科学文化知识的启蒙，为上小学打基础。学前班一般附设于小学里，受小学校长的领导。一个学前班最多只能接收25个孩子，由一个受过训练的教师和一个教师助理负责。课程和教学方法与幼儿园极为相似，孩子们通过自选的、小组的和集体的活动，根据自己的兴趣和需要，在教师的帮助和鼓励下使自己各个方面的能力有所提高。幼儿在学前班每周上课5天，每天两个半小时。学前班的工作时间为上午9:00到11:30，中午12:30到下午3:00。家长和孩子可以自行选择每周入班的时间。

3. 全日制日托中心

全日制日托中心是幼儿保育机构的一种，招收0~6岁幼儿，保教时间长，每天开放长达12个小时，从早上6:30到晚上6:30，每周开放5天，主要是方便父母都是全职人士的幼儿入托，因此受到许多澳大利亚父母的欢迎。根据幼儿的年龄不同，日托中心设有不同的年领班，“托班”(Nursery)招收0~2岁幼儿，“小班”(Toddler)招收2~3岁儿童，“大班”(Preschool)招收3~6岁儿童。全日制日托中心提供早餐、早茶、中饭和下午茶，对于下午6:30才能回家的孩子会再多加一顿点心。因为保教时间长，所以这种日托机构的学费非常昂贵。

4. 家庭日托

家庭日托是由家庭开办的儿童保教机构，在照看自己孩子的同时，照顾其他幼儿。家庭日托规模小，费用少，备受澳大利亚人青睐。从事家庭日托的教育者需要获得儿童服务三级证书，同时，家庭日托教育者也需要注册登记，并接受联邦和地方管理机构的认证和管理。每个家庭日托机构同时接受的儿童人数不得超过5人。

5. 课后托管班

由于妇女就业人数的增加，澳大利亚有60%的双职工家庭，另外还有大量的单亲家庭，越来越多的小学低年级学生需要在学校逗留更长的时间，因而政府为他们提供了课前、课后以及假期的看护服务。这种看护服务的目的主要是游戏和娱乐性的，而不是教育性的。澳大利亚的小学生每周到校上课5天，每天的上课时间为上午9:00到下午3:00。课后托管班使学生除了6小时上课时间以外，从早上7:00到下午6:00都能得到看护。

6. 工作单位日托

这种日托服务以保育为主的，主要为方便父母上班，为幼儿提供临时的看护。

7. 儿童游戏小组

游戏小组是使幼儿聚在一起玩耍，主要由家长们组织。

(二)澳大利亚的学前教育管理

澳大利亚幼儿教育与保育体系表现出双轨制的特点，分别由不同的部门管理。幼儿教育体系由教育、科学和培训部(Department of Education, Science and Training, DEST)主管，幼儿保育体系则由家庭社区和原住民服务部(Department of Family and Community Services and Indigenous Affairs, FaCSIA)主管。此外，对学前教育机构的管理由各州政府负责，幼儿教育体系的经费主要由各省和领地的财政负责，澳大利亚的大多数地方为5岁幼儿提供一年的免费学前教育。

国家为学前教育机构提供一定的资助。教育、科学和培训部主要为原住民、偏远地区的学前教育提供资助。家庭社区和原住民服务部主要为全日制日托中心、家庭日托和课后托管班提供资助。全国幼儿保育认证委员会负责实施对幼儿保育机构的质量认证工作。各省和领地政府负责全天日托中心的规范、认证事务。部分省和领地政府也会为幼儿保育机构提供经费支持。①

---

① 刘颖、冯晓霞:《澳大利亚幼儿保育政策的演变及启示》，载《学前教育研究》2012年第8期，第11页。

二、澳大利亚学前教育课程

2009 年，澳大利亚教育、就业和劳资关系部颁布了《归属、存在和成长：澳大利亚儿童早期学习框架》(*Belonging, Being & Becoming: The Early Years Learning Framework for Australia*)，旨在通过制定一系列原则、实践方法和预期学习成果来指导学前教育，从而为儿童未来的学习奠定基础。这是澳大利亚首次制定针对学前教育工作者的国家课程框架。框架的最后一部分还指出了儿童的预期学习成果，包括：自我认同感；认识世界并对其有所贡献；幸福感；自信，积极学习；能够有效交流。①

不过，对于具体的幼儿课程，澳大利亚并没有全国性的、统一的学前课程大纲。各个州采用的课程也不同，每个州都编写了自己的学前教育和保育的课程大纲或指导方针，如塔斯马尼亚州的《塔斯马尼亚课程》、新南威尔士州的《新南威尔士州课程大纲》、西澳大利亚州的《课程大纲》、北领地的《早期大纲》、首都领地的《每一个学习机会——课程大纲》、昆士兰州的《早期课程指导方针》、南澳大利亚州的《课程标准和问责大纲》以及维多利亚州的《面向 3~5 岁儿童的早期课程指导方针》。但不同州学前课程的内容、适用范围、质量水平等都有很大的差异。例如，塔斯马尼亚州和新南威尔士州的课程大纲适用于 0~5 岁儿童，西澳大利亚州、北领地、首都领地和昆士兰州的适用于 3~5 岁儿童，南澳大利亚州的适用于 0~12 岁儿童。②

在没有统一大纲的和教科书的情况下，澳大利亚的幼托机构享有很大程度的自由，课程设计是以主题游戏为主，带领孩子们探索和学习。课程内容由一个又一个的主题游戏与活动组成，融合进生活常识和经验，很多课程设计都有家长的互动。

一些幼儿园的组织和课程主要以多元智能理论为基础。在孩子入学的第一个礼拜，教师会跟踪仔细观察，弄清孩子各项技能达到的水平。这中间教师要完成一张综合测验表，表中列出与孩子各项智能相关的技能。从八项智能中选择一到两项做引导性示范，并且要激发儿童对这些活动的兴趣。简短的示范之后，孩子们被允许选择在不同学习区进行活动。教师会仔细记录孩子的行为特点，并以他们的观察结果作为参考来制订接下来的课程计划。教师会将观察结果中孩子们进步的点点滴滴同时反馈给家长。

三、澳大利亚学前教育师资

对于幼儿教师，澳大利亚全国范围内没有统一的标准，各州资格标准不同，不同类

---

① Australian Government Department of Education Employment and Workplace Relations. Belonging, Being & Becoming: The Early Years Learning Framework for Australia. 2009: 25. a. m.

② 王春亚：《澳大利亚学前教育和保育改革研究》，南京师范大学 2012 年硕士学位论文，第 11 页。

型的学前机构对其雇用职员的资格要求也有所差异。一般要求保育机构幼儿教师持有职业技术和继续教育学院或注册的培训机构颁发的职业文凭或培训经历。学前班和幼儿园的学前教师必须持有大学颁发的学前教育教学学位。

20 世纪 90 年代之前，澳大利亚的幼儿教师主要是由师范院校培养，学制三年。经过 90 年代的改革之后，综合大学的教学学院(系)取代了师范院校的职责，三年制学位课程也升级为四年制学位课程。在澳大利亚，高等教育机构开设了下几种课程形式：(1)一年制的教育证书课程，这类课程是为已获得大学非教育专业学位的本科生而设，大多是教育理论方法类课程；(2)四年制的教育学士学位课程，这类课程是由教育系所设的教育课程和文理学院设立的专业课程两部分组成；(3)教育硕士学位课程。①对幼儿教师的职后培训也由各州政府负责，形式有职业培训和远距离教育等，学员经过培训后，可取得相应资格，包括儿童服务二、三、四级证书和儿童服务文凭等。

澳大利亚历来都十分重视实践课程，不管是形式上还是时间安排上，都力求使学生获得充分的、独特的教学体验。每所大学每年都会安排至少一次的专业实践课程，最后一学期通常更长。在实习内容上不仅包括传统的见习与教学实践，还会渗透到其他的学科课程中。

第三节 澳大利亚学前教育的发展动向

一、澳大利亚学前教育面临的挑战

(一)幼托机构费用高，入园难

在澳大利亚，幼儿园和日托中心的价格不菲，如果家庭有多名子女，会给家庭经济带来较大负担，因此，在过去的几年中，家庭日托日渐兴起。但是，家庭日托的幼儿教师的资质不高，只能承担幼儿的保育和看护。此外，幼儿园的规模受到政府限制，每年的名额有限，导致入园要排队，等候时间长，让澳大利亚家长头痛不已。

(二)教育质量难以保障

虽然澳大利亚的学前教育机构类型多，但是教育质量却参差不齐，国家没有统一标准，也缺乏统一的监督和管理。据澳大利亚《悉尼晨报》2012 年 1 月 8 日报道，一项由政府资助的关于早期教育的研究报告指出，目前澳大利亚的学前教育水平十分糟糕。一

---

① 郭万婷：《澳大利亚学前教育本科课程研究》，华中师范大学 2012 年硕士学位论文，第 13 页。

项以 2500 名孩子为样本开展的调查研究表明，按评定等级划分为 1～7 个等级水平来看，无论这些孩子是否参加正规的学前教育学校或是家庭看护中心，4 岁孩子接受教育指导质量的平均等级仅为 2 级。①

(三)幼儿教师的资质与数量问题

与其他发达国家相比，澳大利亚的幼儿教师准入门槛不高，近年来才要求幼儿园教师应具有大学本科文凭。幼儿教师的待遇也不高，工作时间长，因此造成了幼儿教师行业不受欢迎，出现了幼儿教师短缺的局面。

二、澳大利亚学前教育改革与发展趋势

(一)制定国家指导标准

2012 年，澳大利亚《学前教育及儿童保育国家质量框架》(以下简称《国家质量框架》)正式实施。该框架规定了全国统一的学前教育及儿童保育部门师生比以及全国统一的对该行业从业者的资格要求内容，适用于全澳大多数日托中心、家庭日托、幼儿园、学前班以及课后托管班。《国家质量框架》的颁布和实施是澳大利亚联邦政府在学前教育和儿童保育领域具有里程碑意义的重要改革，标志着澳大利亚学前教育及儿童保育部门拥有了首个国家质量监管体系。

(二)精简管理体系，提高监管效率

一直以来，澳大利亚的学前教育管理实行的是保教分离的体制，在管理上也是国家和地方双重维度的。在实际的运作中不可避免地带来了效率低下、各自为政的局面。澳大利亚政府正在精简管理体系，加强对学前教育机构的统一监管。

本章小结

19 世纪末，随着欧洲幼儿园运动的兴起，幼儿园制度传入澳大利亚。1895 年，在新南威尔士州，幼儿园联盟成立，领导了澳大利亚的幼儿教育运动，创办了澳大利亚第一所幼儿园。20 世纪以后，澳大利亚的学前教育事业开始兴起。

澳大利亚的幼儿教育并未纳入国家的义务教育范畴，教育事务由各州负责。学前教育机构有幼儿园、学前班、全日制日托中心、家庭日托、课后托管班、工作单位日托、儿童游戏小组等形式。

---

① 宋薇薇：《澳大利亚：学前教育面临质量危机》，载《比较教育研究》2012 年第 3 期，第 92 页。

澳大利亚幼儿教育与保育体系表现出双轨制的特点，分别由不同的部门管理。幼儿教育体系由教育、科学和培训部主管，幼儿保育体系则由家庭社区和原住民服务部主管。此外，对学前教育机构的管理由各州政府负责。

对于具体的学前教育课程，澳大利亚的并没有全国性的、统一的学前课程大纲。各个州采用的课程也不同，每个州都编写了自己的学前教育和保育的课程大纲或指导方针。在没有统一大纲的和教科书的情况下，澳大利亚的幼托机构享有很大程度的自由，课程设计是以主题游戏为主。

对于幼儿教师，澳大利亚全国范围内没有统一的标准，各州资格标准不同，不同类型的学前机构对其雇用职员的资格要求也有所差异。一般要求保育机构幼儿教师持有职业技术和继续教育学院或注册的培训机构颁发的职业文凭或培训经历。学前班和幼儿园的学前教师必须持有大学颁发的学前教育教学学位。

比较与思考

澳大利亚的学前教育机构有哪些类型？各有什么特色？

推荐阅读

牛道生：《澳大利亚基础教育》，广东教育出版社2004年版。

资源链接

1. 澳大利亚家庭、社区服务和原住民事务部（Department of Families, Community Services and Indigenous Affairs）：http://www.facsia.gov.au/
2. 澳大利亚教育、科学与培训部（Department of Education, Science and Training, DEST）：http://www.education.gov.au/
3. 澳大利亚家庭日托网：http://www.familydaycare.com.au/
4. 澳大利亚幼龄期保育组织网：http://www.earlychildhoodaustralia.org.au/

主要参考文献

[1] [法]菲力浦·阿利埃斯. 儿童的世纪：旧制度下的儿童和家庭生活[M]. 沈坚，朱晓罕，译. 北京：北京大学出版社，2013.

[2] [古希腊]柏拉图. 理想国[M]. 郭斌和，张竹明，译. 北京：商务印书馆，1986.

[3] 曹能秀. 学前比较教育[M]. 上海：华东师范大学出版社，2009.

[4] 陈元. 法国基础教育[M]. 广州：广东教育出版社，2004.

[5] 霍力岩. 学前比较教育学[M]. 北京：北京师范大学出版社，2012.

[6] 顾明远，梁忠义. 世界教育大系·法国教育[M]. 长春：吉林教育出版社，2000.

[7] 李永连，李秀英. 当代日本幼儿教育[M]，太原：山西教育出版社，1997.

[8] [美]乔治·莫里森. 当今美国儿童早期教育[M]. 王全志，译. 北京：北京大学出版社，2004.

[9] 杨汉麟. 外国幼儿教育史[M]. 北京：人民教育出版社，2011.

[10] 周采. 比较学前教育[M]. 北京：人民教育出版社，2010.

[11] 郭万婷. 澳大利亚学前教育本科课程研究[D]. 武汉：华中师范大学硕士学位论文，2012.

[12] 何京玉. 日本幼儿教师教育制度及其对中国的启示[J]. 外国教育研究，2008(12).

[13] 李圣南，高爽. 新兴的韩国幼儿教育[J]. 幼儿教育，1998(7-8).

[14] 刘颖，冯晓霞. 澳大利亚幼儿保育政策的演变及启示[J]，学前教育研究，2012(8).

[15] 刘云艳，岳慧兰，杨晨晨. 韩国的学前教育政策：现状、问题及其启示[J]. 外国教育研究，2013(7).

[16] 王春亚. 澳大利亚学前教育和保育改革研究[D]. 南京：南京师范大学硕士学位论文，2012.

[17] 王幡. 论日本学前教育中的“五个领域”[J]. 外国教育研究，2014(1).

[18] 王晓岚，丁邦. 美国学前教育师资培养的方式、特点及其启示[J]. 学前教育研究，2010(10).

[19] 王艳艳，张丽. 近年来俄罗斯学前教育发展的现状、问题及改革措施[J]. 比较教育研究，2015(3).

[20] 庄嘉嘉. 俄罗斯学前教育政策变迁研究 1991—2010[D]. 南京：南京师范大学硕士学位论文，2012.

图书在版编目(CIP)数据

比较学前教育/王莹主编．—武汉：武汉大学出版社，2016．8
应用型学前教育专业系列教材/蔡迎旗主编
ISBN 978-7-307-18480-0

Ⅰ．比…　Ⅱ．王…　Ⅲ．学前教育—比较教育学—高等职业教育—教材
Ⅳ．G610

中国版本图书馆 CIP 数据核字(2016)第 181849 号

责任编辑：谢群英　　责任校对：李孟潇　　版式设计：韩闻锦

出版发行：**武汉大学出版社**　(430072　武昌　珞珈山)
(电子邮件：cbs22@ whu. edu. cn 网址：www. wdp. com. cn)
印刷：湖北金海印务有限公司
开本：787×1092　1/16　印张：12.5　字数：271 千字　插页：1
版次：2016 年 8 月第 1 版　　2016 年 8 月第 1 次印刷
ISBN 978-7-307-18480-0　　定价：28.00 元
